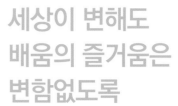

세상이 변해도
배움의 즐거움은
변함없도록

시대는 빠르게 변해도
배움의 즐거움은
변함없어야 하기에

어제의 비상은
남다른 교재부터
결이 다른 콘텐츠
전에 없던 교육 플랫폼까지

변함없는 혁신으로
교육 문화 환경의 새로운 전형을
실현해왔습니다.

비상은 오늘, 다시 한번
새로운 교육 문화 환경을 실현하기 위한
또 하나의 혁신을 시작합니다.

오늘의 내가 어제의 나를 초월하고
오늘의 교육이 어제의 교육을 초월하여
배움의 즐거움을 지속하는 혁신,

바로, 메타인지 기반 완전 학습을.

상상을 실현하는 교육 문화 기업 비상

메타인지 기반 완전 학습

초월을 뜻하는 meta와 생각을 뜻하는 인지가 결합한 메타인지는
자신이 알고 모르는 것을 스스로 구분하고 학습계획을 세우도록 하는
궁극의 학습 능력입니다. 비상의 메타인지 기반 완전 학습 시스템은
잠들어 있는 메타인지를 깨워 공부를 100% 내 것으로 만들도록 합니다.

한끝

2·1
초등 국어

구성과 특징

단원 들어가기 >>>>

○ 단원 도입
국어과 교과 역량, 단원명, 단원에서 배울 내용을 알아봅니다.

○ 교과서 핵심
단원에서 배울 학습 내용을 미리 핵심 정리와 확인 문제로 알아봅니다.

『국어』학습 준비 » 소단원 1 » 소단원 2 » 실천

준비

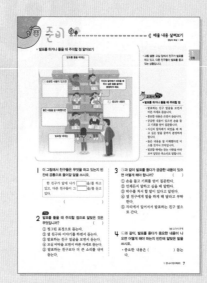

소단원 1

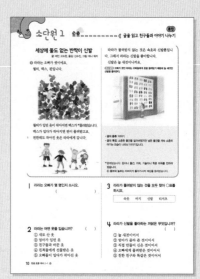

● **준비**에서는 앞으로 학습할 단원 목표와 내용을 쉽게 이해할 수 있으며, 학습 내용과 관련한 배경지식을 활성화할 수 있습니다.

● **소단원 1과 소단원 2**는 기본 학습과 통합 학습으로 이루어지며, 핵심 개념과 관련된 다양한 형태의 문제를 통해 기본적인 학습 내용을 충분히 익힐 수 있습니다.

● **실천**에서는 소단원에서 학습한 내용을 정리하고, 국어 지식을 알아보는 활동 문제를 구성하였습니다.

소단원 2

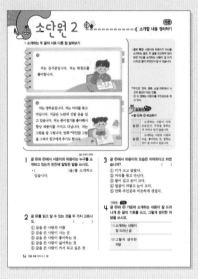

실천

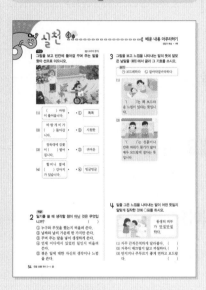

▶▶▶▶

단원 마무리

● **단원 평가**

핵심 문제와 실력 UP 문제를 통해 단원에서 배운 내용을 확인하고 실력을 점검해 봅니다.

● **따라 쓰기**

단원에서 배운 낱말을 따라 써 보는 활동을 통해 바르게 글자 쓰는 연습을 해 봅니다.

『국어 활동』 학습　실력 키우기 ≫ 스스로 읽기

실력 키우기　　스스로 읽기

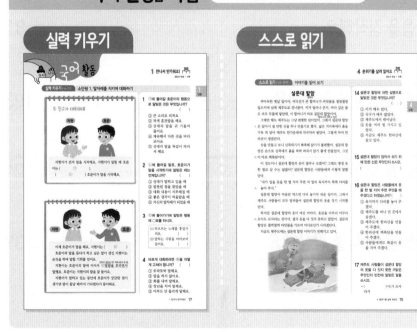

● **국어 활동**은 각 **소단원**에서 학습한 내용을 주도적으로 연습하고 평가해 볼 수 있도록 하였으며, '스스로 읽기'를 문제로 구성하여 주도적 읽기와 읽기 유창성 증진에 도움이 되도록 하였습니다.

차례

1

만나서
반가워요!

무엇을 배울까요?

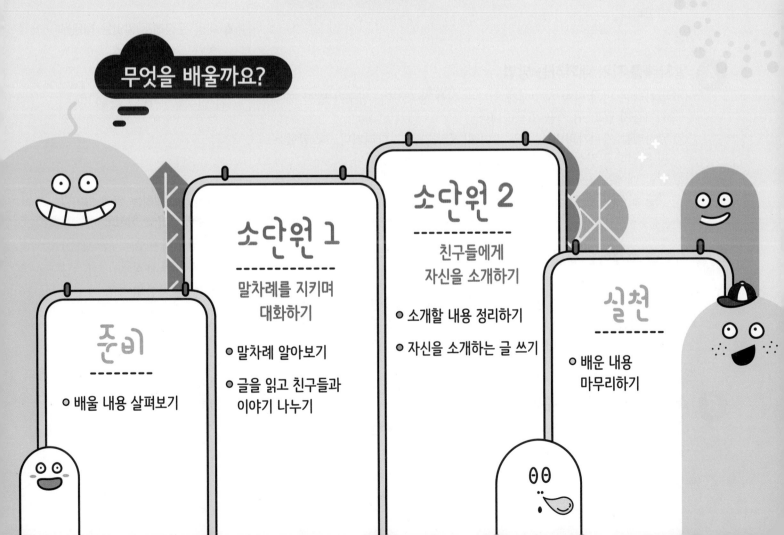

준비

● 배울 내용 살펴보기

소단원 1

말차례를 지키며
대화하기

● 말차례 알아보기

● 글을 읽고 친구들과
이야기 나누기

소단원 2

친구들에게
자신을 소개하기

● 소개할 내용 정리하기

● 자신을 소개하는 글 쓰기

실천

● 배운 내용
마무리하기

1 발표를 하거나 들을 때 주의할 점

① 발표할 때에는 듣는 사람을 바라보며 알맞은 목소리로 말합니다.
② 발표를 들을 때에는 발표하는 친구 얼굴을 보면서 바른 자세로 듣습니다.
③ 중요한 내용은 쓰면서 듣습니다.
④ 궁금한 내용이 있으면 손을 들고 기회를 얻어 질문합니다.
⑤ 자신의 말차례가 되었을 때 하고 싶은 말을 끝까지 분명하게 합니다.
⑥ 들은 내용을 잘 이해했다면 미소를 짓거나 끄덕입니다.

2 소개하는 글에 들어갈 내용

① 소개하는 대상이 무엇인지 씁니다.
② 소개하는 대상의 특징을 잘 나타냅니다.
③ 읽을 사람이 궁금해할 내용을 씁니다.

→ 말차례란 말을 주고받을 때 말하는 사람과 듣는 사람이 지키는 순서입니다.

3 대화할 때 주의할 점

① 말차례를 지킵니다.
② 친구가 말할 때에는 끼어들지 않습니다.
③ 대화 내용과 관계없는 말은 하지 않습니다.
④ 상대의 말을 귀 기울여 듣습니다.
⑤ 상대에게 말이 끝났는지 확인하고 자신이 말해도 되는지 물어본 뒤에 말합니다.

4 말차례를 지켜 대화하는 방법

① 말차례는 먼저 말한 사람에게 있다는 점을 생각하며, 친구가 말할 때에 끼어들지 말고 귀 기울여 듣습니다.
② 말차례를 가져가려면 친구의 말이 다 끝나기를 기다리거나, 다 말했는지 확인하고 자신이 말해도 되는지 허락을 구해야 합니다.
③ 말할 때에는 친구가 내 말이 끝났는지 분명히 알 수 있도록 하고 싶은 말을 끝까지 분명하게 합니다.

5 자신을 소개하는 글을 쓰는 방법

① 자신의 이름과 모습, 특징이 들어가야 합니다.
② 자신이 좋아하는 것과 좋아하는 까닭을 함께 소개하면 좋습니다.
③ 읽을 사람이 잘 알고 있는 내용보다 궁금해할 내용을 골라서 소개합니다.
④ 자신이 잘하는 것과 더 노력하고 싶은 점, 장래 희망을 써도 좋습니다.

6 소개하는 글을 쓸 때 주의할 점

① 소개하는 내용이 잘 드러나도록 소개할 내용을 자세히 씁니다.
② 바르고 정확한 문장으로 씁니다.

핵심 확 인 문 제

정답과 해설 ● 2쪽

1 발표를 들을 때에는 발표하는 친구가 아니라 바닥을 보면서 듣습니다.

(○ , ×)

2 소개하는 글에는 □□ 사람이 궁금해할 내용을 골라서 씁니다.

3 대화할 때에는 친구의 말이 끝나기 전에 끼어들어 말합니다.

(○ , ×)

4 다음 문장에서 알맞은 내용을 찾아 ○표를 하시오.

친구가 말할 때 (귀 기울여 , 딴짓하며) 듣습니다.

5 자신을 소개하는 글에 들어갈 내용에 ○표를 하시오.
(1) 친구의 이름 ( )
(2) 자신의 특징 ( )
(3) 읽을 사람의 모습 ( )

6 소개하는 글을 쓸 때에는 소개하는 □□이/가 잘 드러나게 씁니다.

준비

● 발표를 하거나 들을 때 주의할 점 알아보기

발표를 들을 때에는

㉠ 궁금한 내용이 있으면

자신의 말차례가 되었을 때 하고 싶은 말을 끝까지 분명하게 해요.

㉡ 중요한 내용은

들은 내용을 잘 이해했다면

발표할 때에는

• **그림 설명**: 교실 앞에서 친구가 발표를 하고 있고, 다른 친구들이 발표를 듣고 있는 상황입니다.

교과서 핵심

● 발표를 하거나 들을 때 주의할 점

• 발표하는 친구 얼굴을 보면서 바른 자세로 듣습니다.
• 중요한 내용은 쓰면서 듣습니다.
• 궁금한 내용이 있으면 손을 들고 기회를 얻어 질문합니다.
• 자신의 말차례가 되었을 때 하고 싶은 말을 끝까지 분명하게 합니다.
• 들은 내용을 잘 이해했다면 미소를 짓거나 끄덕입니다.
• 발표할 때에는 듣는 사람을 바라보며 알맞은 목소리로 말합니다.

---

1 이 그림에서 친구들은 무엇을 하고 있는지 빈칸에 공통으로 들어갈 말을 쓰시오.

> 한 친구가 앞에 나가 [   ]을/를 하고 있고, 다른 친구들이 그 [   ]을/를 듣고 있다.

(   )

핵심

2 발표를 들을 때 주의할 점으로 알맞은 것은 무엇입니까? (   )

① 찡그린 표정으로 듣는다.
② 옆 친구와 이야기를 하면서 듣는다.
③ 발표하는 친구 얼굴을 보면서 듣는다.
④ 교실 바닥을 보면서 바른 자세로 듣는다.
⑤ 발표하는 친구보다 더 큰 소리를 내며 듣는다.

3 ㉠과 같이 발표를 듣다가 궁금한 내용이 있으면 어떻게 해야 합니까? (   )

① 손을 들고 기회를 얻어 질문한다.
② 언제든지 말하고 싶을 때 말한다.
③ 박수를 쳐서 할 말이 있다고 알린다.
④ 옆 친구에게 말을 하게 해 달라고 부탁한다.
⑤ 자리에서 일어서서 발표하는 친구 옆으로 간다.

📖 교과서 문제

4 ㉡과 같이, 발표를 듣다가 중요한 내용이 나오면 어떻게 해야 하는지 빈칸에 알맞은 말을 쓰시오.

• 중요한 내용은 (   ) 듣는다.

● 민수가 쓴 글을 읽고 소개하는 글에 들어갈 내용 살펴보기

저는 강아지를 기르고 있습니다. 곱슬곱슬한 털이 많아 이름도 곱슬이입니다. 몸집은 작지만 귀는 아주 커서 얼굴을 다 덮을 정도입니다. 눈은 동그라면서 크고, 코는 까만색이며 코끝은 반질거립니다. 제가 학교에 갔다 오면
거죽이 매우 매끄럽고 윤기가 흐릅니다.
껑충껑충 높이 뛰어오르며 반겨 줍니다. 곱슬이는 우리 집 재롱둥이입니다.

• 글의 특징: 민수가 기르는 강아지를 소개하는 글로, 강아지의 이름과 생김새, 민수가 집에 왔을 때 강아지가 하는 행동을 설명하고 있습니다.

교과서 핵심

● 소개하는 글에 들어갈 내용 예

소개하는 대상	강아지(곱슬이)
소개하는 대상의 특징	• 몸집은 작지만 귀는 아주 큼. • 눈은 동그라면서 큼. • 코는 까만색임. • 코끝은 반질거림.
읽을 사람이 궁금해할 내용	곱슬곱슬한 털이 많아 이름도 곱슬이임.

📖 교과서 문제

5 민수네 강아지의 이름은 무엇인지 쓰시오.

( )

📖 교과서 문제

6 민수네 강아지의 생김새로 알맞지 <u>않은</u> 것은 무엇입니까? ( )

① 몸집이 작다.
② 눈은 동그라면서 작다.
③ 곱슬곱슬한 털이 많다.
④ 귀가 아주 커서 얼굴을 다 덮는다.
⑤ 코는 까만색이며 코끝은 반질거린다.

📖 교과서 문제

7 민수가 집에 오면 강아지는 어떻게 한다고 했습니까? ( )

① 큰 소리로 짖는다.
② 민수의 얼굴을 마구 핥는다.
③ 꼬리를 치며 앞으로 달려 나간다.
④ 껑충껑충 높이 뛰어오르며 반겨 준다.
⑤ 자리에 가만히 앉아 민수를 바라본다.

핵심

8 다음 중 소개하는 글에 들어갈 내용이 <u>아닌</u> 것을 골라 기호를 쓰시오.

㉠ 소개할 대상의 이름
㉡ 소개할 대상의 특징
㉢ 읽을 사람이 잘 아는 내용
㉣ 읽을 사람이 궁금해할 내용

( )

소단원 1

● 그림을 보고 대화할 때 주의할 점 알아보기

❶ 지금부터 자신의 꿈을 말해 봅시다.

❷ 제 꿈은 과학자입니다.

동현이는 왜 과학자가 되고 싶은가요?

❸ 왜냐하면 저는 …….

선생님, 제 꿈도 과학자예요.

불쑥

❹ 내 말이 아직 안 끝났는데 왜 갑자기 끼어들지?

• 그림 설명: 자신의 꿈을 발표하는 시간에 동현이의 말이 다 끝나지 않은 상황에서 친구가 불쑥 끼어들어 말했습니다.

• 말차례란 말을 주고받을 때 말하는 사람과 듣는 사람이 지키는 순서입니다.

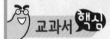

교과서 핵심

○ 대화할 때 주의할 점

• 말차례를 지켜 말합니다.
• 친구가 말할 때에는 끼어들지 않습니다.
• 대화 내용과 관계없는 말을 하지 않습니다.
• 상대의 말을 귀 기울여 듣습니다.
• 상대에게 말이 끝났는지 확인하고 자신이 말해도 되는지 물어본 뒤 말합니다.

📖 교과서 문제

1 선생님과 친구들은 무엇에 대해 대화했는지 빈칸에 알맞은 말을 쓰시오.

• 자신의 (   )에 대해 대화했다.

📖 교과서 문제

2 친구가 끼어들었을 때 동현이의 기분으로 알맞은 것은 무엇입니까? (   )

① 당황했을 것이다.
② 친구가 부러웠을 것이다.
③ 친구와 꿈이 같아 신기했을 것이다.
④ 친구와 생각이 같아 기뻤을 것이다.
⑤ 다음에 할 말이 생각나지 않아 걱정스러웠을 것이다.

서술형

3 이 그림에서 여자 친구에게 해 주고 싶은 말을 쓰시오.

_____

핵심 역량

4 대화할 때 주의할 점이 아닌 것은 무엇입니까? (   )

① 말차례를 지켜 말한다.
② 상대의 말을 귀 기울여 듣는다.
③ 친구가 말할 때에는 끼어들지 않는다.
④ 대화 내용과 관계없는 말이라도 재미있는 내용이면 말한다.
⑤ 상대에게 말이 끝났는지 확인하고 자신이 말해도 되는지 물어본 뒤 말한다.

세상에 둘도 없는 반짝이 신발

글: 제인 고드윈, 옮김: 신수진, 그림: 애나 워커

❶ 라라는 오빠가 셋이에요.

월터, 맥스, 핀입니다.

월터가 입던 옷이 작아지면 맥스가 ♥물려받습니다.

맥스가 입다가 작아지면 핀이 물려받고요.

5 핀한테도 작아진 옷은 라라에게 갑니다.

라라가 물려받지 않는 것은 속옷과 신발뿐입니다. 그래서 라라는 신발을 좋아합니다.

신발은 늘 새것이니까요.

중심 내용 오빠가 셋인 라라는 오빠들에게 옷을 물려받기 때문에 늘 새것인 신발을 좋아한다.

• 글의 종류: 이야기
• 글의 특징: 소중한 물건을 잃어버렸지만 남은 물건을 계속 소중히 여기는 모습이 나타난 이야기입니다.

♥물려받습니다 돈이나 물건, 지위, 기술이나 학문 따위를 전하여 받습니다.
⓰ 흥부와 놀부는 아버지가 돌아가시자 재산을 물려받습니다.

---

1 라라는 오빠가 몇 명인지 쓰시오.

(　　　　　)

2 라라는 어떤 옷을 입습니까? (　　)

① 새로 산 옷
② 엄마가 입던 옷
③ 친구들과 바꾼 옷
④ 친척들에게 선물받은 옷
⑤ 오빠들이 입다가 작아진 옷

3 라라가 물려받지 않는 것을 모두 찾아 ○표를 하시오.

속옷　　바지　　신발　　티셔츠

4 라라가 신발을 좋아하는 까닭은 무엇입니까?

(　　)

① 늘 새것이어서
② 엄마가 골라 준 것이어서
③ 직접 만들어 신은 것이어서
④ 오빠에게 물려받은 것이어서
⑤ 친한 친구와 똑같은 것이어서

❷ 어느 날, 라라는 세상 그 어떤 신발보다 ㉠멋진 신발을 만났습니다.

"누가 뭐래도 이건 세상에 둘도 없는 나만의 신발이야. 햇빛에 반짝반짝 빛나는 것 좀 봐!"

5 라라는 신발이 마음에 ♥쏙 들었습니다.

엄마는 항상 발에 좀 큰 신발을 사 주곤 했어요. 좀 더 오래 신으라고요.

라라는 어디를 가든 새 신발을 신고 다녔습니다.

중심 내용 마음에 쏙 드는 신발을 만난 라라는 어디를 가든 새 신발을 신고 다녔다.

❸ 주말에 온 가족이 소풍을 갈 때도 라라는 새 신
10 발을 신었어요.

"더러워질 텐데⋯⋯."

엄마는 걱정했습니다.

"시냇물 따라서 ♥모험을 떠나겠어!"

월터가 말했습니다.

♥쏙 마음에 꼭 드는 모양.
    예 이 옷은 내 마음에 쏙 든다.

♥모험 위험을 무릅쓰고 하는 일.
    예 할아버지는 젊었을 때 여러 가지 모험을 하셨다.

교과서 핵심

◦라라의 신발처럼 자신이 소중하게 생각하는 물건을 소개하기 위해 정리할 내용 예

• 소개할 물건은 무엇인가요?
• 색깔과 모양은 어떠한가요?
• 어떻게 쓰이나요?
• 그 물건을 소중하게 여기는 까닭은 무엇인가요?

5 ㉠에 대한 설명으로 알맞은 것에 ○표를 하시오.

(1) 라라의 발에 좀 작았다. ( )
(2) 햇빛에 반짝반짝 빛이 났다. ( )
(3) 라라의 마음에 전혀 들지 않았다.
( )

6 엄마가 라라에게 발에 좀 큰 신발을 사 주곤 한 까닭은 무엇입니까? ( )

① 좀 더 오래 신으라고
② 오빠들도 함께 신으라고
③ 라라가 큰 신발을 좋아해서
④ 라라의 발에 큰 신발이 잘 어울려서
⑤ 큰 신발을 신으면 라라가 빨리 걸을 수 있어서

7 소풍을 갈 때 라라가 새 신발을 신자 엄마는 무엇을 걱정했습니까? ( )

① 신발을 잃어버릴까 봐
② 신발이 더러워질까 봐
③ 라라가 걷기 힘들까 봐
④ 오빠들이 신발을 빼앗을까 봐
⑤ 신발이 라라의 발에 안 맞을까 봐

서술형

8 이 글의 라라처럼, 자신이 소중하게 생각하는 물건을 소개하여 쓰시오.

(1) 어떤 물건인가요?	
(2) 그 물건을 소중하게 여기는 까닭은 무엇인가요?	

"나도."
맥스가 말했습니다.
"나도."
핀이 말했습니다.
5 "응, 좋아. 가자!"
라라가 말했습니다.
모험은 즐거웠습니다.
그러다가…….

㉠앗, 어떡하지?
10 라라는 ♥허둥지둥 신발을 따라갔습니다.
월터는 돌에 ♥채어 넘어졌고
맥스는 중심을 잃고 비틀거렸고

핀은 ♥엉덩방아를 찧었습니다.
모두 함빡 젖고 말았어요.

하지만 아무도 신발을 잡지 못했습니다.
신발은 반짝이는 은빛 물고기처럼 시냇물을 따
라 흘러갔습니다.
5

중심 내용 가족과 소풍을 갔을 때, 라라는 시냇물에서 신발 한 짝을 잃어버
렸다.

♥허둥지둥 정신을 차릴 수 없을 만큼 다급하게 서두르는 모양.
예 늦잠을 잔 채영이는 책가방을 들고 허둥지둥 학교로 갔다.

♥채어 발에 내어 질리거나 받아 올려져.
예 발이 돌부리에 채어 비틀거렸다.

♥엉덩방아 미끄러지거나 넘어지거나 주저앉아서 엉덩이로 바닥을
쾅 구르는 짓.
예 눈이 쌓인 바닥이 미끄러워 엉덩방아를 찧었다.

📖 교과서 문제

9 이 글에서 다음의 뜻을 가진 낱말을 찾아 쓰
시오.

> 위험을 무릅쓰고 하는 일.

(   )

10 라라가 ㉠과 같이 말한 까닭은 무엇입니까?
(   )

① 신발이 더러워져서
② 숲에서 길을 잃어서
③ 핀이 넘어져 다쳐서
④ 월터가 돌멩이를 던져서
⑤ 신발 한 짝이 물에 빠져서

11 신발을 잡으려던 오빠들은 어떻게 되었는지
알맞게 선으로 이으시오.

(1) 월터 •   • ① 돌에 채어 넘어졌다.

(2) 맥스 •   • ② 엉덩방아를 찧었다.

(3) 핀 •   • ③ 중심을 잃고 비틀거
렸다.

12 결국 라라의 신발은 어떻게 되었는지 쓰시오.
(   )

❹ 반짝이 신발이 한 ♥짝만 남았는데 어떻게 하면 좋을까요?

"꽃을 심어서 화분으로 쓰는 거야."

월터가 말했습니다.

5 "연필꽂이로 써도 되지 않을까?"

맥스가 물었어요.

"창가에 걸어 놔. ♥모빌처럼!"

핀이 말했어요.

한 짝 남은 신발이라도 라라에게는 너무나 소중

10 했습니다.

라라는 어찌 됐든 반짝이 신발을 계속 신고 다니기로 마음먹었습니다.

"신발이 짝짝이잖아."

애너벨이 ♥흉을 보았습니다.

"난 괜찮은데."   5

라라는 상관없다는 듯 말했습니다.

중심 내용 라라는 한 짝 남은 신발을 계속 신고 다녔다.

♥짝 둘이 어울려 한 쌍을 이루는 것을 세는 단위.
  예 장갑 한 짝을 잃어버렸다.

♥모빌 움직이는 조각이나 작품을 매달아 놓은 것.

♥흉 남에게 비웃음을 살 만한 거리.
  예 친구의 흉을 보면 안 된다.

교과서 핵심 ● 자신의 소중한 물건에 대해 친구들과 이야기하고, 말차례를 지키며 대화했는지 확인하기

• 친구가 말할 때 귀 기울여 들었나요?
• 자신이 말해도 되는지 친구에게 물어보고 말했나요?
• 친구가 말할 때 끼어들지 않고 기다렸나요?
• 소중한 물건을 자세히 소개했나요?

📖 교과서 문제

13 다음 중 보기 의 뜻을 가진 낱말은 무엇입니까? ( )

보기
둘이 어울려 한 쌍을 이루는 것을 세는 단위.

① 짝   ② 흉
③ 창가   ④ 모빌
⑤ 화분

📖 교과서 문제

14 오빠들은 신발 한 짝을 어떻게 하자고 했는지 선으로 이으시오.

(1) [월터] •   • ① 화분으로 쓰자.

(2) [맥스] •   • ② 연필꽂이로 쓰자.

(3) [핀]   •   • ③ 창가에 모빌처럼 걸어 놓자.

📖 교과서 문제

15 라라는 한 짝 남은 신발을 어떻게 했습니까? ( )

① 연필꽂이로 썼다.
② 계속 신고 다녔다.
③ 신지 않고 집에 두었다.
④ 애너벨에게 선물로 주었다.
⑤ 창가에 모빌처럼 걸어 놓았다.

역량

16 자신의 소중한 물건에 대해 친구들과 말차례를 지켜서 이야기를 나눌 때 할 수 있는 말로 알맞은 것의 기호를 쓰시오.

㉠ 너는 말하지 마.
㉡ 내가 먼저 말해도 될까?
㉢ 나는 할 이야기가 많으니까 나만 길게 말할 거야.

( )

소단원 2

● 소개하는 두 글의 서로 다른 점 살펴보기

가

저는 김서준입니다. 저는 태권도를 좋아합니다.

나

저는 정하윤입니다. 저는 머리를 묶고 다닙니다. 지금은 노란색 긴팔 옷을 입고 있습니다. 저는 종이접기를 좋아해서 항상 색종이를 가지고 다닙니다. 저는 그림을 잘 그립니다. 만화 ♥주인공 그림을 그려서 친구에게 주기도 합니다.

• **글의 특징**: 서준이와 하윤이가 자신을 소개하는 글로, 두 글을 비교하며 읽어 보면 자신을 소개하는 내용이 잘 드러나게 쓴 글이 무엇인지 알 수 있습니다.

♥**주인공** 연극, 영화, 소설 따위에서 사건의 중심이 되는 인물.
예 이 영화는 어린이를 주인공으로 하고 있다.

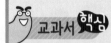

교과서 핵심

○ 글 **가**와 **나** 비교하기

글 **가**	소개하는 사람이 어떤 모습인지, 무엇을 잘하는지 나타나 있지 않습니다.
글 **나**	소개하는 사람의 이름과 모습, 좋아하는 것, 잘하는 것이 잘 드러나 있습니다.

📖 교과서 문제

1 글 **가**와 **나**에서 서준이와 하윤이는 누구를 소개하고 있는지 빈칸에 알맞은 말을 쓰시오.

• (   )을/를 소개하고 있습니다.

2 글 **가**를 읽고 알 수 있는 것을 두 가지 고르시오. (,   )

① 글을 쓴 사람의 이름
② 글을 쓴 사람이 사는 곳
③ 글을 쓴 사람이 좋아하는 것
④ 글을 쓴 사람이 싫어하는 것
⑤ 글을 쓴 사람이 커서 되고 싶은 것

3 글 **나**에서 하윤이의 모습은 어떠하다고 하였습니까? (   )

① 키가 크고 말랐다.
② 머리를 묶고 다닌다.
③ 팔이 길고 손이 크다.
④ 얼굴이 까맣고 눈이 크다.
⑤ 만화 주인공과 비슷하게 생겼다.

서술형 핵심

4 글 **가**와 **나** 가운데 소개하는 내용이 잘 드러나게 쓴 글의 기호를 쓰고, 그렇게 생각한 까닭을 쓰시오.

(1) 소개하는 내용이 잘 드러난 글	
(2) 그렇게 생각한 까닭	

1
단원

● 하윤이가 자신을 소개하는 글을 어떻게 썼는지 살펴보고, 자신을 소개할 내용 떠올려 보기

자신의
(㉠)

자신의
(㉡)

저는 정하윤입니다. 저는 머리를 묶고 다닙니다. 지금은 노란색 긴 팔 옷을 입고 있습니다. 저는 종이접기를 좋아해서 색종이를 항상 가지고 다닙니다. 저는 그림을 잘 그립니다. 만화 주인공 그림을 그려서 친구에게 주기도 합니다.

자신이
(㉢)

자신이
(㉣)

• 글의 특징: 하윤이가 자신을 소개하는 글을 어떻게 썼는지 살펴보고, 자신을 소개할 내용을 떠올려 볼 수 있습니다.

 교과서 핵심

○ 자신을 소개할 내용 떠올리기

• 자신의 이름
• 자신의 모습
• 자신이 잘하는 것
• 자신이 더 노력하고 싶은 점
• 자신의 장래 희망
• 자신이 좋아하는 음식, 물건, 사람 등과 좋아하는 까닭
• 읽을 사람이 궁금해할 내용

📖 교과서 문제

5 누가 자신을 소개한 글인지 쓰시오.

( )

7 ㉠~㉣에 들어갈 내용으로 알맞은 것을 찾아 선으로 이으시오.

(1) ㉠ •   • ① 잘하는 것

(2) ㉡ •   • ② 좋아하는 것

(3) ㉢ •   • ③ 이름

(4) ㉣ •   • ④ 모습

6 하윤이가 자신을 소개한 내용으로 알맞은 것을 두 가지 고르시오. (,)

① 태권도를 잘한다.
② 그림을 잘 그린다.
③ 종이접기를 좋아한다.
④ 노란색 긴 바지를 입고 있다.
⑤ 색연필을 항상 가지고 다닌다.

핵심
8 자신을 소개할 내용으로 알맞지 <u>않은</u> 것은 무엇입니까? ( )

① 자신의 이름
② 자신의 모습
③ 자신이 잘하는 것
④ 친구가 좋아하는 것
⑤ 자신이 더 노력하고 싶은 점

핵심

1 자신을 소개하는 글을 쓸 때 생각할 것이 <u>아닌</u> 것을 찾아 그 기호를 쓰시오.

> ㉠ 읽을 사람
> ㉡ 글을 쓰는 까닭
> ㉢ 친구에 대해 알고 싶은 점

( )

2~3

제 이름은 이준영입니다. 저는 치타를 무척 좋아합니다.

2 준영이가 좋아하는 것은 무엇인지 쓰시오.

( )

📖 교과서 문제

3 이 발표를 들은 친구들이 준영이에게 더 궁금한 점을 물어볼 내용으로 알맞지 <u>않은</u> 것은 무엇입니까? ( )

① 너는 이름이 뭐니?
② 왜 치타를 좋아하니?
③ 잘하는 운동이 있니?
④ 커서 뭐가 되고 싶어?
⑤ 좋아하는 음식은 뭐야?

핵심

4 친구가 자신을 소개할 때 바르게 듣는 자세로 알맞은 것을 <u>두 가지</u> 고르시오. (,)

① 친구의 발표를 들으며 딴생각을 한다.
② 하고 싶은 말이 생각나면 바로 끼어든다.
③ 친구의 발표를 들으며 궁금한 점을 생각한다.
④ 친구가 발표하는 동안 옆 친구와 장난을 친다.
⑤ 할 말이 있으면 친구 말을 끝까지 듣고 나서 말한다.

서술형 📖 교과서 문제

5 친구들에게 자신을 소개하는 글을 쓰기 전, 쓸 내용을 항목별로 정리해 보시오.

(1) 이름	
(2) 모습	
(3) 좋아하는 것	
(4) 잘하는 것	
(5) 더 소개하고 싶은 내용	

📖 교과서 문제

6 자신이 쓴 소개하는 글을 고쳐 쓸 때 생각할 점이 <u>아닌</u> 것은 무엇입니까? ( )

① 문장을 되도록 길게 썼나요?
② 읽을 사람을 생각하며 썼나요?
③ 바르고 정확한 문장으로 썼나요?
④ 소개하는 내용을 자세하게 썼나요?
⑤ 소개하는 내용이 잘 드러나게 썼나요?

🦉 교과서 **핵심**

● 소개하는 글을 고쳐 쓸 때 살펴볼 점

• 소개하는 내용이 잘 드러나게 썼나요?
• 읽을 사람이 궁금해할 내용을 썼나요?
• 바르고 정확한 문장으로 썼나요?

실력 키우기 • 6~7쪽   **소단원 1. 말차례를 지키며 대화하기**

두 친구가 대화해요

지현   호준

지현이가 먼저 말을 시작해요. 지현이가 말할 때 호준이는 (㉠   ).
(㉡   ) 호준이가 말을 시작해요.

지현   호준

이제 호준이가 말을 해요. 지현이는 (㉢   )
호준이의 말을 듣다가 하고 싶은 말이 생긴 지현이는 손짓을 하며 말할 기회를 얻어요.
한마디 말이나 한 차례 말의 맨 끝.
지현이는 호준이의 말에 이어서 ㉣말끝을 흐리면서 말해요. 호준이는 지현이의 말을 잘 들어요.
지현이가 말하고 있는 동안에 호준이가 궁금한 점이 생기면 말이 끝날 때까지 기다렸다가 물어봐요.

1 ㉠에 들어갈 호준이의 행동으로 알맞은 것은 무엇입니까?
(   )

① 큰 소리로 외쳐요
② 작게 혼잣말을 해요
③ 상대의 말을 귀 기울여 들어요
④ 계속해서 다른 곳을 바라보아요
⑤ 상대의 말을 똑같이 따라서 해요

2 ㉡에 들어갈 말로, 호준이가 말을 시작하기에 알맞은 때는 언제입니까?
(   )

① 상대가 말하고 있을 때
② 잘못된 점을 찾았을 때
③ 대화 내용이 지루해질 때
④ 좋은 생각이 떠올랐을 때
⑤ 자신의 말차례가 되었을 때

3 ㉢에 들어가기에 알맞은 행동에 ○표를 하시오.

(1) 떠오르는 노래를 흥얼거려요.
(   )
(2) 말하는 사람을 바라보며 들어요.
(   )

4 바르게 대화하려면 ㉣을 어떻게 고쳐야 합니까?
(   )

① 또박또박 말해요.
② 말을 하지 않아요.
③ 화를 내며 말해요.
④ 장난을 치며 말해요.
⑤ 아무도 안 들리게 말해요.

실력 키우기 · 8~9쪽 **소단원 1. 말차례를 지키며 대화하기**

가
- 손짓을 하거나 가슴에 손을 올려 자신의 말차례라는 것을 표현할 수 있어요.
- 상대를 바라보고 고개를 끄덕이며 자신의 말차례라고 표현할 수 있어요.

나
- 손바닥이 보이게 팔을 뻗어 상대의 말차례라고 표현할 수 있어요.
- '자', '여기', '음' 따위로 주의를 집중시키는
  한 가지 일에 모든 힘을 쏟아부음.
  말을 한 뒤에 상대를 가리키며 말차례를 넘길 수 있어요.

5 가, 나는 무엇을 설명한 글인지 찾아 그 번호를 쓰시오.

> ① 상대에게 말차례를 넘기는 방법
> ② 여러 사람이 함께 대화할 때 자신이 말을 하는 방법

(1) 가: (   )
(2) 나: (   )

6 자신의 말차례라고 표현할 수 있는 방법을 **두 가지** 고르시오.
(,   )

① 손을 든다.
② 입을 다문다.
③ 고개를 돌린다.
④ 상대를 가리킨다.
⑤ 상대를 바라보고 고개를 끄덕인다.

실력 키우기 · 10~11쪽 **소단원 2. 친구들에게 자신을 소개하기**

제 이름은 김민희입니다. 저는 2학년입니다. 저는 눈이 큽니다. 좋아하는 색깔은 주황색입니다. 음식은 된장찌개를 좋아합니다. 제 친구는 지난 주말에 자전거를 탔습니다. 저는 종이접기를 잘합니다. 달리기도 잘한다는 말을 많이 듣습니다. ㉠제 동생은 저와 같이 노는 것을 좋아합니다. 제 동생은 생일에 친구들을 초대하려 합니다.

7 이 글에서 민희를 소개하는 내용이 **아닌** 것은 무엇입니까?
(   )

① 저는 눈이 큽니다.
② 저는 2학년입니다.
③ 제 이름은 김민희입니다.
④ 좋아하는 색깔은 주황색입니다.
⑤ 제 친구는 지난 주말에 자전거를 탔습니다.

8 자신을 소개하는 글에 ㉠이 어울리지 않는 까닭을 쓰시오.
(   )

스스로 읽기 ● 12~29쪽 **이야기 읽어 보기**

용기를 내, 비닐장갑!

유설화

별빛 캠프는 한 학기에 한 번 장갑산에 올라가 별을 관찰하는 행사예요. 아이들은 모두 잔뜩 들떠 있었어요.

딱 한 명 비닐장갑만 빼고요. / 비닐장갑은 걱정이 되었어요.

'바람에 날려 가면 어쩌지? 산에 불이라도 나면……'

5 걱정은 꼬리에 꼬리를 물고 이어졌어요.

아이들은 신나게 노래를 부르며 산길을 걸어 올라갔어요.

산꼭대기에 도착하니 캄캄한 하늘에 별이 가득했어요. 〈중략〉

별 관찰을 마치고 산을 내려가려 할 때였어요. / 손전등이 깜빡깜빡하더니 확 꺼지고 말았어요. / "어, 이게 왜 이러지?"

10 선생님이 이리저리 살펴보았지만 아무 소용이 없었어요.

모두 긴장한 채 내려가다가 나무뿌리에 걸려 넘어지고 말았어요.

"으아아악!"

정신을 차려 보니 모두 낭떠러지 아래 있었어요.
_{깎아지른 듯한 언덕.}

딱 한 명, 비닐장갑만 빼고요. / 다행히 다친 장갑은 없었어요.

15 "비닐장갑아, 아무래도 네가 가서 어른들을 불러와야 할 것 같아!"

선생님이 비닐장갑을 올려다보며 소리쳤어요.

비닐장갑은 용기를 내 한 발을 뗐어요. / 그때 숲속에서 노란 불빛이 어른거렸어요. / 어느새 불빛이 하나둘 늘어났어요.

비닐장갑은 두 눈을 질끈 감고 다시 한 발을 뗐어요.

20 시간이 얼마나 흘렀을까요? / 비닐장갑이 슬며시 눈을 떠 봤더니, 사방이 빛으로 가득했어요. / "어, 반딧불이잖아!"
_{반딧불잇과의 딱정벌레로 여름철 밤에 반짝이며 날아다님.}

비닐장갑이 반딧불이를 모아 큰 빛을 만들어 구조대가 아이들을 찾을 수 있었어요.

비닐장갑 덕분에 아이들과 선생님은 모두 무사히 낭떠러지 위로 올

25 라올 수 있었어요. / ㉠"와, 비닐장갑한테서 빛이 나! 꼭 별님 같아!"

"고마워, 비닐장갑아!" / 아이들과 선생님이 비닐장갑을 칭찬했어요.

장갑 친구들과 선생님은 비닐장갑을 따라 산을 내려왔어요. 비닐장갑 몸에서 나온 빛이 어두운 산길을 환히 비춰 주었거든요.

"얇디얇은 비닐이라 얕보지 마라. 비닐장갑은 용감해. 비닐장갑은

30 씩씩해." / 아이들의 노랫소리가 별빛처럼 멀리멀리 퍼져 나갔어요.

---

9 별빛 캠프는 무슨 행사인지 빈칸에 알맞은 말을 쓰시오.

> 한 학기에 한 번 장갑산에 올라가 ( )을/를 관찰하는 행사

10 비닐장갑이 별빛 캠프에 들뜨지 <u>않은</u> 까닭은 무엇입니까?

( )

① 여러 걱정이 되어서
② 별을 좋아하지 않아서
③ 숙제를 하는 게 싫어서
④ 친구들과 친하지 않아서
⑤ 산에 오르는 것이 너무 힘들어서

11 낭떠러지에 떨어진 선생님과 친구들이 비닐장갑에게 부탁한 것은 무엇입니까? ( )

① 어른들을 불러와라.
② 혼자 별을 관찰해라.
③ 반딧불이를 잡아와라.
④ 낭떠러지 아래로 내려와라.
⑤ 손을 내밀어 장갑들을 끌어올려라.

12 친구들이 ㉠과 같이 말한 까닭은 무엇이겠는지 빈칸에 알맞은 말을 쓰시오.

> 비닐장갑 안에 ( )이/가 담겨 있어서

1~2

┌──────────────────────┐
│ ⊙ 내 말 좀 들어 봐.   │
│ 우리 동네에……   │
│   내 말이 아직   │
│   끝나지 않았는데 …… │
└──────────────────────┘

역량

1 ⊙에서 잘못한 점은 무엇입니까? (   )

① 대화를 열심히 하지 않았다.
② 친구를 바라보지 않고 말을 하였다.
③ 자신이 잘 모르는 내용을 말하였다.
④ 친구의 말이 끝나기 전에 끼어들었다.
⑤ 친구가 묻는 말에 대답을 하지 않았다.

📖 교과서 문제

2 두 친구가 바르게 대화할 수 있도록 알맞은 말을 모두 선으로 이으시오.

(1) 상대의 말이 끝날 때까지	•	•① 끼어들지 않고 기다려요.
		•② 말을 시작해요.
(2) 자신의 말 차례가 되었을 때	•	•③ 하고 싶은 말을 끝까지 분명하게 해요.
		•④ 귀 기울여 들어요.

📖 교과서 문제

3 자신을 소개하는 글을 쓰는 방법으로 알맞지 않은 것은 무엇입니까? (   )

① 소개할 내용을 자세히 쓴다.
② 바르고 정확한 문장으로 쓴다.
③ 자신의 특징을 한 가지만 쓴다.
④ 읽을 사람이 궁금해할 내용을 쓴다.
⑤ 자신의 성격이나 좋아하는 것을 소개한다.

4 다음 그림에 알맞은 낱말을 쓰시오.

핵심

5 다음 중 낱말을 바르게 발음한 것은 무엇입니까? (   )

① 화살[화쌀]
② 좁쌀[좁살]
③ 자다[자다]
④ 바나나[빠나나]
⑤ 동그라미[똥그라미]

6 다음 낱말의 발음을 바르게 쓰시오.

┌──────────────────────┐
│   자르다   │
└──────────────────────┘

[   ]

7 다음 문장에서 밑줄 그은 낱말을 바르게 읽은 것에 ○표를 하시오.

(1) 옷이 좀 작아 보인다.   ([좀] , [쫌])
(2) 기러기는 거꾸로 읽어도 기러기이다.
                        ([거꾸로] , [꺼꾸로])

중요

1 발표를 들을 때 궁금한 내용이 있으면 어떻게 해야 합니까? ( )

① 큰 소리를 낸다.
② 노래를 흥얼거린다.
③ 아무 말도 하지 않는다.
④ 아무 때나 끼어들어 말한다.
⑤ 손을 들고 기회를 얻어 질문한다.

2~3

저는 강아지를 기르고 있습니다. 곱슬곱슬한 털이 많아 이름도 곱슬이입니다. 몸집은 작지만 귀는 아주 커서 얼굴을 다 덮을 정도입니다. 눈은 동그라면서 크고, 코는 까만색이며 코끝은 반질거립니다. 제가 학교에 갔다 오면 겅중겅중 높이 뛰어오르며 반겨 줍니다. 곱슬이는 우리 집 재롱둥이입니다.

2 이 글은 무엇을 소개하는 글인지 쓰시오.
( )

3 이 글에 나타나 있지 <u>않은</u> 내용은 무엇입니까? ( )

① 강아지의 이름
② 강아지의 생김새
③ 글쓴이가 기르는 동물
④ 강아지와 처음 만났을 때
⑤ 글쓴이가 학교에 갔다 오면 강아지가 하는 행동

4~6

4 동현이의 꿈은 무엇인지 쓰시오.
( )

5 그림 ❸에서 동현이가 당황한 까닭은 무엇입니까? ( )

① 친구가 거짓말을 해서
② 친구가 말을 하지 않아서
③ 친구의 꿈이 자신과 같아서
④ 친구가 말을 너무 길게 해서
⑤ 자신의 말이 아직 끝나지 않았는데 친구가 말을 해서

실력 UP

6 그림과 같은 상황에서 대화할 때 여자 친구가 주의할 점은 무엇입니까? ( )

① 대화에 열심히 참여한다.
② 듣는 사람에게 웃는 얼굴로 말한다.
③ 말끝을 흐리지 말고 자신 있게 말한다.
④ 대화 내용과 관계없는 말은 하지 않는다.
⑤ 다른 사람이 말하고 있을 때에는 끼어들지 않는다.

7~9

"누가 뭐래도 이건 세상에 둘도 없는 나만의 신발이야. 햇빛에 반짝반짝 빛나는 것 좀 봐!"

라라는 신발이 마음에 쏙 들었습니다.

엄마는 항상 발에 좀 큰 신발을 사 주곤 했어요. 좀 더 오래 신으라고요.

라라는 어디를 가든 새 신발을 신고 다녔습니다.

주말에 온 가족이 소풍을 갈 때도 라라는 새 신발을 신었어요.

"더러워질 텐데……."

엄마는 걱정했습니다.

7 라라의 신발에 대한 설명으로 알맞지 <u>않은</u> 것은 무엇입니까? ( )

① 라라의 발에 좀 큰 신발이다.
② 오래되어 더럽고 낡은 신발이다.
③ 라라의 마음에 쏙 드는 신발이다.
④ 세상에 둘도 없는 라라의 신발이다.
⑤ 라라가 어디를 가든 신고 다니는 신발이다.

8 주말에 온 가족이 소풍을 갈 때 라라는 어떻게 하였는지 알맞은 것에 ○표를 하시오.

(1) 새 신발을 신고 갔다. ( )
(2) 신발을 벗고 맨발로 갔다. ( )
(3) 더러운 헌 신발로 갈아 신고 갔다. ( )

서술형
9 자신이 라라가 되어 라라의 소중한 물건을 소개해 보시오.

(1) 소개할 물건은 무엇인가요?	
(2) 색깔과 모양 등 그 특징은 무엇인가요?	

10~12

한 짝 남은 신발이라도 라라에게는 너무나 소중했습니다.

라라는 어찌 됐든 반짝이 신발을 계속 신고 다니기로 마음먹었습니다.

㉠"신발이 짝짝이잖아."

애너벨이 흉을 보았습니다.

"난 괜찮은데."

라라는 상관없다는 듯 말했습니다.

10 라라가 한 짝 남은 신발을 계속 신고 다닌 까닭은 무엇인지 쓰시오.

( )

11 이 글에서 다음 뜻을 가진 낱말을 찾아 쓰시오.

남에게 비웃음을 살 만한 거리.

( )

12 애너벨에게 ㉠과 같은 말을 듣자 라라는 어떻게 하였습니까? ( )

① 새 신발을 샀다.
② 애너벨에게 화를 냈다.
③ 자기는 괜찮다고 말했다.
④ 한 짝 남은 신발을 버렸다.
⑤ 잃어버린 신발을 찾으러 갔다.

실력UP
13 다음 빈칸에 공통으로 들어갈 말은 무엇인지 쓰시오.

- ( )(이)란 말하는 사람과 듣는 사람이 서로 말을 주고받을 때 지키는 순서이다.
- 대화할 때는 ( )을/를 지켜 말해야 한다.

( )

14 말차례를 지키며 대화할 때 빈칸에 들어갈 알맞은 내용에 ○표를 하시오.

> 호준이의 말을 듣다가 하고 싶은 말이 생긴 지현이는
>
> (1) 손짓을 하며 말할 기회를 얻어요.
> ( )
> (2) 큰 소리로 외쳐요. ( )

15~16

> 저는 김서준입니다. 저는 태권도를 좋아합니다.

15 자신을 소개하는 내용 가운데 이 글에 나와 있는 것을 두 가지 고르시오. (,)
① 글을 쓴 사람의 이름
② 글을 쓴 사람의 모습
③ 글을 쓴 사람의 성격
④ 글을 쓴 사람이 잘하는 것
⑤ 글을 쓴 사람이 좋아하는 것

서술형
16 이 글이 소개하는 내용이 잘 드러나게 쓴 글이 아닌 까닭은 무엇인지 쓰시오.

_____

_____

17~18

> ㉠저는 정하윤입니다. ㉡저는 머리를 묶고 다닙니다. 지금은 노란색 긴팔 옷을 입고 있습니다. 저는 종이접기를 좋아해서 항상 색종이를 가지고 다닙니다. ㉢저는 그림을 잘 그립니다. 만화 주인공 그림을 그려서 친구에게 주기도 합니다.

17 자신을 소개하는 글에서 ㉠~㉢과 관계 있는 것을 선으로 이으시오.
(1) ㉠ • • ① 자신의 이름
(2) ㉡ • • ② 자신이 잘하는 것
(3) ㉢ • • ③ 자신의 모습

중요
18 이 글에 나온 것 외에, 자신을 소개하는 글에 들어갈 내용으로 알맞지 않은 것은 무엇입니까? ( )
① 자신의 성격
② 자신의 장래 희망
③ 자신이 좋아하는 음식
④ 읽을 사람이 궁금해할 내용
⑤ 친구가 좋아하는 물건과 그 까닭

중요
19 소개하는 글을 쓰는 방법으로 알맞은 것에 ○표를 하시오.
(1) 바르고 정확한 문장으로 쓴다. ( )
(2) 자신의 특징을 한 가지만 쓴다. ( )
(3) 읽을 사람이 잘 알고 있는 내용을 쓴다. ( )

국어 활동
20 다음 글에서 자신을 소개하는 내용으로 알맞은 문장을 두 가지 고르시오. (,)

> 제 이름은 김민희입니다. ① 저는 2학년입니다. 저는 눈이 큽니다. ② 좋아하는 색깔은 주황색입니다. 음식은 된장찌개를 좋아합니다. ③ 제 친구는 지난 주말에 자전거를 탔습니다. 저는 종이접기를 잘합니다. 달리기도 잘한다는 말을 많이 듣습니다. ④ 제 동생은 저와 같이 노는 것을 좋아합니다. ⑤ 제 동생은 생일에 친구들을 초대하려 합니다.

● 글씨를 바르게 써 보시오.

소	개	신	발	반	짝	반	짝
소	개	신	발	반	짝	반	짝
소	개	신	발	반	짝	반	짝

	라	라	에	게	는		너	무
	라	라	에	게	는		너	무

나		소	중	했	습	니	다	.
나		소	중	했	습	니	다	.

2 말의 재미가 솔솔

무엇을 배울까요?

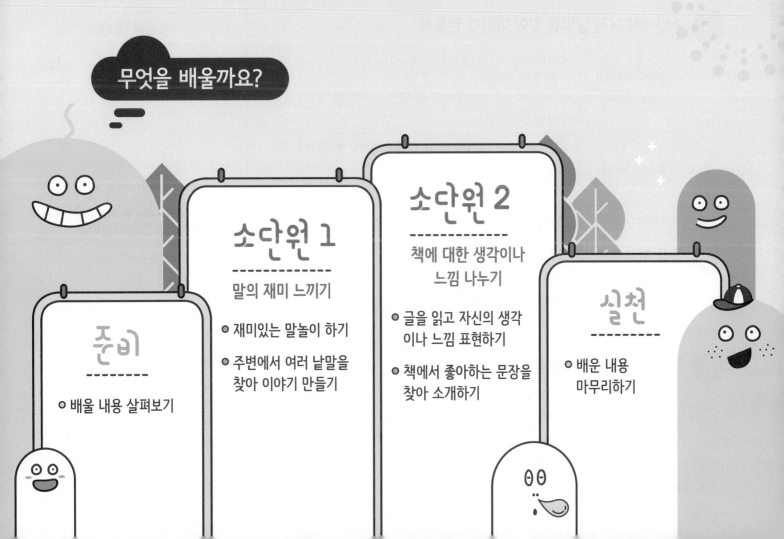

준비

● 배울 내용 살펴보기

소단원 1

말의 재미 느끼기

● 재미있는 말놀이 하기
● 주변에서 여러 낱말을 찾아 이야기 만들기

소단원 2

책에 대한 생각이나 느낌 나누기

● 글을 읽고 자신의 생각이나 느낌 표현하기
● 책에서 좋아하는 문장을 찾아 소개하기

실천

● 배운 내용 마무리하기

1 여러 가지 말놀이

꼬리따기 말놀이	비슷한 것을 떠올려서 말을 이어 가는 놀이입니다. 예 사과는 빨개 → 빨가면 딸기 → 딸기는 작아
주고받는 말놀이	• 묻고 답하면서 말을 주고받는 놀이입니다. • 묻고 싶은 것을 물어보고 물음에 대한 답을 이야기하며 서로 말을 주고받습니다. 예 하나는 뭐니? → 숟가락 하나 / 둘은 뭐니? → 젓가락 둘
말 덧붙이기 놀이	• 앞 친구가 한 말을 반복한 뒤에 다른 말을 덧붙이는 놀이입니다. • 앞 친구의 말과 다르게 반복하거나 새로운 말을 덧붙이지 못하면 그다음 친구에게 차례가 넘어갑니다. 예 과일 가게에 가면 사과도 있고 → 과일 가게에 가면 사과도 있고, 바나나도 있고

↳ 이외에 같은 첫소리로 시작하는 낱말들을 떠올리는 놀이, 문장을 정확하고 빠르게 읽어 보는 놀이, 다섯 글자 말놀이도 있습니다.

2 말놀이 할 때의 주의점

① 규칙을 잘 알고 지켜야 합니다.
② 다른 사람이 하는 말을 귀 기울여 들어야 합니다.
③ 다른 사람에게 말할 때에는 정확하게 표현해야 합니다.
④ 말을 억지로 늘이거나 끊어서 말이 안 되게 하면 안 됩니다.

3 주변에서 여러 낱말을 찾아 이야기 만들기

낱말을 이용해 문장 만들기	• 여러 장소와 그곳에서 볼 수 있는 물건의 이름을 떠올려 써 봅니다. • 떠올린 낱말 가운데에서 두 낱말을 연결해 새로운 문장을 만듭니다.
줄줄이 이야기 만들기 놀이 하기	• 낱말을 하나 정해서 정한 낱말을 넣어 첫 문장을 만듭니다. • 그다음 사람은 앞 문장과 내용이 자연스럽게 이어지는 문장을 만들며 계속 이야기를 만들어 갑니다.

4 글을 읽고 자신의 생각이나 느낌 표현하기

① 글에서 재미있는 문장이나 장면을 찾고 친구들과 이야기를 나눕니다.
② 재미있게 느낀 부분이 같으면 서로 공감을 해 주고, 다를 경우에는 생각이나 느낌이 서로 다름을 이해합니다.

5 책에서 좋아하는 문장을 찾아 소개하기

① 도서관에서 읽고 싶은 책을 찾아 제목을 씁니다.
② 자신이 읽은 책에서 좋아하는 문장을 찾아 씁니다.
③ 한쪽 면에는 좋아하는 문장, 다른 쪽 면에는 책 제목을 써서 책갈피를 만들고, 자신이 쓴 책갈피 문장을 친구에게 소개합니다.

핵심 확·인·문·제

정답과 해설 ● 6쪽

1 ☐☐☐☐ 말놀이는 묻고 싶은 것을 물어보고 물음에 대한 답을 이야기하며 서로 말을 주고받는 말놀이입니다.

2 말놀이를 할 때는 규칙을 잘 지키고 다른 사람이 하는 말을 귀 기울여 들어야 합니다.
(○ , ×)

3 다음 두 낱말을 넣어 아래 문장을 완성하시오.

> 놀이터, 오이

• ( )에 ( ) 한 개가 떨어져 있다.

4 글을 읽고 재미있게 느낀 부분이 같은 친구들끼리만 모여 생각이나 느낌을 나눕니다.
(○ , ×)

5 좋아하는 문장을 소개하는 책갈피를 만들 때에는 한쪽 면에 좋아하는 문장을 쓰고, 다른 쪽 면에 ☐☐☐을/를 씁니다.

가랑비와 이슬비

글: 박남일, 그림: 김우선

가는 비가 내리는 날이야.
우산을 쓸까 말까?

가늘게 내리는 비는 **가랑비**.
♥**국숫발**같이 가늘다고 가랑비.
5 가랑비보다 더 가는 비는 **이슬비**.
풀잎에 겨우 이슬이 ♥**맺힐** 만큼 내려서 이슬비.

• **글의 특징**: 비의 이름을 떠올리며 글을 읽고, 비가 내리는 모습을 통해 비에 여러 이름이 붙은 까닭과 그 특징을 생각할 수 있습니다.

♥**국숫발** 국수의 가락. 면발.

♥**맺힐** 물방울이나 땀방울 따위가 생겨 매달릴.
⑩ 이마에 땀이 흥건하게 맺힐 정도로 열심히 연습했다.

핵심

📖 교과서 문제

1 이 글에 나타난 비의 이름과 그 이름이 붙은 까닭을 찾아 선으로 이으시오.

(1) | 가랑비 | •   • ① | 국숫발같이 가늘어서 |

(2) | 이슬비 | •   • ② | 풀잎에 겨우 이슬이 맺힐 만큼 내려서 |

2 다음과 같은 비의 특징에 어울리는 이름을 보기 에서 찾아 기호를 쓰시오.

보기
ㄱ 단비 ㄴ 잠비 ㄷ 찬비 ㄹ 장대비

(1) 차갑게 느껴지는 비   (   )
(2) 꼭 필요할 때 알맞게 내리는 비 (   )
(3) 장대처럼 굵고 거세게 좍좍 내리는 비
                              (   )
(4) 여름에 일을 쉬고 낮잠을 잘 수 있게 하는 비   (   )

3 비가 내리는 모습을 그리고, 비의 특징이 드러나게 이름을 붙여 쓰시오.

📖 교과서 문제

4 '비'로 시작하는 낱말을 두 가지 떠올려 빈칸에 각각 쓰시오.

비누   비행기   (1)   (2)

소단원 1 재미있는 말놀이 하기

● 「내 친구 몬덕이」를 보고 물음에 답해 보기

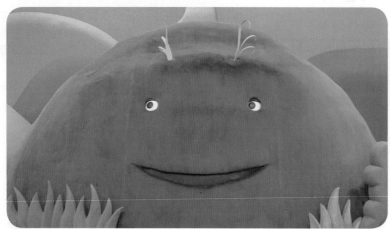

• 「내 친구 몬덕이」의 내용: 몬덕이는 초록 풀같이 솟아난 뿔에 동그란 눈이 있는 겁 많은 몬스터 언덕입니다. 몬덕이의 친구 끼토와 초롱이는 어느 날 다섯 글자로만 말을 하기로 합니다. 하지만 끼토와 초롱이가 다섯 글자로만 말하려고 말을 억지로 늘이거나 끊어 말하자, 이를 본 다른 친구 하늬는 다섯 글자로 말하더라도 말이 되게 해야 한다고 알려 주었습니다.

교과서 핵심

◉ 말놀이를 할 때 지켜야 할 규칙
• 말을 억지로 늘이거나 끊지 않습니다.
• 말이 안 되게 하면 안 됩니다.

📖 교과서 문제

1 몬덕이와 친구들은 어떻게 대화하고 있습니까? ( )

① 손동작으로 대화하고 있다.
② 다섯 글자로만 대화하고 있다.
③ 글자 수를 바꿔 가며 대화하고 있다.
④ 낱말을 거꾸로 말하며 대화하고 있다.
⑤ 상대의 말을 이어 가며 대화하고 있다.

핵심

2 말놀이를 할 때 지켜야 할 규칙으로 알맞은 것을 두 가지 고르시오. (,)

① 말을 억지로 끊지 않는다.
② 말이 안 되게 말해도 된다.
③ 말을 억지로 늘이지 않는다.
④ 하고 싶은 말을 마음대로 한다.
⑤ 다른 친구들이 한 말을 똑같이 한다.

📖 교과서 문제

3 다음과 같이 친구에게 해 주고 싶은 말을 생각하여 다섯 글자로 쓰시오.

넌 밝게 웃어.

( )

서술형

4 친구들과 함께 말놀이를 하면 좋은 점을 한 가지만 쓰시오.

_____

_____

비슷한 것을 떠올려서 말을 이어 가는 꼬리따기 말놀이입니다.

사과는 빨개

사과는 빨개
빨가면 딸기
딸기는 작아
작으면 아기
아기는 귀여워
귀여우면 곰 인형
곰 인형은 포근해
포근하면 봄

묻고 답하면서 말을 주고받는 주고받는 놀이입니다.

하나는 뭐니? 숟가락 하나
둘은 뭐니? 젓가락 둘
셋은 뭐니? (㉠) 셋
넷은 뭐니? (㉡) 넷
다섯은 뭐니? (㉢) 다섯

2
단원

---

5 친구들이 「사과는 빨개」와 같이 꼬리따기 말놀이를 하고 있습니다. 규칙에 맞게 말놀이를 이어 가지 못한 친구의 이름을 쓰시오.

> 윤주: 사과는 빨개.
> 지나: 빨가면 고추장.
> 현빈: 빨가면 매워.
> 송아: 매우면 떡볶이.

( )

📖 교과서 문제

6 주고받는 말놀이를 할 때 ㉠~㉢에 들어갈 알맞은 말을 찾아 선으로 이으시오.

(1) ㉠ ・　　・① 발가락

(2) ㉡ ・　　・② 책상 다리

(3) ㉢ ・　　・③ 세발자전거 바퀴

---

7 친구들이 말 덧붙이기 놀이를 하고 있습니다. 빈칸에 들어갈 말을 쓰시오.

> 준호: 과일 가게에 가면 사과도 있고.
> 영철: 과일 가게에 가면 사과도 있고, ( ).
> 해나: 과일 가게에 가면 사과도 있고, 바나나도 있고, 딸기도 있고.

( )

역량

8 말놀이를 잘하기 위해 주의할 점으로 알맞지 않은 것은 무엇입니까? ( )

① 규칙을 잘 알고 지킨다.
② 자기가 할 말에만 집중한다.
③ 말놀이 방법을 생각하며 말한다.
④ 앞사람이 하는 말을 귀 기울여 듣는다.
⑤ 다음 사람에게 말할 때는 정확하게 표현한다.

1~2

어디까지 왔니

엮음: 편해문, 편곡: 신동일 · 송선형, 그림: 윤정주

어디까지 왔니

아직 아직 멀었다

어디까지 왔니

동네 앞에 왔다

어디까지 왔니

개울가에 왔다

어디까지 왔니

대문 앞에 다 왔다

핵심

1 이 노래의 특징으로 알맞지 <u>않은</u> 것은 무엇입니까? ( )

① 어디까지 왔는지 묻고 답하고 있다.

② 어디까지 왔는지 장소를 알 수 없다.

③ 다른 장소를 넣어 바꿔 부를 수 있다.

④ 같은 말이 반복해서 나와 노랫말을 기억하기 쉽다.

⑤ 두 편으로 나누어 주고받으면서 함께 부를 수 있다.

2 여러 장소를 떠올리며 이 노래의 노랫말을 바꾸어 쓰시오.

> 어디까지 왔니 / 아직 아직 멀었다
> 어디까지 왔니
> (1) [   ]에 왔다
>
> 어디까지 왔니
> (2) [   ]에 왔다
> 어디까지 왔니
> (3) [   ] 앞에 다 왔다

🔖 교과서 문제

3 우리 주변에 있거나 가고 싶은 장소를 떠올려 빈칸에 쓰시오.

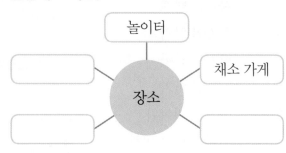

🔖 교과서 문제

4 문제 3번에서 쓴 장소 중 하나를 고르고 그곳에서 볼 수 있는 물건의 이름을 떠올려 빈칸에 쓰시오.

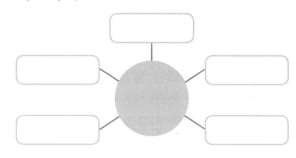

서술형

5 문제 3번과 4번에서 쓴 낱말 가운데 두 개를 골라 보기 처럼 문장을 만들어 쓰시오.

보기	
낱말	놀이터, 오이
문장	놀이터에 오이 한 개가 떨어져 있다.

(1) 낱말	
(2) 문장	

시원한 책

이수연

㉮ 캬하, 시원하다!
'캬': 맛이 맵거나 냄새가 독할 때, 또는 술 따위를 먹고 가볍게 내는 소리.

㉯ 이야, 시원─하다.

• 글의 특징: '시원하다'라는 말이 다양한 상황에서 어떻게 쓰이는지 글과 그림을 통해 이해하며 말의 재미를 느낄 수 있습니다.

교과서 **핵심**

○ **시원하다고 느꼈던 경험 나누기** 예
• 차가운 아이스크림을 먹을 때 시원하다고 느낍니다.
• 여름날 에어컨이나 선풍기 바람을 쐴 때 시원하다고 느낍니다.

서술형

1 시원하다고 느꼈던 경험을 떠올려 한 가지만 쓰시오.

_____

_____

핵심

2 이 글에 대한 설명으로 알맞지 <u>않은</u> 것은 무엇입니까? ( )

① 시원하다는 느낌을 표현하고 있다.
② 인물의 표정에서 감정을 짐작할 수 있다.
③ 그림이 없을 때 내용을 더 잘 이해할 수 있다.
④ 시원하다는 말이 다양한 상황에서 쓰이고 있다.
⑤ 다양한 상황에서 쓰이는 말의 재미를 느낄 수 있다.

📖 교과서 문제

3 이 글에서 시원하다고 느끼는 상황과 어울리는 그림을 찾아 선으로 이으시오.

(1) 더위를 식힐 정도로 시원할 때 •

• ①

(2) 속이 후련할 만큼 음식이 뜨겁고 얼큰할 때 •

• ②

4 ㉮와 ㉯ 중에서 '차갑다'는 말과 어울리는 글과 그림은 어느 것인지 기호를 쓰시오.

( )

다 목소리가 아주 시원시원하네!

라 아, 시원해!

5 다와 라는 어떤 모습을 표현하고 있는지 알맞은 것을 찾아 선으로 이으시오.

(1) 다 • • ① 양치질하는 모습

(2) 라 • • ② 큰 소리로 노래하는 모습

6 다와 라에서 시원하다고 느끼는 상황에 해당하는 것은 무엇입니까? ( )

① 다: 더위를 식힐 정도로 서늘할 때
② 다: 속이 후련할 만큼 음식이 뜨겁고 얼큰할 때
③ 라: 가려운 것이 말끔히 사라져 기분이 좋을 때
④ 라: 지저분하던 것이 깨끗하고 말끔해져 기분이 좋아질 때
⑤ 다, 라: 막힌 데가 없이 활짝 트여 마음이 후련할 때

역량

7 다음 빈칸에 공통으로 들어갈 수 있는 말은 무엇입니까? ( )

• 양치질을 하고 나니 입안이 ☐.
• 목소리가 쩌렁쩌렁하니 아주 ☐.
• 꽁꽁 감춰 두었던 비밀을 털어놓으니 속이 ☐.

① 가볍다　　② 훌륭하다
③ 든든하다　　④ 시원하다
⑤ 우렁차다

핵심

8 친구들이 이 글에서 재미있는 부분을 찾아 이야기하고 있습니다. 알맞게 말하지 <u>않은</u> 친구의 이름을 쓰시오.

소영: 폭포 소리에도 묻히지 않고 '쩌렁! 쩌렁!' 울리는 목소리에서 시원하다는 느낌을 짐작할 수 있었어.
현준: 양치질을 할 때 시원한 물로 해야 더 깨끗해진다는 것을 알 수 있었어.
재호: 시원하다고 반복해서 말을 하니까 정말 시원한 것 같은 느낌이 들어서 재미있었어.

( )

2
단원

● 도서관에서 읽고 싶은 책을 찾아 제목 써 보기

제목이 재미있는 책

친구에게 소개하고 싶은 책

● 책에서 좋아하는 문장을 찾아 책갈피 만들어 보기

📖 교과서 문제

1 다음에 해당하는 책을 도서관에서 찾아 책 제목을 쓰시오.

(1) 제목이 재미있는 책

(2) 친구에게 소개하고 싶은 책

서술형
2 문제 1번에서 찾은 책 중에서 한 권을 골라 좋아하는 문장을 찾아 쓰시오.

3 좋아하는 문장을 소개하기 위해 책갈피를 만드는 방법으로 알맞지 않은 것은 무엇입니까? ( )

① 한쪽 면에는 책 제목을 쓴다.
② 다른 한쪽 면에는 좋아하는 문장을 쓴다.
③ 책에 나오는 어려운 낱말을 잘 보이게 쓴다.
④ 고른 문장에 어울리는 그림을 그려 꾸밀 수 있다.
⑤ 책 내용이나 문장의 특성에 어울리게 모양을 꾸밀 수 있다.

4 자신이 만든 책갈피 문장을 친구에게 소개하고 나서 생각이나 느낌을 알맞게 말한 친구의 이름을 쓰시오.

> 해나: 서로가 찾은 재미있는 문장을 소개하면서 말의 재미를 느낄 수 있었어.
> 서현: 내가 좋아하는 문장이 아닌 친구가 좋아하는 문장으로 책갈피를 만드느라 힘들었어.

( )

실력 키우기 · 30~33쪽   **소단원 1. 말의 재미 느끼기**

● 꼬리따기 말놀이 방법을 생각하며 빈칸에 알맞은 말 써 보기

코끼리 코는 길어 → 길면 ㉠_____

개나리는 예뻐 ← 노라면 ㉡_____ ← 바나나는 노래

● 보기 에서 하나를 골라 같은 첫소리로 시작하는 낱말 떠올려 써 보기

보기

ㄱㅇ   ㄴㄷ   ㅎㄱ

낫다   ㄴㄷ   ㉢

넣다   늑대

● 다음 문장을 친구들과 함께 빠르고 정확하게 읽어 보기

> • 들의 콩깍지는 깐 콩깍지인가, 안 깐 콩깍지인가.
> • 간장 공장 공장장은 강 공장장이고 된장 공장 공장장은 공 공장장이다.
> • 저기 저 뜀틀이 내가 뛸 뜀틀인가, 내가 안 뛸 뜀틀인가.
> • 내가 그린 기린 그림은 긴 기린 그림이고 네가 그린 기린 그림은 안 긴 기린 그림이다.

1 ㉠과 ㉡에 들어갈 낱말로 알맞은 것을 찾아 선으로 이으시오.

(1) ㉠ •   • ① 개나리

(2) ㉡ •   • ② 바나나

2 말 덧붙이기 놀이를 할 때 '운동장'에서 떠올릴 수 있는 낱말로 알맞지 <u>않은</u> 것은 무엇입니까? (   )

① 철봉   ② 골대
③ 모래   ④ 칠판
⑤ 정글짐

3 ㉢에 들어갈 수 있는 낱말을 한 개만 떠올려 쓰시오.

(   )

4 다음 첫소리로 시작하는 낱말이 바르게 짝 지어진 것은 무엇입니까? (   )

	ㄱㅇ	ㅎㄱ
①	가위	효도
②	기회	학교
③	서울	한글
④	구이	한강
⑤	길이	하나

소단원 2. 책에 대한 생각이나 느낌 나누기

● 재미있는 부분을 찾아 가며 「내 마음 ㅅㅅㅎ」 읽어 보기

내 마음 ㅅㅅㅎ

김지영

갑자기 다 너무 시시해

뭘 해도 마음이 싱숭해

그런데
혼자 노니까
너무

심심해
심심해
심심해
심심해

어떡하지? 심심하면? 상상해

안녕?
나 왔어.
뭐라고? ㉠시시해?

● 낱말의 뜻을 생각하며 보기 처럼 문장 만들어 보기

보기

싱숭해	전학 갈 생각을 하니 마음이 싱숭해.

시시해	
심심해	
상상해	㉡

● 읽은 뒤의 느낌을 친구가 말하는 첫소리로 표현해 보기

내 느낌은 ㉢'ㄱㄱㅎ'으로 표현할 수 있어.

네 느낌은 '궁금해'구나.
나는 ㉣'ㅈㄱㅇ'으로 느낌을 표현하고 싶어.

5 ㉠ 대신 들어갈 수 있는 말로 알맞은 것은 무엇입니까?
( )

① 사랑해? ② 서운해?
③ 시원해? ④ 속상해?
⑤ 쓸쓸해?

6 '상상해'를 넣어 ㉡에 들어갈 문장을 만들어 쓰시오.
( )

7 다음 중 첫소리가 'ㅅㅅㅎ'이 아닌 낱말은 무엇입니까?
( )

① 수상해 ② 섭섭해
③ 소중해 ④ 싱싱해
⑤ 생생해

8 ㉢과 ㉣을 첫소리로 하여 만들 수 있는 낱말이 바르게 짝지어진 것은 무엇입니까?
( )

	㉢	㉣
①	건강해	절구공
②	기대해	정겨워
③	궁금해	즐거워
④	긴장해	자가용
⑤	구경해	조갯살

1~2

📖 교과서 문제

1 자신이 잘할 수 있는 말놀이를 <u>모두</u> 찾아 색칠해 보시오.

2 말놀이 가운데 다섯 글자로만 말하는 규칙을 가지고 있는 것은 무엇인지 찾아 쓰시오.

( )

역량

3 말의 재미를 느끼며 말놀이를 할 수 있는지 확인하기 위해 살펴볼 내용으로 알맞지 <u>않은</u> 것은 무엇입니까? ( )

① 친구들과 함께 즐겁게 말놀이를 했는지 확인한다.

② 말놀이를 할 때 놀이 방법을 알고 있는 지 확인한다.

③ 말놀이를 할 때 여러 낱말을 사용했는 지 확인한다.

④ 다른 친구들보다 큰 목소리로 낱말을 반복해서 말했는지 확인한다.

⑤ 말놀이 규칙을 지키고 다른 친구들과 서로 도우며 활동했는지 확인한다.

4 책을 읽고 나만의 책 목록을 만들려고 합니 다. 다음 중 책 목록에 들어갈 내용으로 알맞 지 <u>않은</u> 것을 찾아 그 기호를 쓰시오.

㉠ 책 제목
㉡ 책을 산 방법
㉢ 좋아하는 순서
㉣ 좋아하는 문장

( )

📖 교과서 문제

5 '출발'에서 시작해 글자 아래의 화살표를 따라 '도착'까지 가면 어떤 문장이 완성되는지 선으 로 연결해 보고, 완성한 문장을 쓰시오.

출발

아 ⇩	울 ⇩	리 ⇩	라 ⇨	산 ⇩	수 ⇧	어 ⇨	용 ⇩	순 ⇧
름 ⇨	다 ⇨	운 ⇩	김 ⇩	우 ⇩	는 ⇨	마 ⇩	추 ⇩	장 ⇩
노 ⇩	승	한	고 ⇨	바	하 ⇧	음	므	재
겨 ⇩	혀 ⇩	글 ⇩	끼 ⇧	르 ⇩	용 ⇩	을 ⇨	지 ⇨	녀 ⇩
성 ⇩	잠 ⇩	을 ⇨	아 ⇧	게 ⇨	사 ⇧	공 ⇨	하 ⇧	요 ⇩

도착

1~2

> 가는 비가 내리는 날이야.
> 우산을 쓸까 말까?
>
> 가늘게 내리는 비는 **가랑비**.
> 국숫발같이 가늘다고 가랑비.
> 가랑비보다 더 가는 비는 **이슬비**.
> 풀잎에 겨우 이슬이 맺힐 만큼 내려서 이슬
> 비.

1 글의 내용을 바르게 이해하지 <u>못한</u> 친구는 누구입니까? ( )

① 선빈: 가랑비는 가늘게 내리는 비라서 붙은 이름이래.
② 준호: 비의 이름에 비의 특징이 드러나는 것이 재미있어.
③ 유나: 비가 내리는 모습을 보고 비의 이름을 떠올리고 있어.
④ 세화: 이슬비는 이슬이 맺힐 때 내리는 비라서 붙은 이름이구나.
⑤ 재영: 가랑비와 이슬비 중 이슬비가 더 가늘게 내리는 비라는 것을 알았어.

2 비의 이름에 어울리는 그림을 찾아 선으로 이으시오.

(1) 가랑비 •

• ①

(2) 이슬비 •

• ②

3 보기 와 같이 '비'로 시작하는 낱말을 떠올려 한 가지만 쓰시오.

> **보기**
>
> 비누 ― 비행기 ― 비밀

( )

중요

4 친구들과 함께 말놀이를 하면 좋은 점으로 알맞지 <u>않은</u> 것을 찾아 ×표를 하시오.

(1) 여러 가지 낱말을 자연스럽게 익힐 수 있다. ( )
(2) 다른 친구들보다 내가 말을 더 많이 할 수 있다. ( )
(3) 재미있고 다양한 말로 내 생각을 표현할 수 있다. ( )

5 꼬리따기 말놀이를 하는 방법을 생각하여 ㉠과 ㉡에 들어갈 알맞은 말을 쓰시오.

> 사과는 빨개 ― (㉠) 고추장 ―
> (㉡)은/는 매워 ― 매우면 떡볶이

㉠: ( )
㉡: ( )

6 주고받는 말놀이를 하고 있습니다. 다음 물음에 답할 말로 알맞지 <u>않은</u> 것은 무엇입니까? ( )

> 동그라미는 뭐니?
> ( )

① 공 ② 동전
③ 수박 ④ 도넛
⑤ 옷걸이

중요

7 말놀이를 할 때 주의할 점으로 알맞지 <u>않은</u> 것은 무엇입니까? ( )

① 말이 안 되게 말하면 안 된다.
② 말놀이 방법을 생각하며 말한다.
③ 다른 사람의 말을 귀 기울여 듣는다.
④ 다른 사람에게 말할 때 정확하게 표현한다.
⑤ 규칙에 맞지 않게 말해도 재미있게 하면 된다.

8 다음 노랫말을 바꿔 부르려고 할 때, 빈칸에 들어갈 말로 알맞지 <u>않은</u> 것은 무엇입니까?
( )

> 어디까지 왔니
> 개울가에 왔다
> 어디까지 왔니
> 대문 앞에 다 왔다

⇩

> 어디까지 왔니
> [   ]에 왔다
> 어디까지 왔니
> [   ] 앞에 다 왔다

① 약국   ② 사과
③ 시장   ④ 도서관
⑤ 놀이터

서술형

9 보기 와 같이 주어진 낱말을 이용해 문장을 만들어 쓰시오.

> 보기
> 시소, 학교   우리 학교에는 시소가 없어서 슬프다.

> 당근, 칠판

10 '오이'라는 낱말을 정해 줄줄이 이야기 만들기 놀이를 하고 있습니다. 놀이 방법을 생각하며 내용이 서로 이어지도록 순서대로 번호를 쓰시오.

> ① 김밥을 다 먹고 준비물을 빨리 챙겼다.
> ② 아침에 오이가 들어간 김밥을 먹었다.
> ③ 학교에 와 보니 준비물을 잘못 가져와서 가슴이 콩닥콩닥 뛰었다.

( ) → ( ) → ( )

국어 활동

11 첫소리가 'ㅎ ㄱ'으로 시작하는 낱말을 떠올려 한 가지만 쓰시오.

( )

12 다음 그림에 어울리는 말은 무엇입니까?
( )

① 맵다
② 뜨겁다
③ 아프다
④ 따뜻하다
⑤ 시원하다

중요

13 시원하다고 느끼는 상황과 어울리는 그림을 선으로 이으시오.

(1) 막힌 데가 없이 활짝 트여 마음이 후련할 때 • • ①

(2) 지저분하던 것이 깨끗하고 말끔해져 기분이 좋아질 때 • • ②

14 서술형 「시원한 책」에서 재미있는 부분을 떠올리고 어떤 점이 재미있었는지 쓰시오.

_____

_____

15 중요 시원하다고 느꼈던 자신의 경험을 떠올려 말한 친구는 누구입니까? ( )

① 찬주: 달콤한 솜사탕을 많이 먹었어.
② 슬아: 잠옷으로 갈아입고 한숨 잤어.
③ 희재: 여름에는 조금만 걸어도 땀이 나.
④ 조은: 찬물로 세수를 했더니 시원했어.
⑤ 지민: 아빠가 뜨거운 국을 드시면서 시원하다고 하셔서 이상하다고 생각했어.

16 다음과 같은 책갈피에 들어가는 내용으로 알맞은 것을 <u>두 가지</u> 고르시오. (,)

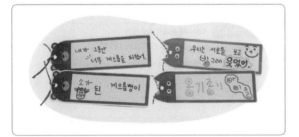

① 책 제목   ② 친구 이름
③ 책을 산 날짜   ④ 책을 산 장소
⑤ 좋아하는 문장

17 국어 활동 첫소리가 'ㅅㅅㅎ'이면서 느낌을 나타내는 말로 알맞지 <u>않은</u> 것은 무엇입니까? ( )

① 섭섭해   ② 속상해
③ 싱숭해   ④ 소중해
⑤ 시시해

18 국어 활동 서술형 낱말의 뜻을 생각하며 보기 처럼 문장을 만들어 쓰시오.

보기
싱숭해 → 전학 갈 생각을 하니 마음이 싱숭해.

시시해 _____

19 말의 재미를 느끼며 말놀이를 할 수 있는지 확인하기 위한 질문으로 알맞은 것에 ○표를 하시오.

(1) 친구들보다 좋은 점수를 받았나요?
( )

(2) 말놀이를 할 때 놀이 방법을 알고 있나요?
( )

(3) 말놀이를 할 때 하나의 낱말만 사용했나요?
( )

20 실력 UP 다음은 윤주가 책 목록을 만들기 위해 작성한 표입니다. 윤주가 생각한 내용으로 알맞지 <u>않은</u> 것은 무엇입니까? ( )

좋아하는 순서	책 제목	좋아하는 문장
❶		
❷		
❸		

① 책 제목을 정확하게 써야겠어.
② 책을 읽은 날짜는 꼭 넣지 않아도 돼.
③ 좋아하는 순서대로 책을 정리해야겠어.
④ 책에서 내가 좋아하는 문장을 찾아 넣고 싶어.
⑤ 친구들이 많이 보는 책을 기준으로 골라야겠어.

● 글씨를 바르게 써 보시오.

재	미		낱	말		말	놀	이
재	미		낱	말		말	놀	이
재	미		낱	말		말	놀	이

	목	소	리	가		아	주
	목	소	리	가		아	주

시	원	시	원	하	네	!
시	원	시	원	하	네	!

3
겪은 일을 나타내요

무엇을 배울까요?

준비
○ 배울 내용 살펴보기

소단원 1
꾸며 주는 말을 넣어
문장 쓰고 읽기

○ 꾸며 주는 말을 넣어
문장 쓰기

○ 꾸며 주는 말이 들어간
문장 읽기

소단원 2
자신의 생각을
담은 일기 쓰기

○ 겪은 일에서 일기 글감
정하기

○ 겪은 일이 잘 드러나게
일기 쓰기

실천
○ 배운 내용
마무리하기

교과서 핵심

1 꾸며 주는 말

① '넓은', '활짝'처럼 뒤에 오는 말을 꾸며 그 뜻을 자세하게 해 주는 말을 꾸며 주는 말이라고 합니다.

② 꾸며 주는 말을 사용하면 생각이나 느낌을 좀 더 실감 나고 생생하게 표현할 수 있습니다.

2 꾸며 주는 말이 들어간 문장 읽기

① 꾸며 주는 말이 어떤 말을 꾸며 주는지, 꾸며 주는 말이 있는 문장과 없는 문장의 느낌이 어떻게 다른지 살펴봅니다.

꾸며 주는 말을 사용하면 좋은 점	• 자신의 생각을 정확하게 나타낼 수 있습니다. • 생각이나 느낌을 실감 나게 표현할 수 있습니다. • 대상을 좀 더 생생하게 설명할 수 있습니다. • 읽는 사람이 재미를 느끼게 할 수 있습니다.

② 한 문장에 꾸며 주는 말을 여러 개 사용할 수 있습니다.

→ 자신이 겪은 일 가운데에서 특별히 기억에 남거나 평소와 다르게 보였던 일을 인상 깊은 일이라고 합니다. 인상 깊은 일처럼 글의 내용이 되는 이야깃거리를 글감이라고 합니다.

3 일기의 글감을 정하는 방법

① 하루에 겪은 일 가운데에서 한 것, 본 것, 들은 것을 떠올려 봅니다.

② 떠올린 것 가운데에서 기뻤던 일, 슬펐던 일, 화났던 일은 무엇인지 생각해 봅니다.

③ 그 가운데에서 가장 인상 깊은 일을 골라 일기로 씁니다.

4 겪은 일을 일기로 쓰는 방법

① 자신이 겪은 일을 떠올려 인상 깊은 일을 중심으로 글감을 찾습니다.

② 인상 깊은 일을 정리합니다.

③ 날짜와 날씨, 제목, 겪은 일, 생각이나 느낌의 순으로 일기를 씁니다.

④ 다 쓴 다음 고쳐 쓸 부분이 없는지 확인합니다.

5 일기를 쓰고 확인해야 할 점

① 날짜와 요일을 정확하게 썼나요?

② 날씨를 생생하게 나타냈나요?

③ 언제, 어디에서, 누구와 무슨 일이 있었는지 자세히 썼나요?

④ 겪은 일에 대한 자신의 생각이나 느낌을 솔직하게 썼나요?

핵심 확인 문제

정답과 해설 ● 9쪽

1 뒤에 오는 말을 꾸며 그 뜻을 자세하게 해 주는 말을 □ □□□ □(이)라고 합니다.

2 한 문장에는 하나의 꾸며 주는 말만 사용합니다.
(○ , ×)

3 인상 깊은 일처럼 글의 내용이 되는 이야깃거리를 □ □(이)라고 합니다.

4 일기의 글감을 정하는 방법으로 알맞은 것에 <u>모두</u> ○표를 하시오.
(1) 하루에 겪은 일 가운데에서 본 것만 떠올린다. ( )
(2) 떠올린 것 가운데에서 기뻤던 일, 슬펐던 일, 화났던 일은 무엇인지 생각해 본다. ( )
(3) 그 가운데에서 가장 인상 깊은 일을 골라 일기로 쓴다. ( )

5 일기를 쓸 때는 날짜와 요일을 정확하게 쓰고 날씨는 쓰지 않습니다.
(○ , ×)

준비

● 그림을 살펴보고 글 **가**와 글 **나** 읽어 보기

가

㉠오늘 할머니, 할아버지와 옥수수밭에 갔다.
할아버지께서 나를 보고 웃으셨다.

나

㉡오늘 할머니, 할아버지와 넓은 옥수수밭에 갔다.
할아버지께서 나를 보고 ♥활짝 웃으셨다.

• 그림 설명: '나(홍시)'는 할머니, 할아버지와 옥수수밭에 갔고, 할아버지께서 '나'를 보고 활짝 웃으셨습니다.

♥활짝 얼굴이 밝거나 가득히 웃음을 띤 모양.
⑳ 아이가 활짝 웃는 모습을 보니 기분이 좋아집니다.

교과서 핵심

● 꾸며 주는 말

'넓은', '활짝'처럼 뒤에 오는 말을 꾸며 그 뜻을 자세하게 해 주는 말을 꾸며 주는 말이라고 합니다.

● 글 **가**와 글 **나**의 다른 점

• 글 **나**에는 꾸며 주는 말이 있습니다.
• 글 **나**를 읽을 때 더 실감 나고 생생하게 느껴집니다.

---

1 ㉠과 ㉡을 바르게 설명한 것 두 가지를 고르시오. (,)

① ㉠의 문장이 더 길다.
② ㉡의 문장이 더 길다.
③ ㉠과 ㉡은 같은 문장이다.
④ ㉠에 꾸며 주는 말이 있다.
⑤ ㉡에 꾸며 주는 말이 있다.

📖 교과서 문제

2 글 **가**와 **나**를 비교했을 때 어떤 느낌이 드는지 알맞게 말한 친구는 누구입니까?

승우: 글 **가**가 대상을 좀 더 생생하게 설명했어.
윤지: 글 **나**가 자신의 생각이나 느낌을 더 실감 나게 표현했어.

( )

3 다음은 만화 영화 『그림일기』의 내용을 정리한 것입니다. 글의 내용을 바탕으로 일기에는 어떤 내용을 쓰면 좋을지 알맞게 설명한 것을 모두 찾아 ○표를 하시오.

유치원에서 그림일기를 발표해야 하는 홍시는 특별한 일이 일어나기를 바랍니다. 하지만 기대와 달리 평범한 하루가 지나가자 홍시는 매우 속상해 합니다. 이 사실을 알게 된 엄마가 홍시에게 육아일기를 보며 주며 일기에는 평범하지만 그날 겪은 일 가운데에서 기억하고 싶은 일을 쓰면 된다고 알려 주었습니다.

(1) 특별한 일을 지어내어 쓴다. ( )

(2) 겪은 일에 대한 생각이나 느낌을 쓴다. ( )

(3) 그날 겪은 일 가운데에서 기억하고 싶은 일을 쓴다. ( )

소단원 1 〈 꾸며 주는 말을 넣어 문장 쓰기

● 그림에 어울리는 꾸며 주는 말 찾아보기

(노란, 예쁜) 우산을 쓰고 학교에 간다.

㉠(♥튼튼한, 멋진) 거북선이 바다에 나간다.

● 꾸며 주는 말을 넣어 문장 만들어 보기

◎ ㉡예쁜 꽃이 피었다.
◎ ㉢꽃이 활짝 피었다.

♥튼튼한 무르거나 느슨하지 아니하고 몹시 야무지고 굳센.
㉠ 개울에 튼튼한 다리가 생겼습니다.

👀 교과서 핵심

○ **꾸며 주는 말을 고르고 그 까닭을 이야기해 보기** 예
• 우산 색깔을 보고 노란 우산이라고 했어.
• 우산 모양을 보고 예쁜 우산이라고 했어.

📖 교과서 문제

1 ㉠에서 그림에 어울린다고 생각하는 꾸며 주는 말을 골라 ○표를 하시오.

• (튼튼한 , 멋진) 거북선이 바다에 나간다.

서술형

2 문제 1번에서 ○표를 한 꾸며 주는 말을 고른 까닭을 쓰시오.

_____

_____

3 ㉡과 ㉢에서 꾸며 주는 말을 두 가지 고르시오. (,)
① 꽃 ② 꽃이 ③ 예쁜
④ 활짝 ⑤ 피었다.

📖 교과서 문제

4 다음 사진에 어울리는 꾸며 주는 말을 빈칸에 쓰시오.

(1)
( ) 딸기를 먹었다.

(2)
강아지가 ( ) 달린다.

정답과 해설 ● 9쪽

핵심

5 사진의 모습을 표현한 다음 문장의 특징으로 알맞지 <u>않은</u> 것은 무엇입니까? ( )

멋있는 말이 힘차게 달려온다.

① 꾸며 주는 말을 사용하였다.
② 말이 달리는 모습을 표현하였다.
③ 읽는 사람의 상상력을 자극한다.
④ 말의 표정이 지루하게 느껴진다.
⑤ 말의 모습을 자세하고 실감 나게 표현하였다.

📖 교과서 문제

6 사진에 어울리는 꾸며 주는 말을 생각해 보기 처럼 문장을 만드시오.

보기

• 파도가 모래밭으로 몰려온다.
▶ 거센 파도가 모래밭으로 끝없이 몰려온다.

• 황새가 날갯짓을 한다.
▶ ( ) 황새가 날갯짓을 ( ) 한다.

📖 교과서 문제

7 사진의 모습을 다음과 같이 표현할 때 ㉠, ㉡에 들어갈 꾸며 주는 말로 알맞지 <u>않은</u> 것은 무엇입니까? ( )

아이들이 (㉠) 종이비행기를 (㉡) 날린다.

① ㉠: 직접 만든
② ㉠: 색이 다양한
③ ㉡: 힘껏
④ ㉡: 열심히
⑤ ㉡: 우수수

📖 교과서 문제

8 보기 에 있는 꾸며 주는 말을 넣어 다음 사진을 설명하는 문장을 완성하시오.

보기

| 빠르게 | 커다란 | 시커먼 | 붉은 |
| 화려한 | 뜨거운 | 멋있는 | 넓은 |

꾸며 주는 말	사진을 설명하는 문장
넓은	누리호가 넓은 하늘로 발사되었다.
(1) ☐☐☐	누리호가 ☐☐☐ 연기를 내뿜는다.
(2) ☐☐☐	누리호가 ☐☐☐ 하늘로 날아간다.

식물은 어떻게 자랄까?

글: 유다정, 그림: 최병옥

❶ 조그만 새싹이 쑥쑥 자라더니 노랑 꽃을 ㉠활짝 피웠어.

꽃이 지면 열매가 열리겠지?

그런데 기다리고 기다려도 안 열려.

5 열매는 어디에 있을까?

어머, 어머!

몰래 땅속에서 ㉡조롱조롱 열매를 맺었구나.

올록볼록 껍데기 속에는 고소한 땅콩이 들어 있어.
물체의 걸면이 고르지 않게 높고 낮은 모양.

중심 내용 조그만 새싹이 자라 노랑 꽃을 피우고 꽃이 진 다음 땅속에서 땅콩이 자라고 있다.

❷ ♥덩굴손이 꼬불꼬불 쭈욱,

버팀대를 돌돌 감고 뻗어 가.

빙글빙글 따라가면

무엇이 있을까?

5 우아, 탐스러운 포도
가지거나 차지하고 싶은 마음이 들 정도로 보기가 좋고 끌리는 데가 있는.
가 열렸어!

알맹이가 송알송알,

보랏빛 포도야.

새콤달콤 아주 맛나.

중심 내용 꼬불꼬불한 덩굴손을 따라갔더니 포도가 열려 있다.

• 글의 특징: 땅콩, 포도, 개구리밥이 자라는 과정과 모습을 알 수 있는 글로 다양한 식물이 자라는 모습을 나타내는 낱말을 찾아볼 수 있습니다.

♥덩굴손 가지나 잎이 실처럼 변하여 다른 물체를 감아 줄기를 지탱하는 가는 덩굴.

교과서 핵심

● 꾸며 주는 말을 찾아 문장을 만들고, 소리 내어 읽어 보기 ① 예

꾸며 주는 말	만든 문장
올록볼록	선물 상자의 포장지가 올록볼록하다.
고소한	아버지께서 사 주신 고소한 군밤을 먹었다.

📖 교과서 문제

1 이 글에서 고소한 땅콩이 열리는 식물의 꽃은 무슨 색이라고 했습니까? (   )

① 주황색　　　② 노란색
③ 하얀색　　　④ 보라색
⑤ 초록색

📖 교과서 문제

2 덩굴손이 꼬불꼬불 뻗어 가며 자라는 나무에서 열리는 과일은 무엇입니까? (   )

① 호두　　　② 땅콩
③ 포도　　　④ 토마토
⑤ 개구리밥

📖 교과서 문제

3 ㉠과 ㉡의 뜻으로 알맞은 말을 선으로 이으시오.

(1) ㉠ •　　• ① 꽃잎 따위가 한껏 핀 모양.

(2) ㉡ •　　• ② 작은 열매 따위가 많이 매달려 있는 모양.

서술형

4 글 ❷에서 꾸며 주는 말을 찾아 문장을 만들어 쓰시오.

꾸며 주는 말	만든 문장

❸ ㉠동글동글 잎이 연못 위에 동동.

나뭇잎이 ♥우수수 떨어진 걸까?

아니, 물 위에 떠서 자라는 개구리밥이야.

개구리가 먹는 밥이냐고?

5 아니, 아니.

개구리가 물속에서 나올 때 입가에 ♥밥풀처럼 붙는다고 개구리밥이라 부른대.

5

중심 내용 연못 위에는 개구리가 물속에서 나올 때 입가에 밥풀처럼 붙는다고 하여 이름 붙여진 개구리밥이 있다.

♥우수수 바람에 나뭇잎 따위가 많이 떨어지는 소리. 또는 그 모양.
 예 한차례 바람이 일자 노랗게 물든 나뭇잎들이 우수수 떨어졌다.

♥밥풀 밥 하나하나의 알.
 예 입가에 붙은 밥풀을 손으로 떼어 냈습니다.

교과서 핵심

◦ 꾸며 주는 말을 찾아 문장을 만들고, 소리 내어 읽어 보기 ② 예

꾸며 주는 말	만든 문장
동글동글	우리가 주운 동글동글 밤을 모아 바구니에 담았다.

📖 교과서 문제

5 사람들이 '개구리밥'이라고 부르는 까닭으로 알맞은 것을 골라 ○표를 하시오.

(1) 개구리가 좋아하는 먹이이기 때문에
( )

(2) 개구리가 먹는 밥과 모양과 색이 비슷하기 때문에
( )

(3) 개구리가 물속에서 나올 때 입가에 밥풀처럼 붙기 때문에
( )

📖 교과서 문제

6 다음 중 보기 의 뜻을 가진 낱말은 무엇입니까?
( )

보기
 바람에 나뭇잎 따위가 많이 떨어지는 소리나 모양.

① 동글동글　　② 동동
③ 나뭇잎　　　④ 우수수
⑤ 밥풀

7 ㉠이 꾸며 주는 말은 무엇입니까? ( )

① 물　　　　② 잎
③ 연못　　　④ 밥풀
⑤ 개구리밥

핵심

8 다음 문장의 빈칸에 공통으로 들어가기에 알맞은 꾸며 주는 말을 이 글에서 찾아 쓰시오.

• 밥알이 ( ) 떠 있습니다.
• 수정과에 잣을 ( ) 띄워 맛있게 먹습니다.

( )

소단원 2

 겪은 일에서 일기 글감 정하기

● 소율이의 하루 생활 살펴보기

❶ 　❷ 　❸

❹ 　❺ 　❻

● 소율이가 겪은 일을 시간 순서대로 정리해 보기

아침	❶ 날씨가 맑아서 기분이 좋았다. ❷ 학교 가는 길에 교통 봉사를 해 주시는 분께 인사를 했다.
낮	❸ 화단에서 봄철 식물을 관찰했다. ❹ 운동장에서 (　　　　ㄱ　　　　). ❺ 수업을 마치고 집으로 돌아왔다.
저녁	❻ 저녁을 먹고 도서관에 가서 동생과 책을 읽었다.

● 소율이가 쓴 일기 읽어 보기

20○○년 4월 23일 수요일	날씨: 화창하게 맑은 날

제목: (　　　　　　　　　　　　　)

오늘 수업 시간에 달리기를 했다. 선생님께서 ♥출발하는 방법과 빠르게 달리는 방법을 가르쳐 주셨다. 나는 달리기를 좋아해서 열심히 연습했다. 연습이 끝나고 세 명씩 달리기를 했다. 출발선에 서 있는데 너무 긴장되고 떨렸다. 그래도 용기를 내서 끝까지 달렸다. 반 친구들이 박수를 치며 달리기를 잘한다고 칭찬해 주었다. 기분이 참 좋았다.

• 글의 특징: 소율이가 하루 동안 겪은 일을 시간 순서에 맞게 정리하고 겪은 일과 그에 대한 생각이나 느낌을 일기로 썼습니다.

♥출발　목적지를 향하여 나아감.
예 기차가 출발하는 시간을 다시 확인했습니다.

교과서 핵심

● 소율이의 일기를 보고 글감 확인하기

자신이 겪은 일 가운데 가장 기억에 남는 일을 인상 깊은 일이라고 합니다. 인상 깊은 일처럼 글의 내용이 되는 이야깃거리를 글감이라고 합니다.

소율이 일기의 글감	수업 시간에 운동장에서 있었던 일

📖 교과서 문제

1 소율이가 겪은 일을 시간 순서대로 정리할 때 ㉠에 들어갈 말로 알맞은 것은 무엇입니까?
( )

① 축구를 했다
② 책을 읽었다
③ 달리기를 했다
④ 그림을 그렸다
⑤ 노래를 불렀다

역량

2 다음은 소율이가 겪은 일을 살펴보고 소율이가 느꼈을 감정을 정리한 것입니다. 빈칸에 들어갈 알맞은 생각이나 느낌을 보기 에서 골라 쓰시오.

보기
긴장됨   즐거움   반가움   궁금함

장소	겪은 일 (한 것, 본 것, 들은 것)	생각이나 느낌
집	화창하게 맑은 하늘을 봄.	기쁘고 행복함. / (1) ( ).
학교	운동장에서 친구들과 달리기를 함.	기쁘고 행복함. / (2) ( ).
도서관	동생과 그림책을 읽음.	기쁘고 행복함. / (3) ( ).

📖 교과서 문제

3 소율이는 언제 어디에서 있었던 일을 일기로 썼습니까? ( )

① 수업 시간에 교실에서 있었던 일
② 쉬는 시간에 복도에서 있었던 일
③ 저녁 시간에 도서관에서 있었던 일
④ 수업 시간에 운동장에서 있었던 일
⑤ 학교 가는 길에 운동장에서 있었던 일

📖 교과서 문제

4 소율이가 쓴 일기에서 소율이에게 어떤 일이 있었는지 알맞은 것을 두 가지 고르시오.
(,)

① 세 명씩 달리기를 했다.
② 달리기를 하다가 넘어졌다.
③ 빠르게 달리는 방법을 배웠다.
④ 잘 달리는 친구를 칭찬해 주었다.
⑤ 달리기를 하다가 힘들어서 포기했다.

서술형   📖 교과서 문제

5 소율이가 쓴 일기에 어떤 제목을 붙이면 좋을지, 그 까닭은 무엇인지 쓰시오.

(1) 제목	(2) 그렇게 생각한 까닭

핵심

6 소율이처럼 자신이 어제 하루 동안 겪은 일 가운데 인상 깊은 일을 골라 일기의 글감을 정하여 쓰시오.

( )

📖 교과서 문제

7 일기의 글감을 정하는 방법을 다음과 같이 정리할 때 빈칸에 알맞을 말을 쓰시오.

하루에 겪은 일 가운데에서 한 것, ▢ 것, ▢▢ 것을 떠올려 봅니다.

↓

떠올린 것 가운데에서 기뻤던 일, 슬펐던 일, 화났던 일 따위가 무엇인지 생각해 봅니다.

↓

그 가운데에서 가장 ▢▢▢▢▢ 을/를 골라 일기로 씁니다.

● **자신이 하루 동안 겪은 일을 떠올려 내용 정리해 보기** 예

겪은 일	집에서	학교에서	다른 곳에서
한 것	우산을 가지고 나옴.	반 친구들 앞에서 노래 부름.	물고기를 봄.
본 것	구름 가득한 하늘을 봄.	기대하는 반 친구들을 봄.	여러 가지 물고기를 봄.
들은 것	"우산 가지고 가렴."	"소율이 노래 잘한다!"	"우리 수족관에서 가장 예쁜 물고기예요."
생각이나 느낌	걱정됨.	긴장됨, 기뻤음.	행복했음.

● **자신이 겪은 일 가운데 인상 깊은 일 떠올려 보기** 예

기뻤던 일	선생님께 칭찬받은 일	슬펐던 일	친한 친구가 전학 간 일

● **자신이 겪은 일 가운데 글감을 골라 내용 정리해 보기**

> • 언제 있었던 일이야?　　　• 어디에서 있었던 일이야?
> • 누구와 있었던 일이야?　　　• 무슨 일이 있었어?
> • 어떤 생각이나 느낌이 들었어?

● **자신이 고른 글감으로 생각이나 느낌이 잘 드러나게 일기 써 보기**

> • 날짜와 날씨를 떠올려 씁니다.　　→ 일기 내용을 다 쓰고 제목은 나중에 붙여도 됩니다.
> • 겪은 일을 잘 나타내는 것으로 제목을 정합니다.
> • 겪은 일과 그 일에 대한 생각이나 느낌이 잘 드러나게 일기를 씁니다.

🐌 교과서 핵심

● **자신이 쓴 일기를 읽고 스스로 확인해 볼 사항** 예

> • 날짜와 요일을 정확하게 썼나요?
> • 날씨를 생생하게 나타냈나요?
> • 언제, 어디에서, 누구와 무슨 일이 있었는지 자세하게 썼나요?
> • 겪은 일에 대한 자신의 생각이나 느낌을 솔직하게 썼나요?

서술형 역량

1 자신이 겪은 일 가운데 글감을 골라 내용을 정리하시오.

(1) 언제 있었던 일인가요?	
(2) 어디에서 있었던 일인가요?	
(3) 누구와 있었던 일인가요?	
(4) 무슨 일이 있었나요?	
(5) 어떤 생각이나 느낌이 들었나요?	

2 일기를 쓸 때 제목을 정하는 방법을 바르게 말한 친구는 누구인지 쓰시오.

> 보람: 일기를 쓸 때 제일 먼저 정해야 하는 것이 제목이야.
> 지민: 일기의 제목은 겪은 일을 잘 나타내는 것으로 정해야 해.

(　　　　　)

3 일기에 들어갈 내용으로 알맞지 않은 것은 무엇입니까? (　　)

① 제목　　　　　② 날씨
③ 겪은 일　　　　④ 날짜와 요일
⑤ 겪은 일에 대한 친구의 생각

실력 키우기 • 46~49쪽   **소단원 1. 꾸며 주는 말을 넣어 문장 쓰고 읽기**

● 꾸며 주는 말을 보기 에서 찾아 써 보기

보기

| 넓은 | 열심히 | 엄청 | 많이 |
| 멋진 | 울퉁불퉁한 | 새콤한 | 예쁜 |

⑦ 지난주에 친구들과 고구마 농장에 갔습니다. 농장에는 _____ 밭과 _____ 연못이 있었습니다. 오리들은 뒤뚱뒤뚱 걸으며 우리를 반겨 주었습니다. 우리는 밭에 조르르 앉아서 고구마를 ___㉠___ 캤습니다. _____ 고구마가 주렁주렁 열렸습니다. 찐 고구마는 ___㉡___ 김치와 먹으면 _____ 맛있습니다. 나는 군침을 닦으며 바구니에 고구마를 차곡차곡 담았습니다.

● 보기 처럼 꾸며 주는 말을 넣어 사진에 어울리는 문장을 만들어 보기

보기

푸른 들판 너머로 구름이 뭉게뭉게 피어난다.

밥에서 (㉢) 김이 (㉣) 난다.

● 보기 에 있는 꾸며 주는 말을 넣어 문장을 만들어 보기

보기

| 차가운 | 시원한 | 아름다운 | 힘차게 |
| 조심조심 | 콸콸 | 훨훨 | 퐁퐁 | 솔솔 |

꾸며 주는 말	만든 문장
차가운, 퐁퐁	차가운 물이 옹달샘에서 퐁퐁 솟아오른다.
아름다운, 훨훨	㉤

1 글 ⑦에서 '나'는 지난주에 어디에 갔는지 쓰시오.

(   )

2 ㉠에 들어갈 꾸며 주는 말로 알맞은 것 두 가지는 무엇입니까? (,   )

① 넓은   ② 멋진
③ 많이   ④ 열심히
⑤ 울퉁불퉁한

3 ㉡에 들어가기에 알맞은 꾸며 주는 말을 보기 에서 찾아 쓰시오.

(   )

4 ㉢과 ㉣에 들어갈 꾸며 주는 말이 바르게 짝 지어진 것은 무엇입니까? (   )

	㉢	㉣
①	차가운	펄펄
②	시원한	화르르
③	뜨거운	모락모락
④	뜨거운	엉금엉금
⑤	주렁주렁	열심히

5 '아름다운'과 '훨훨'을 모두 넣어 ㉤에 들어갈 문장을 만들어 쓰시오.

(   )

● 독도에 사는 괭이갈매기의 모습을 보고 꾸며 주는 말을 넣어 짧은 글을 써 보기

▲괭이갈매기

ㅂ

---

6 괭이갈매기의 어떤 모습을 소개하고 싶은지 쓰시오.

( )

7 문제 6번에서 답한 내용에 맞게 꾸며 주는 말을 넣어 ㅂ에 들어갈 문장을 쓰시오.

_____

_____

실력 키우기 · 50~51쪽 **소단원 2. 자신의 생각을 담은 일기 쓰기**

● 자신이 하루 동안 겪은 일을 생각그물로 정리해 보기

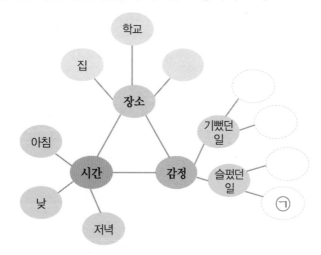

● 오늘 한 일을 시간 순서대로 쓰고, 기뻤던 일과 슬펐던 일을 표시해 보기 **예**

| ① 아침을 맛있게 먹고 학교에 감. | → | ② 미술 시간에 실수로 그림을 잘 못 그림. | → | ③ 점심시간에 친구들과 축구함. |
| ④ 수업을 마치고 로봇 과학 수업을 들음. | → | ⑤ 영어 학원에 감. | → | ⑥ 저녁을 먹고 아빠와 게임을 함. |

---

8 ①~⑥ 가운데 ㉠에 해당하는 것은 무엇인지 번호를 쓰시오.

( )

9 오늘 한 일 가운데 일기로 남기고 싶은 일과 그 까닭을 쓰시오.

(1) 일기로 남기고 싶은 일:

_____

(2) 그 까닭:

_____

_____

이게 뭐예요?

글: 라파엘 마르탱, 옮김: 강현주

㉠잔디밭에 꽂힌 막대 사탕인가?

아니에요…….

공처럼 생긴 이것은 **너무** 가벼워서 후 하고 살짝만 불어도 날아가 버리는 '씨앗'들이랍니다. / 후, 한번 불어 보세요!

5　　　　　**이것은 민들레 꽃씨예요.**

민들레의 **노란** 꽃잎이 떨어지고 나면 그 자리에 아주 작은 씨앗들이 남습니다.

민들레 씨앗은 마치 낙하산처럼 바람에 아주 잘 날아간답니다!

아, 그 녹색 공!

10　이 녹색 공들은 들판이나 정원의 나무에 매달려 있답니다. 언뜻 보기에는 **아주** 먹음직스러워 보이죠. 하지만 이 재미있게 생긴 열 매가 녹색일 때는 먹지 않는 것이 좋습니다. 맛이 아주 쓰거든요.

이것은 호두나무 열매인 호두랍니다.

가을이 되면 호두는 껍질이 마르면서 갈색으로 변합니다. 호두가
15　땅에 떨어지면 껍질을 까서 신선한 알맹이를 먹을 수 있게 되었다는 뜻입니다.

호두는 또한 몇 달 동안 마른 상태로 두어도 괜찮답니다.

아야! 만지면 따끔한 이 공은 뭐예요?

주위가 온통 초록색으로 변하는 여름이면 몇몇 나무에 이런 공들
20　이 매달려 있는 모습을 관찰할 수 있습니다. 초록색이던 공이 서서 히 갈색으로 변하고 껍질이 갈라지면서 땅에 떨어지면 그 안에 무엇 이 들어 있는지 볼 수 있답니다.

이것은 밤송이예요.

가을이 되면 밤나무는 열매를 땅에 떨어뜨려 새로운 나무를 **싹** 트
25　게 할 수도 있습니다. 만약 우리가 밤송이를 바구니에 주워 가서 삶 아 먹거나 구워 먹지 않는다면 말이죠. / 밤은 정말 맛있답니다!

작은 헬리콥터가 나타났어요!

아이들은 종종 이 열매를 공중에 던져 회전하는 모습을 지켜보면 서 즐거워합니다. 하지만 이 **작은** 헬리콥터의 이름을 아는 사람은
30　거의 없어요. / 이것이 무엇인지 알아볼까요?

10 ㉠이 가리키는 것은 무엇입니 까?　　　　　　（　　）

① 낙하산
② 밤송이
③ 초록색 공
④ 민들레 꽃씨
⑤ 호두나무 열매

11 호두나무 열매가 녹색일 때는 먹지 않는 것이 좋다고 한 까 닭은 무엇입니까?　（　　）

① 맛이 아주 써서
② 껍질이 딱딱해서
③ 매우 마른 상태여서
④ 알맹이가 신선하지 않아서
⑤ 따끔따끔한 가시가 있어서

12 밤나무는 언제 열매를 땅에 떨 어뜨린다고 했습니까?（　　）

① 봄　　　　② 여름
③ 가을　　　④ 겨울
⑤ 항상

13 이 글에서 꾸며 주는 말이 <u>아닌</u> 것은 무엇입니까?　（　　）

① 너무　　　② 노란
③ 아주　　　④ 싹
⑤ 작은

실천

핵심

📖 교과서 문제

1 그림을 보고 빈칸에 들어갈 꾸며 주는 말을 찾아 선으로 이으시오.

(1) ( ) 바람 이 불어옵니다. • • ① 톡톡

(2) 바람개비가 ( ) 돌아갑 니다. • • ② 시원한

(3) 장독대에 감꽃 이 ( ) 떨어 집니다. • • ③ 귀여운

(4) 할머니 옆에 ( ) 강아지 가 있습니다. • • ④ 빙글빙글

역량

2 일기를 쓸 때 생각할 점이 <u>아닌</u> 것은 무엇입 니까? ( )

① 누구와 무엇을 했는지 떠올려 쓴다.
② 날짜와 날씨 가운데 한 가지만 쓴다.
③ 꾸며 주는 말을 넣어 생생하게 쓴다.
④ 언제 어디에서 있었던 일인지 떠올려 쓴다.
⑤ 겪은 일에 대한 자신의 생각이나 느낌 을 쓴다.

3 그림을 보고 느낌을 나타내는 말의 뜻에 알맞 은 낱말을 보기 에서 골라 그 기호를 쓰시오.

보기

ⓘ 보드레하다   ⓛ 잘바닥잘바닥하다

(1)

'( )'는 꽤 보드라 운 느낌이 있다는 뜻입니 다.

(2)

'( )'는 진흙이나 반죽 따위가 물기가 많아 매우 보드랍게 질다는 뜻 입니다.

4 밑줄 그은 느낌을 나타내는 말이 어떤 뜻일지 알맞게 짐작한 것에 ○표를 하시오.

동생의 피부 가 <u>만질만질</u> 하다.

(1) 자꾸 끈적끈적하게 달라붙다. ( )
(2) 거죽이 매끄럽지 않고 까칠하다. ( )
(3) 만지거나 주무르기 좋게 연하고 보드랍 다. ( )

단원 평가

3
단원

1 다음에서 설명하는 것은 무엇인지 빈칸에 들어갈 알맞은 말을 쓰시오.

> '넓은', '활짝'처럼 뒤에 오는 말을 꾸며 그 뜻을 자세하게 해 주는 말을 (　　　　　) (이)라고 한다.

2 다음 그림과 어울리는 꾸며 주는 말을 **두 가지** 고르시오. (　　,　　)

> (　　) 우산을 쓰고 학교에 간다.

① 노란　　　　② 파란
③ 예쁜　　　　④ 찢어진
⑤ 울긋불긋한

중요

3 꾸며 주는 말을 사용하면 좋은 점이 아닌 것은 무엇입니까? (　　)

① 자신의 생각을 정확히 나타낼 수 있다.
② 대상을 좀 더 생생하게 설명할 수 있다.
③ 대상을 좀 더 자세하게 설명할 수 있다.
④ 생각이나 느낌을 실감 나게 표현할 수 있다.
⑤ 앞에 오는 말의 뜻을 자세하게 드러낼 수 있다.

중요

4 꾸며 주는 말을 빈칸에 넣어 사진에 어울리는 문장을 완성하시오.

(1) (　　　　　　　) 강아지가 달린다.
(2) 강아지가 (　　　　　　) 달린다.

5 다음 설명에 해당하는 문장을 찾아 ○표를 하시오.

> 파도가 몰려오는 모습을 더 자세하고 생생하게 설명하였다.

(1) 파도가 모래밭으로 몰려온다. (　　)
(2) 거센 파도가 모래밭으로 끝없이 몰려온다. (　　)

서술형

6 다음 |조건|을 보고, 알맞은 문장을 만들어 쓰시오.

> |조건|
> ① 누리호가 하늘로 날아가는 모습을 실감 나게 표현하시오.
> ② 꾸며 주는 말을 두 개 이상 사용하시오.

_____

_____

7~13

> ㉮ 조그만 **새싹**이 쑥쑥 자라더니 노랑 꽃을 활짝 피웠어.
>
> 꽃이 지면 **열매**가 열리겠지?
>
> 그런데 기다리고 기다려도 안 열려.
>
> 열매는 어디에 있을까?
>
> 어머, 어머!
>
> ㉠몰래 땅속에서 조롱조롱 열매를 맺었구나.
>
> 올록볼록 껍데기 속에는 ㉡고소한 땅콩이 들어 있어.
>
> ㉯**동글동글** 잎이 연못 위에 동동.
>
> 나뭇잎이 **우수수** 떨어진 걸까?
>
> 아니, 물 위에 떠서 자라는 개구리밥이야.
>
> 개구리가 먹는 밥이냐고?
>
> **아니**, 아니.
>
> 개구리가 물속에서 나올 때 입가에 밥풀처럼 붙는다고 개구리밥이라 부른대.

7 ㉮, ㉯에서 다음의 뜻을 가진 낱말은 무엇입니까? ( )

> 물체의 겉면이 고르지 않게 높고 낮은 모양.

① 쑥쑥   ② 활짝
③ 올록볼록   ④ 동동
⑤ 밥풀

중요

8 ㉮, ㉯에 쓰인 꾸며 주는 말을 **두 가지** 고르시오. (,)

① 새싹   ② 열매
③ 동글동글   ④ 우수수
⑤ 아니

9 ㉮에서 노랑 꽃이 지고 난 후 어디에서 열매를 맺었는지 쓰시오.

( )

10 ㉯에서 개구리밥에 대한 설명으로 알맞은 것은 무엇입니까? (,)

① 물 위에 떠서 자란다.
② 연못 아래에서 자란다.
③ 개구리가 먹는 밥이다.
④ 개구리와 색깔이 비슷하다고 해서 이름이 붙었다.
⑤ 개구리가 물속에서 나올 때 입가에 밥풀처럼 붙는다고 해서 이름이 붙었다.

11 ㉠에서 열매가 매달려 있는 모양을 자세하게 나타내는 말을 찾아 쓰시오.

( )

서술형

12 ㉡을 넣어 어울리는 문장을 만들어 쓰시오.

_____

_____

실력 UP

13 다음 빈칸에 들어갈 꾸며 주는 말을 ㉯에서 찾아 쓰시오.

• ( ) 포도 알이 탐스럽게 열려 있다.

14~15

> 지난주에 친구들과 고구마 농장에 갔습니다. 농장에는 **넓은** 밭과 **멋진** 연못이 있었습니다. 오리들은 **뒤뚱뒤뚱** 걸으며 우리를 반겨 주었습니다. 우리는 밭에 조르르 앉아서 고구마를 **열심히** 캤습니다. ㉠**울퉁불퉁한** 고구마가 **주렁주렁** 열렸습니다.

국어 활동

14 이 글에서 오리가 걷는 모습을 꾸며 주는 말은 무엇입니까? ( )

① 넓은   ② 멋진
③ 뒤뚱뒤뚱   ④ 열심히
⑤ 주렁주렁

실력 UP

15 ㉠을 넣어 만든 문장이 알맞지 <u>않은</u> 것을 골라 번호를 쓰시오.

> ① <u>울퉁불퉁한</u> 길을 걸었다.
> ② 아기가 <u>울퉁불퉁한</u> 소리로 울었다.
> ③ 할머니께서 <u>울퉁불퉁한</u> 모과를 주셨다.

( )

16~17

> 제목: ( )
> ㉠오늘 수업 시간에 달리기를 했다. ㉡선생님께서 출발하는 방법과 빠르게 달리는 방법을 가르쳐 주셨다. 나는 달리기를 좋아해서 열심히 연습했다. ㉢연습이 끝나고 세 명씩 달리기를 했다. ㉣출발선에 서 있는데 너무 긴장되고 떨렸다. 그래도 용기를 내서 끝까지 달렸다. 반 친구들이 박수를 치며 달리기를 잘한다고 칭찬해 주었다. ㉤기분이 참 좋았다.

16 '나'가 쓴 일기에 알맞은 제목을 만들어 쓰시오.
( )

17 ㉠~㉤ 가운데 '나'가 겪은 일에 대해 생각이나 느낌을 쓴 문장을 **두 가지** 골라 그 기호를 쓰시오.
( )

중요

18 일기의 글감을 정하는 방법으로 알맞지 <u>않은</u> 것을 골라 ×표를 하시오.

(1) 하루에 겪은 일 가운데에서 한 것, 본 것, 들은 것을 떠올려 본다. ( )

(2) 떠올린 것 가운데에서 기뻤던 일만 생각해 본다. ( )

(3) 그 가운데에서 가장 인상 깊은 일을 골라 일기로 쓴다. ( )

19 일기를 쓰고 확인해야 할 내용으로 알맞지 <u>않은</u> 것은 무엇입니까? ( )

① 재미있는 제목을 썼는가?
② 날씨를 생생하게 나타냈는가?
③ 날짜와 요일을 정확하게 썼는가?
④ 누구와 무슨 일이 있었는지 자세히 썼는가?
⑤ 겪은 일에 대한 자신의 생각이나 느낌을 솔직하게 썼는가?

20 다음 그림에 어울리는 꾸며 주는 말에 ○표를 하시오.

바람개비가 (톡톡, 빙글빙글) 돌아갑니다.

● 글씨를 바르게 써 보시오.

식	물
식	물
식	물

활	짝
활	짝
활	짝

덩	굴	손
덩	굴	손
덩	굴	손

꽃	이		지	면		열	매
꽃	이		지	면		열	매

가		열	리	겠	지	?
가		열	리	겠	지	?

4

분위기를
살려 읽어요

무엇을 배울까요?

소단원 1

겹받침을 바르게
읽고 쓰기

● 겹받침이 있는 낱말
읽고 쓰기

● 겹받침이 있는 낱말에
주의하며 글 읽기

소단원 2

작품을 분위기에
알맞게 읽기

● 시의 분위기 살펴보기

● 시의 분위기를 생각하며
소리 내어 읽기

실천

● 배운 내용
마무리하기

준비

○ 배울 내용 살펴보기

1 시를 읽는 여러 가지 방법 이야기해 보기
① 친구와 시를 주고받으며 읽습니다.
② 손뼉을 치거나 발을 구르며 읽습니다.
③ 떠오르는 장면을 몸짓으로 표현하며 읽습니다.

2 겹받침을 바르게 읽고 쓰기
① 낱말에 사용하는 받침 가운데에서 'ㄲ, ㅆ'은 쌍받침이라고 하고, 'ㄳ, ㄵ, ㄶ, ㅄ' 따위는 겹받침이라고 합니다.
② 겹받침은 한 받침만 소리가 납니다.
③ 겹받침 'ㄳ, ㄵ, ㄶ, ㅄ'은 <u>대부분 앞 받침인 'ㄱ, ㄴ, ㅂ'을 발음합니다.</u>
　예 몫[목], 얹다[언따], 않다[안타], 값[갑] └→ 예외적으로 다르게 발음되는 때도 있습니다.
④ '끊다', '앉다'와 같이 '다'로 끝나는 낱말은 [타] 또는 [따]로 발음합니다.

3 겹받침이 있는 낱말에 주의하며 글 읽기
① 겹받침이 있는 낱말을 바르게 소리 내어 읽습니다.
② 겹받침과 띄어 읽기에 주의하며 자연스럽게 읽습니다.
③ 짝과 함께 한 문장씩 번갈아 가며 읽어 봅니다.

4 시의 분위기를 살펴보며 여러 가지 방법으로 시 읽기
① 시에 어울리는 몸짓을 하며 읽습니다.
② 시에 어울리는 그림을 보여 주며 읽습니다.
③ 친구와 둘이서 시를 나누어 읽습니다.
④ 시에 나오는 인물의 마음을 생각하며 모둠 친구들과 함께 소리 내어 읽습니다.

5 시의 분위기를 생각하며 소리 내어 읽기
① 시 속 인물의 마음을 떠올리며 읽습니다.
② 시 속 인물에게 하고 싶은 말을 생각하며 읽습니다.
③ 자신의 경험과 관련지어 시를 바꾸어 쓰고, 소리 내어 읽습니다.

확 인 문 제
정답과 해설 ● 13쪽

1 시를 읽을 때에는 손뼉을 치거나 발을 구르면 안 됩니다.
(　　　○ , ×　　　)

2 낱말에 사용되는 받침 가운데에서 'ㄳ, ㄵ, ㄶ, ㅄ' 따위를 □□□(이)라고 합니다.

3 밑줄 친 낱말 '많은'을 소리 나는 대로 바르게 쓰시오.

> 플라스틱 쓰레기가 <u>많은</u> 바다가 있다는 말을 들어 본 적이 있나요?

[　　　　　　　　]

4 시의 분위기를 살펴보며 여러 가지 방법으로 시를 읽을 때에는 시에 어울리는 □□을/를 하며 읽을 수 있습니다.

5 시의 분위기를 생각하며 소리 내어 읽을 때에는 시 속 인물의 마음을 떠올리며 읽습니다.
(　　　○ , ×　　　)

준비

누가 누가 잠자나

글: 목일신, 그림: 이준섭

넓고 넓은 밤하늘엔
누가 누가 잠자나.
하늘 나라 아기별이
깜박깜박 잠자지.

깊고 깊은 숲속에선
누가 누가 잠자나.
산새 들새 모여 앉아
꼬박꼬박 잠자지.

포근포근 엄마 ♥품엔
누가 누가 잠자나.
우리 아기 예쁜 아기
♥새근새근 잠자지.

- 글의 종류: 시
- 글의 특징: 자장가를 듣고 잠이 들었던 경험을 떠올리게 하는 시로, 여러 가지 방법으로 시의 분위기를 느끼며 시를 읽을 수 있습니다.

♥품 두 팔을 벌려서 안을 때의 가슴.
  예 엄마는 품에 아기를 안았다.

♥새근새근 어린아이가 곤히 잠들어 조용하게 자꾸 숨 쉬는 소리.
  예 동생은 새근새근 잠이 들었다.

교과서 핵심

● 이 시를 읽고 떠올릴 수 있는 경험 예
- 자장가를 듣고 잠이 들었던 경험
- 엄마 품에서 잠을 잤던 경험

---

1 넓고 넓은 밤하늘에서는 누가 잠잔다고 했습니까? ( )

① 산새
② 들새
③ 엄마
④ 아기별
⑤ 우리 아기

2 이 시에서 누가 어떻게 잔다고 했는지 선으로 이으시오.

(1) 아기별 ·   · ① 꼬박꼬박

(2) 산새 들새 ·   · ② 새근새근

(3) 우리 아기 ·   · ③ 깜박깜박

핵심

3 이 시를 읽고 떠오르는 모습으로 알맞은 것은 무엇입니까? ( )

① 하늘에 해가 떠오른 모습
② 아기가 잠에서 깨어 우는 모습
③ 아이들이 새를 보며 노래하는 모습
④ 깊은 숲속에서 새들이 노래하는 모습
⑤ 아기가 엄마 품에 안겨 곤히 잠드는 모습

4 이 시를 읽고 느껴지는 분위기를 쓰시오.
( )

준비

● 시를 읽는 여러 가지 방법을 친구들과 이야기해 보기

⑦
누가 누가 잠자나

넓고 넓은 밤하늘엔 /
누가 누가 잠자나.

하늘 나라 아기별이 /
깜박깜박 잠자지.

⑨
깊고 깊은 숲속에선 / 누가 누가 잠자나.

산새 들새 모여 앉아 / 꼬박꼬박 잠자지.

⑩
㉠포근포근 엄마 품엔 /
누가 누가 잠자나.

교과서 핵심

● 시를 읽는 여러 가지 방법 이야기하기 **예**
• 주고받으며 읽기
• 손뼉을 치거나 발을 구르며 읽기
• 시에서 떠오르는 장면을 몸짓으로 표현하며 읽기

---

5 ⑦~⑩ 가운데 손뼉을 치거나 발을 구르며 시를 읽은 것은 무엇인지 그 기호를 쓰시오.

( )

핵심

6 ⑦와 같이 시를 읽는 방법에 대한 설명으로 알맞지 않은 것은 무엇입니까? ( )

① '주고받으며 읽기' 방법이다.
② 친구와 함께 시를 읽을 수 있다.
③ 소리 내지 않고 속으로만 읽는다.
④ 친구와 둘이 같이 읽을 부분을 정할 수 도 있다.
⑤ 시에서 어느 부분을 주고받으며 읽을지 생각해 본다.

서술형

7 ㉠에서 떠오르는 장면을 몸짓으로 표현하며 읽으려고 합니다. 어떤 몸짓으로 표현하면 좋을지 쓰시오.

📖 교과서 문제

8 시 「누가 누가 잠자나」를 읽고 떠오르는 생각 이나 느낌을 이야기한 것으로 알맞지 않은 것 은 무엇입니까? ( )

① 별이 사람처럼 잔다는 것은 맞지 않아.
② 밤하늘의 별을 본 적이 있는데 아름다 웠어.
③ 산새와 들새가 모여서 자는 장면이 떠 올라서 귀여웠어.
④ 친구와 시를 주고받으며 읽으니 장면을 잘 떠올릴 수 있었어.
⑤ 떠오르는 장면을 몸짓으로 표현하며 시 를 읽으니 시에 나오는 인물의 마음을 느낄 수 있었어.

소단원 1

겹받침이 있는 낱말 읽고 쓰기

정답과 해설 ● 13쪽

● 선생님께서 들려주시는 말을 듣고 낱말 바르게 읽어 보기

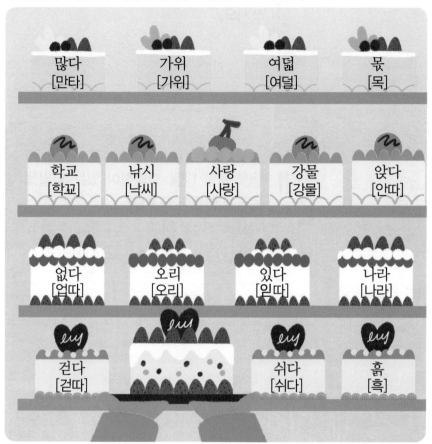

먼저 받침이 없는 낱말과 받침이 있는 낱말로 나눈 뒤, 받침에 사용한 자음자의 개수와 받침의 종류에 따라 다시 나누어 봅니다.

교과서 핵심

● **낱말 나누기**

받침이 없는 낱말	받침이 있는 낱말
가위, 오리, 나라, 쉬다	많다, 여덟, 몫, 학교, 낚시, 사랑, 강물, 앉다, 없다, 있다, 걷다, 흙

● **받침에 사용한 자음자 개수에 따라**

자음자 한 개를 받침으로 사용	자음자 두 개를 받침으로 사용
학교, 사랑, 강물, 걷다	많다, 여덟, 몫, 낚시, 앉다, 없다, 있다, 흙

● **받침의 종류에 따라**

쌍받침이 있는 낱말	겹받침이 있는 낱말
낚시, 있다	많다, 여덟, 몫, 앉다, 없다, 흙

4 단원

---

1 다음 낱말 가운데 받침이 <u>없는</u> 것은 무엇입니까? ( )

① 가위　　　② 학교
③ 사랑　　　④ 없다
⑤ 걷다

📖 교과서 문제

2 다음 낱말들을 나눈 기준으로 알맞은 것에 ○표를 하시오.

학교, 사랑, 강물, 걷다	많다. 여덟, 몫, 낚시, 앉다, 없다, 있다, 흙

(1) 받침의 종류에 따라 ( )
(2) 받침이 있는지 없는지에 따라 ( )
(3) 받침에 사용한 자음자의 개수에 따라 ( )

3 쌍받침이 있는 낱말과 겹받침이 있는 낱말을 찾아 선으로 이으시오.

(1) [쌍받침이 있는 낱말] •　　• ① [여덟]

(2) [겹받침이 있는 낱말] •　　• ② [있다]

4 쌍받침이나 겹받침이 <u>없는</u> 낱말끼리 묶인 것은 무엇입니까? ( )

① 많다, 몫　　　② 앉다, 흙
③ 여덟, 없다　　　④ 학교, 강물
⑤ 낚시, 있다

5 다음에서 겹받침이 있는 낱말을 <u>모두</u> 찾아 ○표를 하시오.

많다　낚시　없다　나라　걷다

소단원 1

📖 교과서 문제

6 다음 그림을 보고 낱말을 알맞게 쓴 것에 ○ 표를 하시오.

(1)

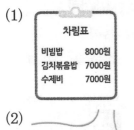

차림표

비빔밥   8000원
김치볶음밥   7000원
수제비   7000원

| 갓 , 값 |

(2)

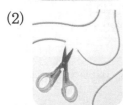

| 끈다 , 끊다 |

7 겹받침이 있는 낱말을 바르게 읽은 것은 무엇입니까?   (   )

① 몫[못]
② 값[감]
③ 없다[언따]
④ 밟다[발다]
⑤ 맑다[말다]

8 다음 낱말은 어떻게 소리 나는지 쓰시오.

| 끊다 |

[   ]

📖 교과서 문제

9 다음 그림을 보고 보기 에서 알맞은 낱말을 찾아 쓰시오.

보기

없다   맑다

(1)

(   )

(2)

(   )

📖 교과서 문제

10 주변에서 겹받침이 있는 낱말을 두 가지 찾아 쓰시오.

(   )

서술형

11 보기 처럼 다음 겹받침이 있는 낱말을 넣은 문장을 만들어 쓰시오.

보기

| 밟다 | 눈이 와서 눈을 밟다. |

| 없다 | |

📖 교과서 문제

12 다음 낱말을 바르게 발음하여 쓰시오.

(1) 여덟[   ]
(2) 있다[   ]
(3) 가엾다[   ]

핵심

13 겹받침이 있는 낱말을 발음하는 방법으로 알맞지 않은 것은 무엇입니까?   (   )

① 겹받침은 한 받침만 소리가 난다.
② 겹받침은 두 받침을 순서대로 모두 발음한다.
③ 예외적으로 앞 받침과 다르게 발음하는 때도 있다.
④ 'ㄳ, ㄵ, ㄶ, ㅄ'은 대부분 앞 받침인 'ㄱ, ㄴ, ㅂ'을 발음한다.
⑤ '끊다', '앉다'와 같이 '다'로 끝나는 낱말은 '타' 또는 '따'로 발음한다.

● 사진을 보고 친구들과 이야기해 보기

바다가 쓰레기통입니까?

4
단원

• **사진 설명:** 사진 ㉮, ㉯는 바다가 쓰레기통인 것처럼 쓰레기를 버리는 모습과 플라스틱 뚜껑을 쓰고 있는 소라게의 모습을 담고 있습니다. 쓰레기를 함부로 버렸을 때의 문제점을 생각해 보게 합니다.

왜 소라게는 플라스틱 뚜껑을 쓰고 있을까?

왜 바다를 쓰레기통이라고 했을까?

🦉 교과서 **핵심**

● ㉮와 ㉯ 사진을 보고 떠올릴 수 있는 질문 예

• 바다가 쓰레기장이 되면 우리에게 어떤 영향을 줄까요?
• 플라스틱 뚜껑을 쓴 소라게의 마음은 어떠할까요?
• 소라게는 앞으로 어떻게 살아갈까요?
• 사진을 통해 무엇을 알 수 있나요?

1 사진 ㉮, ㉯를 통해 말하려고 하는 것은 무엇인지 알맞은 것에 ○표를 하시오.

(1) 환경을 보호해야 한다. ( )
(2) 바다를 개발하여 우리에게 편리한 시설을 만들어야 한다. ( )
(3) 바다에서 물놀이를 하다가 사고가 나지 않도록 주의해야 한다. ( )

핵심
2 사진 ㉮, ㉯를 보고 친구들과 나눌 수 있는 이야기로 알맞지 <u>않은</u> 것은 무엇입니까? ( )

① 왜 바다를 쓰레기통이라고 했을까?
② 뚜껑을 쓴 소라게의 마음은 어떠할까?
③ 왜 소라게는 플라스틱 뚜껑을 쓰고 있을까?
④ 더러운 바다에 가지 않으려면 어떻게 해야 할까?
⑤ 바다가 쓰레기장이 되면 우리에게 어떤 영향을 줄까?

3 사진 ㉮에는 어떤 모습이 나타나 있습니까? ( )

① 사람들이 쓰레기를 분리배출하는 모습
② 사람들이 바다에서 힘들게 고기를 잡는 모습
③ 사람들이 바다에서 즐겁게 물놀이를 하는 모습
④ 사람들이 바다에서 여러 가지 물건을 구하는 모습
⑤ 바다가 마치 쓰레기통인 것처럼 사람들이 바다에 쓰레기를 버리는 모습

4 사진 ㉯에 나타난 모습은 무엇인지 빈칸에 알맞은 말을 쓰시오.

• 소라게가 사람들이 버린 ☐☐☐☐ ☐☐을/를 쓰고 있다.

바다에 쓰레기가 모여 있다고?

❶ 플라스틱 쓰레기가 많은 바다가 있다는 말을 들어 본 적이 있나요? 플라스틱 쓰레기 ♥더미는 1997년에 요트 경기를 하던 사람이 발견했어요. 그 뒤 다른 바다에서도 플라스틱 쓰레기 더미가 있다는 것을 알았어요.

(중심 내용) 바다에 플라스틱 쓰레기 더미가 있다.

❷ 바다에 있는 플라스틱 쓰레기 더미는 바다에서 물고기를 잡거나 기를 때 사용한 그물, ♥부표 따위가 모
5 여서 만들어져요. 그리고 이 더미는 우리가 함부로 버리는 페트병, 물휴지, 과자 봉지 따위가 강을 거쳐 바다로 흘러들어 가서 점점 더 커진다고 해요.

(중심 내용) 그물, 부표, 우리가 버린 페트병, 물휴지, 과자 봉지 따위가 바다로 흘러들어 가 플라스틱 쓰레기 더미가 만들어졌다.

❸ 플라스틱 쓰레기가 바다에 모이는 것을 막으려고 많은 사람이 노력하고 있어요. 환경 단체들은 해안가
바닷물과 땅이 서로 닿은 곳이나 그 근처.
에 있는 플라스틱 쓰레기를 줍거나 바다에 떠다니는 쓰레기를 모아 없애기도 해요. 우리도 함께 노력할 수 있어요. 평소에 일회용 플라스틱을 덜 사용하거나 플라스틱을 제품을 재활용할 수 있도록 ♥분류해서
10 버려요. 일상생활에서 우리가 해야 할 몫을 찾아 함께 실천해요.

(중심 내용) 플라스틱 쓰레기가 바다에 모이는 것을 막기 위해 우리도 함께 노력해야 한다.

• 글의 특징: 바다에 있는 플라스틱 쓰레기 더미가 어떻게 만들어 졌는지 설명하고, 쓰레기가 모이는 것을 막기 위해 함께 노력하 자고 말하는 글입니다.

♥더미 많은 물건이 한데 모여 쌓인 큰 덩어리.
　예 장작 더미가 무너지다.

♥부표 물 위에 띄워 위치를 알려 주는 물건.

♥분류 종류에 따라서 가름.
　예 도서 분류.

🐌 교과서

● 이 글을 바르게 소리 내어 읽는 방법 예
• 겹받침과 쌍받침이 있는 낱말에 주의하며 읽습니다.
• 띄어 읽기에 주의하며 자연스럽게 읽습니다.
• 짝과 함께 한 문장씩 번갈아 가며 읽어도 좋습니다.

📖 교과서 문제

5 플라스틱 쓰레기 더미에 대한 설명으로 알맞지 않은 것은 무엇입니까? ( )

① 여러 바다에서 발견되었다.
② 그 크기가 점점 더 작아지고 있다.
③ 많은 플라스틱 쓰레기가 모인 것이다.
④ 요트 경기를 하던 사람이 발견하였다.
⑤ 많은 사람들이 쓰레기가 바다에 모이는 것을 막기 위해 노력하고 있다.

📖 교과서 문제

6 바다에서 플라스틱 쓰레기 더미는 어떻게 만들어지는지 두 가지 고르시오. (,)

① 사람들이 육지에서 흙을 퍼다 날라서
② 바닷속에 있던 큰 바위가 물 위로 떠올라서
③ 원래 육지였는데 바닷물이 넘쳐 길이 막혀서
④ 물고기를 잡거나 기를 때 사용한 그물, 부표 따위가 모여서
⑤ 우리가 함부로 버린 페트병, 물휴지, 과자 봉지 따위가 바다로 흘러들어 가서

7 환경 단체들을 비롯해 많은 사람이 어떤 문제를 해결하려고 하는지 빈칸에 알맞은 말을 쓰시오.

• ( )이/가 바다에 모이는 것

📖 교과서 문제

8 문제 7번에서 답한 문제를 해결하기 위해 환경 단체들이 하는 노력으로 알맞은 것에 모두 ○표를 하시오.

(1) 그물과 부표 사용을 금지한다. ( )
(2) 해안가에 있는 플라스틱 쓰레기를 줍는다. ( )
(3) 바다에 떠다니는 쓰레기를 모아 없앤다. ( )

📖 교과서 문제

9 이 글에 나온 낱말의 뜻으로 알맞은 말을 선으로 이으시오.

(1) 더미 • • ① 종류에 따라서 나눔.

(2) 부표 • • ② 많은 물건이 한데 모여 쌓인 큰 덩어리.

(3) 분류 • • ③ 물 위에 띄워 위치를 알려 주는 물건.

10 다음 낱말의 발음으로 알맞은 것에 ○표를 하시오.

(1) 많은[마는 , 만흔]
(2) 없애기도[업새기도 , 업쌔기도]
(3) 몫을[목슬 , 목쓸]

핵심

11 이 글을 바르게 소리 내어 읽는 방법으로 알맞은 것은 무엇입니까? ( )

① 겹받침이 나오면 발음하지 않는다.
② 겹받침과 쌍받침이 있는 낱말은 주의해서 읽는다.
③ 자신이 읽고 싶은 부분에서 마음대로 띄어 읽는다.
④ 겹받침은 두 개의 받침 가운데 아무것이나 발음한다.
⑤ 처음부터 끝까지 한 번도 띄어 읽지 않고 빠르게 읽는다.

서술형

12 바다에 플라스틱 쓰레기가 모이는 것을 막기 위해 우리가 실천할 수 있는 일을 하나만 떠올려 쓰시오.

_____

_____

4
단원

바람은 착하지

권영상

바람이 마루 위에 놓인
신문지 한 장을 끌고
♥슬그머니 골목으로 나간다.

훌훌훌,
♥공중에 집어 던져서는
데굴데굴 길거리에 굴려서는
구깃구깃 구겨서는

골목,
구석진 ♥응달로 찾아가
달달달 떠는
어린 민들레꽃에게
쓱, 목도리를 해 준다.

그러고는
힘내렴!
딱 그 말만 하고
골목을 걸어 나간다, 뚜벅뚜벅.

• 글의 종류: 시
• 글의 특징: 바람과 민들레를 마치 사람처럼 표현하며 바람이 추위에 떨고 있는 민들레에게 신문지로 목도리를 해 준다고 이야기한 시입니다.

♥슬그머니 남이 알아차리지 못하게 슬며시.
　예 형이 슬그머니 편지를 놓고 갔다.
♥공중 하늘과 땅 사이의 빈 곳.
　예 공중에 비행기가 날아가고 있다.
♥응달 햇볕이 잘 들지 아니하는 그늘진 곳.

교과서 핵심

◦친구들과 여러 가지 방법으로 이 시를 읽는 방법 예
• 바람의 마음을 생각하며 모둠 친구들과 함께 소리 내어 읽습니다.
• 시에 어울리는 그림을 보여 주며 읽습니다.
• 둘이서 시를 나누어 읽습니다.
• 시에 어울리는 몸짓을 하며 읽습니다.

1 바람이 신문지 한 장을 끌고 어디로 나갔는지 쓰시오.

(   )

📖 교과서 문제

2 바람이 신문지로 만든 것은 무엇입니까?

(   )

① 재미있게 읽을 책
② 응달에서 입을 외투
③ 추울 때 덮고 잘 이불
④ 민들레꽃에게 줄 목도리
⑤ 운동장에서 굴리며 노는 축구공

📖 교과서 문제

3 "힘내렴!"이라고 할 때 바람은 어떤 마음이었을지 두 가지 고르시오. (,   )

① 추위 때문에 힘든 마음
② 어린 민들레꽃을 아껴 주는 마음
③ 먼 곳으로 여행을 떠나고 싶은 마음
④ 민들레꽃을 돌보는 일이 귀찮은 마음
⑤ 민들레꽃에게 도움이 되고 싶은 따뜻한 마음

📖 교과서 문제

4 다음은 어떤 장면을 몸짓으로 표현한 것인지 알맞은 것에 ○표를 하시오.

(1) 데굴데굴 길거리에 굴려서는 (   )
(2) 골목을 걸어 나간다, 뚜벅뚜벅. (   )

역량

5 다음은 이 시에 나오는 어떤 대상에 대한 자신의 생각이나 느낌을 쓴 것입니까?

> 바람에 이끌려 던져지거나 굴려질 때, 그리고 구겨질 때는 속상한 마음이 느껴졌는데, 목도리가 될 때는 뿌듯한 마음이 느껴졌습니다.

(   )

서술형

6 이 시에 나오는 민들레꽃에 대한 자신의 생각이나 느낌을 쓰시오.

_____

_____

7 이 시의 다음 장면에서 느껴지는 분위기로 알맞은 것은 무엇입니까? (   )

> 바람이 골목을 뚜벅뚜벅 걸어 나가는 장면

① 슬픈 분위기   ② 무서운 분위기
③ 당당한 분위기   ④ 아쉬운 분위기
⑤ 지루한 분위기

핵심

8 친구들과 이 시를 여러 가지 방법으로 읽을 때 알맞지 <u>않은</u> 것은 무엇입니까? (   )

① 바람의 마음을 생각하며 읽고 싶어.
② 친구와 둘이서 시를 나누어 읽고 싶어.
③ 시에 어울리는 몸짓을 하면서 읽고 싶어.
④ 시에서 잘못된 부분을 찾으며 읽고 싶어.
⑤ 시에 어울리는 그림을 보여 주며 읽고 싶어.

4
단원

오늘

이준관

나는 오늘이 좋아.

오늘 아침 일찍 새들이
나를 깨워 주었고,
저것 봐!
오늘은 좋은 일이 많을 거야.
해가 ♥함빡 웃잖아.

(가)
┌ 오늘 학교에서는
│ 선생님 질문에
│ 자신 있게
└ 대답할 수 있을 거야.

입에서 ♥절로 ♥휘파람이 나오는
즐거운 오늘.

안녕! 즐겁게 만날 친구도 많고
야호! 신나게 할 일도 많은

나는 오늘이 좋아.

- **글의 종류**: 시
- **글의 특징**: 기분 좋은 하루를 시작하는 내용의 시로, 인물의 마음과 비슷한 자신의 경험을 떠올리며 시를 읽을 수 있습니다.

♥**함빡** 분량이 차고도 남도록 넉넉하게.
   예 아기가 함빡 웃었다.
♥**절로** '저절로'의 준말.
   예 상을 받자 어깨춤이 절로 났다.
♥**휘파람** 입술을 좁게 오므리고 혀끝으로 입김을 불어서 맑게 내는 소리. 또는 그런 일.

🦉 교과서 **핵심**

● **시의 분위기를 생각하며 시를 소리 내어 읽기** 예
- 인물의 마음을 표정으로 나타내 봅니다.
- 인물에게 하고 싶은 말을 써 봅니다.
- 자신의 경험과 관련지어 시를 바꾸어 써 보고, 바꾸어 쓴 시를 친구들과 소리 내어 읽어 봅니다.

1 '나'는 무엇이 좋다고 했는지 쓰시오.

( )

2 📖 교과서 문제

"오늘은 좋은 일이 많을 거야."라고 한 까닭은 무엇인지 두 가지 고르시오. (,)

① 해가 함빡 웃어서
② 친구가 칭찬해 주어서
③ 친한 친구와 함께 걸어서
④ 아침 일찍 새들이 깨워 주어서
⑤ 선생님 질문에 자신 있게 대답해서

3 📖 교과서 문제

"안녕!", "야호!"는 어떤 목소리로 읽어야 할 지 ○표를 하시오.

(1) 밝고 힘찬 목소리 ( )
(2) 슬프고 우울한 목소리 ( )
(3) 기운 없고 지친 목소리 ( )

4 📖 교과서 문제

'나'는 오늘 어떤 기분이 들었겠습니까?

( )

① 신나는 기분
② 피곤한 기분
③ 외로운 기분
④ 무서운 기분
⑤ 궁금한 기분

5 '나'의 마음을 표정으로 나타낸다면 어떤 표정 일지 쓰시오.

( )

6 '나'에게 하고 싶은 말을 떠올린 것으로 알맞지 않은 것의 번호를 쓰시오.

① 왜 그렇게 화가 났는지 궁금해.
② 무엇을 좋아하는지 물어보고 싶어.
③ 같이 기분 좋게 학교에 가고 싶다고 말하고 싶어.

( )

7 핵심

이 시와 비슷한 자신의 경험을 떠올린 것은 무엇입니까? ( )

① 친구와 싸우고 혼자 집에 간 경험
② 늦게 일어나서 학교에 지각한 경험
③ 선생님 질문에 대답하지 못한 경험
④ 숙제를 깜빡 잊고 하지 않았던 경험
⑤ 날씨가 좋아 기분 좋게 노래를 부르며 학교에 간 경험

8 역량

자신의 경험을 떠올려 (가)를 바꾸어 쓰시오.

오늘 학교에서는
(1) [   ]
자신 있게
(2) [   ] 수 있을 거야.

(1) ( )
(2) ( )

● 그림에 어울리는 문장을 생각하며 보기 에서 빈칸에 알맞은 낱말을 찾아 보기

보기
앉다, 많다, 맑다. 몫, 값, 넓다

이 접시의 사과는 내 (㉠) 이야.

학생이 의자에 ( ).

책장에 책이 (㉡).

차림표에 음식 ( )이/가 써 있다.

계곡물이 참 ( ).

학교에 있는 운동장은 ( ).

● 보기 에서 알맞은 낱말을 찾아 문장 만들어 보기

보기
끊어졌다   ㉢없어   얹은
넋이   읽는다   짧아진다

❶ 손을 무릎 위에 (   ) 자세로 있었다.

❷ 나는 깜짝 놀라 (   ) 나갔다.

❸ 고무줄이 끊어졌다.

❹ 오늘은 왜 이렇게 힘이 (   )?

❺ 내 동생은 책을 자주 (   ).

❻ 내 연필이 점점 (   ).

● 겹받침이 있는 낱말에 주의하며 문장 바르게 읽어 보기

❶ 내 ⓐ몫이[목시] 너무 적다.

❷ 이마에 손을 ⓑ얹어[언저] 보았다.

❸ ⓒ귀찮다고[귀찬타고] 생각하지 말고 최선을 다하자.

❹ 여기는 책상도 ⓓ없고[업꼬] 의자도 ⓔ없다[업따].

❺ 날씨가 참 ⓕ맑다[막따].

❻ 고래가 사는 바다는 매우 ⓖ넓다[널따].

1 ㉠에 들어가기에 알맞은 낱말은 무엇인지 보기 에서 찾아 쓰시오.

( )

2 ㉡에 들어갈 낱말로 알맞은 것은 무엇입니까? ( )
① 값   ② 많다
③ 맑다   ④ 앉다
⑤ 넓다

3 ㉢이 들어가기에 어울리는 문장은 무엇입니까? ( )
① ❶   ② ❷
③ ❹   ④ ❺
⑤ ❻

4 ⓐ~ⓖ 가운데 바르게 읽지 않은 것을 찾아 그 기호를 쓰시오.

( )

5 겹받침이 있는 낱말을 활용해 짧은 글을 쓰시오.

( )

실력 키우기 • 64~66쪽 소단원 2. 작품을 분위기에 알맞게 읽기

노란 당나귀

김개미

당나귀가 좋아.
당나귀를 그려.
큰 당나귀도 작은 당나귀도 보통 당나귀도 그려.
뛰는 당나귀도 웃는 당나귀도 먹는 당나귀도 그려.

그런데 오늘 선생님이 나더러
이제부터 당나귀는 그리지 말래.
이 세상에 노란 당나귀는 없대.
괴물이래.

㉠흥,
그렇다고 내가 안 그릴 줄 알아.
선생님이 모르는 동물도 있는 거라구(거라고).
그리고 꼭 이 세상에 있는 동물만
그려야 하는 것도 아니잖아.

당나귀를 그릴 거야.
나만의 당나귀를.

6 '나'가 그림으로 그리는 것은 무엇인지 쓰시오.
( )

7 선생님이 이제부터 당나귀를 그리지 말라고 한 까닭은 무엇입니까? ( )
① 당나귀는 사나운 동물이어서
② 당나귀는 그리는 데 힘이 들어서
③ 이 세상에 노란 당나귀는 없어서
④ 선생님이 당나귀를 좋아하지 않아서
⑤ 내가 당나귀를 그리고 싶지 않다고 해서

8 선생님의 말씀을 듣고 '나'는 어떻게 하기로 했습니까?
( )
① 다양한 동물을 그리기로 했다.
② 그림을 아예 안 그리기로 했다.
③ 나만의 당나귀를 그리기로 했다.
④ 이 세상에 있는 동물만 그리기로 했다.
⑤ 선생님이 그리라는 동물만 그리기로 했다.

9 ㉠은 어떤 목소리로 읽으면 좋을지 쓰시오.
( )

무지개

문삼석

때때옷 입을 땐
어린아이의 말로, 알록달록하게 곱게 만든 아이의 옷을 이르는 말.
산도 세수 먼저 하나 봐

– 쏴아!
소나기가 내리는 소리
㉠소나기로 깨끗이 세수를 하더니

저것 봐!

㉡일곱 빛 때때옷
곱게 입었잖아.

10 때때옷을 입을 때 산이 무엇을 먼저 한다고 했는지 쓰시오.

(   )

11 ㉠은 어떤 모습을 표현한 것입니까? (   )

① 산에 소나기가 내린 모습
② 산에 소나무가 많이 자란 모습
③ 산에서 바위가 굴러떨어지는 모습
④ 시냇물의 얼음이 녹아 흐르는 모습
⑤ 산에서 사람들이 쓰레기를 줍는 모습

12 ㉡은 무엇을 가리키는 말인지 쓰시오.

(   )

13 이 시는 어떤 목소리로 읽는 것이 어울립니까? (   )

① 슬픈 목소리
② 화난 목소리
③ 졸린 목소리
④ 감탄하는 목소리
⑤ 안타까운 목소리

설문대 할망
할머니

까마득한 옛날 일이야. 어디선가 큰 할머니가 바닷물을 철렁철렁 일으키며 남쪽 제주도로 건너왔어. 키가 얼마나 큰지, 바다 깊은 물도 겨우 무릎에 닿았대. 이 할머니가 바로 설문대 할망이야.
'할머니'의 제주도 방언

그때만 해도 제주도는 그냥 편평한 섬이었어. 그래서 설문대 할망
5 은 앉아서 쉴 만한 산을 하나 만들기로 했지. 넓은 치마폭에다 흙을 가득 퍼 담아 제주도 한가운데에 차곡차곡 쌓았어. 그렇게 하여 한라산이 생겼단다.

산을 만들고 보니 산꼭대기가 뾰족해 앉기가 불편했어. 설문대 할망은 손으로 산꼭대기 흙을 퍽퍽 퍼내서 앉기 좋게 만들었지. 그것
10 이 바로 백록담이야.

이 정도이니 설문대 할망의 옷이 얼마나 크겠어? 그래도 평생 옷한 벌로 살 수는 없잖아? 설문대 할망은 사람들에게 이렇게 말했단다.

"내가 입을 옷을 한 벌 지어 주면 저 멀리 육지까지 쭉쭉 다리를
15 놓아 주지."

설문대 할망이 마음만 먹으면 다리 놓기야 쉬운 일이지. 그래서 제주도 사람들이 모두 달려들어 설문대 할망의 옷을 짓기 시작했단다.

하지만 설문대 할망의 옷이 여간 커야지. 옷감을 아무리 아무리
20 모아도 모자라는 것이야. 결국 옷을 다 짓지 못하고 말았어. 설문대 할망은 철벅철벅 바닷물을 가르며 어디로인가 사라졌단다.

지금도 제주도에는 설문대 할망 이야기가 전해지고 있어.

14 설문대 할망에 대한 설명으로 알맞은 것은 무엇입니까?

( )

① 키가 매우 컸다.
② 식구가 매우 많았다.
③ 제주도에서 태어났다.
④ 옷을 여러 벌 가지고 있었다.
⑤ 지금도 제주도 한라산에 살고 있다.

15 설문대 할망이 앉아서 쉬기 위해 만든 산은 무엇인지 쓰시오.

( )

16 설문대 할망은 사람들에게 옷을 한 벌 지어 주면 무엇을 해주겠다고 하였습니까?( )

① 육지까지 다리를 놓아 주겠다.
② 제주도를 떠나 먼 곳에서 살겠다.
③ 제주도에 한라산을 만들어 주겠다.
④ 한라산에 백록담을 만들어 주겠다.
⑤ 사람들에게도 똑같이 옷을 지어 주겠다.

17 제주도 사람들이 설문대 할망의 옷을 다 짓지 못한 까닭은 무엇인지 빈칸에 알맞은 말을 쓰시오.

• ( )이/가 모자라서

📖 교과서 문제

1 다음 겹받침이 있는 낱말의 발음을 쓰시오.

품삯[   ]

핵심

2 겹받침이 있는 낱말을 바르게 발음한 것은 무엇입니까?   (   )

① 몫[못]
② 앉다[안타]
③ 많다[만다]
④ 괜찮다[괜찬타]
⑤ 가엾다[가엽다]

📖 교과서 문제

3 다음을 바르게 발음한 것에 ○표를 하시오.

없다

(1) [업타]   (   )
(2) [업따]   (   )

4 밑줄 그은 낱말의 발음이 알맞은 것은 무엇입니까?   (   )

① 동해는 넓다. [널따]
② 다리가 아파서 앉고 싶어. [안코]
③ 우리의 몫을 알고 실천하자. [모글]
④ 청소를 해야 하는데 귀찮아. [귀찬나]
⑤ 놀이터에는 많은 친구가 있다. [마흔]

5 다음 낱말의 알맞은 발음을 쓰시오.

귀찮다

[   ]

6 우리말에 원래 있던 낱말이나 그것을 활용해 새로 만든 낱말을 무엇이라고 합니까? (   )

① 방언
② 한자어
③ 표준어
④ 외국어
⑤ 토박이말

7 다음에서 설명하는 토박이말은 무엇입니까?
                                              (   )

물 따위를 머금어 볼의 안을 깨끗이 씻음.

① 세수
② 볼가심
③ 보조개
④ 양치질
⑤ 나들목

8 그림과 문장을 보고 토박이말 '마루'의 뜻을 알맞게 짐작한 것에 ○표를 하시오.

구름이 뒷산 마루에 걸려 있다.

(1) 파도가 일 때 치솟은 물결의 꼭대기.
                                              (   )
(2) 집채 안에 바닥과 사이를 띄우고 깐 널빤지.   (   )
(3) 등성이를 이루는 지붕이나 산 따위의 꼭대기.   (   )

9 다음 문장의 빈칸에 들어갈 알맞은 낱말을 찾아 선으로 이으시오.

(1) (   )에 차가 원활하게 다닌다.   ·

·① 해거름

(2) 밖에서 놀더라도 (   ) 안에는 집에 와야 한다.   ·

·② 나들목

1~3

> 넓고 넓은 밤하늘엔
> 누가 누가 잠자나.
> 하늘 나라 아기별이
> 깜박깜박 잠자지.
>
> 깊고 깊은 숲속에선
> 누가 누가 잠자나.
> 산새 들새 모여 앉아
> 꼬박꼬박 잠자지.
>
> 포근포근 엄마 품엔
> 누가누가 잠자나.
> 우리 아기 예쁜 아기
> 새근새근 잠자지.

1 누가 어디에서 잔다고 했는지 선으로 이으시오.

(1) 아기별 • • ① 숲속

(2) 산새 들새 • • ② 밤하늘

(3) 우리 아기 • • ③ 엄마 품

2 이 시와 관련된 경험으로 알맞은 것은 무엇입니까? ( )

① 별에 관한 책을 읽은 경험
② 엄마께 꾸중을 들었던 경험
③ 새가 날아가는 것을 본 경험
④ 동생과 재미있게 놀았던 경험
⑤ 자장가를 듣고 잠이 들었던 경험

서술형

3 이 시를 어떤 방법으로 읽고 싶은지 쓰시오.

_____

_____

중요

4 다음은 낱말들을 어떻게 나눈 것입니까?

( )

| 낚시, 있다 | 많다, 여덟, 몫, 앉다, 없다, 흙 |

① 두 글자인 낱말과 세 글자인 낱말
② 받침이 있는 낱말과 받침이 없는 낱말
③ 쌍받침이 있는 낱말과 겹받침이 있는 낱말
④ 많이 사용하는 낱말과 잘 사용하지 않는 낱말
⑤ 하나의 자음자를 받침으로 사용한 낱말과 두 개의 자음자를 받침으로 사용한 낱말

5 겹받침이 있는 낱말의 발음으로 알맞은 것에 ○표를 하시오.

(1) 몫[목 , 못]
(2) 밟다[밥다 , 밥따]

중요

6 밑줄 그은 겹받침이 있는 낱말을 바르게 읽은 것은 무엇입니까? ( )

① 내야 할 물건 값[갓].
② 가위로 실을 끊다[끈다].
③ 오늘은 날씨가 맑다[막따].
④ 바위 위에 돌을 얹다[언다].
⑤ 다치지 않아서 괜찮다[괜찬다].

서술형

7 겹받침이 있는 낱말 '앉는다'를 넣어 문장을 만들어 쓰시오.

_____

_____

8 다음 빈칸에 들어가기에 알맞은 겹받침이 있는 낱말은 무엇입니까? ( )

학교에 있는 운동장은 ( ).

① 얹다   ② 넓다   ③ 맑다
④ 읽다   ⑤ 끊다

9~11

9 ㉮에서 바다를 무엇이라고 하였는지 쓰시오.

( )

10 ㉯에서 소라게가 플라스틱 뚜껑을 쓰고 있는 까닭은 무엇이겠습니까? ( )

① 플라스틱 뚜껑의 모양이 예뻐서
② 본래부터 바다에 많은 물건이어서
③ 인간이 소라게를 위해 만든 것이어서
④ 플라스틱이 바다에 많이 버려져 있어서
⑤ 플라스틱 뚜껑이 소라 껍데기보다 좋아서

11 ㉮, ㉯를 보고 친구들과 나눌 수 있는 이야기로 알맞지 않은 것에 ×표를 하시오.

(1) 바다 환경을 보호하려면 어떻게 해야 할까? ( )
(2) 플라스틱 뚜껑을 쓴 소라게의 마음은 어떠할까? ( )
(3) 소라게에게 플라스틱 뚜껑 대신 어떤 쓰레기가 더 어울릴까? ( )

12~14

바다에 있는 플라스틱 쓰레기 **더미**는 바다에서 물고기를 잡거나 기를 때 사용한 그물, **부표** 따위가 모여서 만들어져요. 그리고 이 더미는 우리가 **함부로** 버리는 페트병, 물휴지, 과자 봉지 따위가 강을 거쳐 바다로 흘러들어 가서 점점 더 커진다고 해요.

플라스틱 쓰레기가 바다에 모이는 것을 막으려고 많은 사람이 노력하고 있어요. 환경 단체들은 해안가에 있는 플라스틱 쓰레기를 줍거나 바다에 떠다니는 쓰레기를 모아 ㉠없애기도 해요. 우리도 함께 노력할 수 있어요. 평소에 일회용 플라스틱을 덜 사용하거나 플라스틱 제품을 재활용할 수 있도록 **분류**해서 버려요. 일상생활에서 우리가 해야 할 **몫**을 찾아 함께 실천해요.

12 플라스틱 쓰레기 더미에 대한 설명으로 알맞지 <u>않은</u> 것은 무엇입니까? ( )

① 그물, 부표 따위가 모여서 만들어졌다.
② 플라스틱 쓰레기가 바다에 모인 것이다.
③ 환경 단체에서 떠다니는 쓰레기를 없애기도 한다.
④ 사람들이 쓰레기 더미에서 살기 위해 노력하고 있다.
⑤ 페트병, 물휴지 따위가 흘러들어 가 점점 더 커지고 있다.

13 이 글에 쓰인 낱말 가운데 다음의 뜻을 가진 낱말은 무엇입니까? ( )

조심하거나 깊이 생각하지 아니하고 마음 내키는 대로 마구.

① 더미   ② 부표   ③ 함부로
④ 분류   ⑤ 몫

14 ㉠을 소리 나는 대로 바르게 쓰시오.

[ ]

4
단원

15~17

바람이 마루 위에 놓인 / 신문지 한 장을 끌고
슬그머니 골목으로 나간다.

훌훌훌, / 공중에 집어 던져서는
데굴데굴 길거리에 굴려서는
구깃구깃 구겨서는

골목, / 구석진 응달로 찾아가 / 달달달 떠는
㉠어린 민들레꽃에게 / 쓱, 목도리를 해 준다.

그러고는 / 힘내렴!
딱 그 말만 하고
㉡골목을 걸어 나간다, 뚜벅뚜벅.

15 바람은 신문지로 무엇을 만들었는지 쓰시오.

( )

16 다음은 이 시에서 어떤 부분을 몸짓으로 표현한 것인지 찾아 쓰시오.

( )

실력 UP

17 ㉠, ㉡에서 느껴지는 분위기가 바르게 짝 지어진 것은 무엇입니까? ( )

㉠	㉡
① 따뜻한 분위기	당당한 분위기
② 우울한 분위기	신나는 분위기
③ 무서운 분위기	초조한 분위기
④ 외로운 분위기	우울한 분위기
⑤ 안타까운 분위기	밝은 분위기

18~19

입에서 절로 휘파람이 나오는
즐거운 오늘.

㉠안녕! 즐겁게 만날 친구도 많고
야호! 신나게 할 일도 많은

나는 오늘이 좋아.

18 '오늘'에 대한 설명으로 알맞지 <u>않은</u> 것은 무엇입니까? ( )
① 신나게 할 일이 많은 날이다.
② 절로 휘파람이 나오는 날이다.
③ 내가 좋다고 생각하는 날이다.
④ 즐겁게 만날 친구가 많은 날이다.
⑤ 어서 빨리 지나가기를 바라는 날이다.

중요

19 ㉠은 어떤 목소리로 읽는 것이 어울릴지 쓰시오.

( )

실력 UP

20 작품의 분위기를 생각할 때 다음은 어떤 표정으로 읽는 것이 좋을지 보기 에서 찾아 쓰시오.

보기

실망한	미안한	감탄한	다급한

(1)
> 그런데 오늘 선생님이 나더러
> 이제부터 당나귀는 그리지 말래.
> 이 세상에 노란 당나귀는 없대.
> 괴물이래.

( ) 표정

(2)
> 저것 봐! //
> 일곱 빛 때때옷 / 곱게 입었잖아.

( ) 표정

따라 쓰기

● 글씨를 바르게 써 보시오.

많	다
많	다
많	다

앉	다
앉	다
앉	다

없	다
없	다
없	다

값
값
값

우	리		묶	을		찾	아
우	리		묶	을		찾	아

함	께		실	천	해	요	.
함	께		실	천	해	요	.

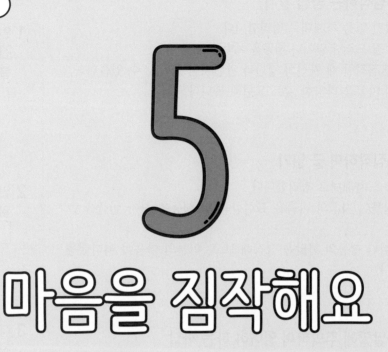

역량 의사소통

5
마음을 짐작해요

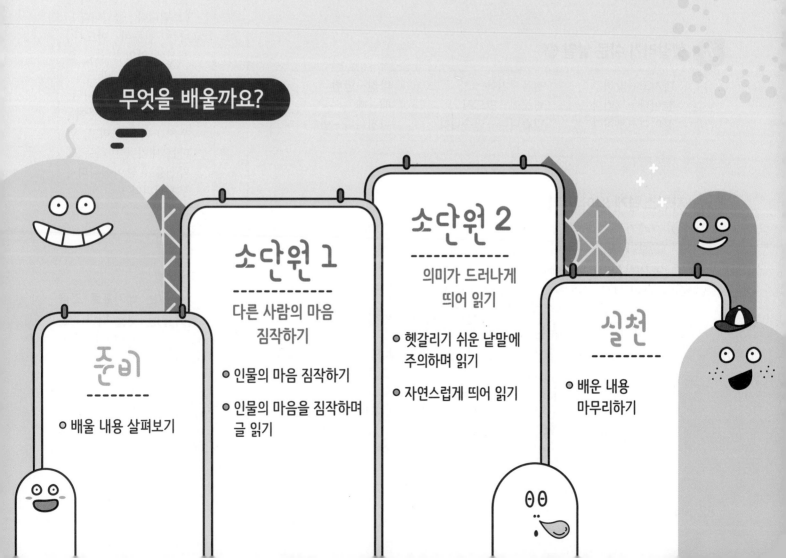

무엇을 배울까요?

준비

○ 배울 내용 살펴보기

소단원 1

다른 사람의 마음
짐작하기

● 인물의 마음 짐작하기
● 인물의 마음을 짐작하며
  글 읽기

소단원 2

의미가 드러나게
띄어 읽기

● 헷갈리기 쉬운 낱말에
  주의하며 읽기
● 자연스럽게 띄어 읽기

실천

● 배운 내용
  마무리하기

1 인물의 마음을 짐작하는 방법 알기
① 인물에게 있었던 일을 차례대로 정리합니다.
② 인물의 마음이 잘 드러난 말이나 행동을 살펴봅니다.
③ 인물의 마음을 짐작할 때 자신의 경험과 관련지어 생각할 수 있습니다.
④ 짐작한 인물의 마음을 다양한 말로 표현해 봅니다.

2 인물의 마음을 짐작하며 글 읽기
① 이야기의 내용을 차례대로 정리합니다.
② 이야기에서 인물이 자신의 마음을 표현한 말과 행동을 찾아 밑줄을 그어 봅니다.
③ 인물이 한 말이나 행동의 까닭을 생각해 보고, 인물의 마음이 어떠했을지 말해 봅니다.

3 헷갈리기 쉬운 낱말에 주의하며 읽어야 하는 까닭
① 글의 내용을 정확하게 파악하기 위해서입니다.
② 상대가 전달하고자 하는 내용을 오해하지 않기 위해서입니다.

4 헷갈리기 쉬운 낱말 예

마치고−맞히고	걸음−거름	다친−닫힌
늘이다−느리다	반듯이−반드시	때−떼
붙이다−부치다	맞습니다−맡습니다	바칩니다−받칩니다

5 자연스럽게 띄어 읽기
① ∨(쐐기표)는 조금 쉬어 읽는 것을 나타내고, ≫(겹쐐기표)는 ∨(쐐기표)보다 조금 더 쉬어 읽는 것을 나타냅니다.
② '누가(무엇이)' 다음에 조금 쉬어 읽습니다.
③ 문장이 너무 길면 문장의 뜻을 생각하며 한 번 더 쉬어 읽습니다. 예를 들어 '누구를(무엇을)' 뒤에서 조금 쉬어 읽을 수 있습니다.
④ 문장과 문장 사이에서는 조금 더 쉬어 읽습니다.
⑤ 강조하고 싶은 부분을 생각하면서 문장의 뜻이 잘 드러나게 쉬어 읽습니다.

 예 또야 것이∨안 남았네요. ≫애들은∨삶은 밤을∨까먹기 시작했어요.
↳ ∨(쐐기표)와 ≫(겹쐐기표)를 한 위치를 살펴보면서 자연스럽게 띄어 읽는 연습을 해 보세요.

1 인물의 마음을 짐작할 때 자신의 경험과 관련지어 생각해 봅니다.
(○ , ×)

2 인물의 마음을 짐작하며 글을 읽을 때에는 인물의 말과 [ ][ ]을/를 살펴봅니다.

3 다음 문장에서 알맞은 낱말을 찾아 ○표를 하시오.

(1) 고무줄은 (느리고 , 늘이고), 달팽이는 (느립니다 , 늘입니다).
(2) 나는 (반듯이 , 반드시) 책상에 앉았습니다. 오늘 (반듯이 , 반드시) 이 책을 읽을 것입니다.
(3) 나는 색종이를 (붙여 , 부쳐) 벽을 꾸미고, 엄마는 내가 좋아하는 호박전을 (붙이십니다 , 부치십니다).

4 (1) [ ]은/는 쐐기표로 조금 쉬어 읽는 것을 나타내고, [ ]은/는 겹쐐기표로 조금 더 쉬어 읽는 것을 나타냅니다.
(2) 문장과 문장 사이에서 쉬어 읽을 때에는 [ ](으)로 표시합니다.

준비

📖 교과서 문제

1~3

> 행복 요정이 오솔길을 가는데 시끌벅적한 소리가 들렸어요.
>
> "오소리야! 이게 얼마만이야! 반갑다, 반가워!"
>
> "너구리야! 반갑다, 정말 반가워!"

📖 교과서 문제

1 오소리와 너구리는 오솔길에서 무엇을 하고 있습니까? ( )

① 즐거운 놀이를 하고 있다.
② 행복 요정과 인사하고 있다.
③ 헤어지는 인사를 나누고 있다.
④ 다음에 만날 약속을 정하고 있다.
⑤ 오랜만에 만나 서로 반가워하고 있다.

📖 교과서 문제

2 오소리와 너구리의 마음으로 알맞은 것을 두 가지 고르시오. (,)

① 반가운 마음 　 ② 미안한 마음
③ 어색한 마음 　 ④ 행복한 마음
⑤ 부끄러운 마음

3 행복 요정은 어떤 마음일지 알맞게 짐작한 것을 찾아 ○표를 하시오.

(1) 오솔길을 혼자 걸어 외로웠을 것이다.
( )

(2) 시끌벅적한 소리가 듣기 싫어 기분이 상했을 것이다. ( )

(3) 오소리와 너구리의 모습을 보고 기분이 좋았을 것이다. ( )

4 보기 와 같이 반가운 마음을 표현하는 말을 한 가지만 쓰시오.

> **보기**
>
> 만나서 정말 기뻐.

( )

5~6

> ㉮ 행복∨요정이∨오솔길을∨가는데∨시끌벅적한∨소리가∨들렸어요.
>
> ㉯ 행복 요정이∨오솔길을 가는데∨시끌벅적한 소리가∨들렸어요.

핵심

5 ㉮와 ㉯에 대한 설명으로 알맞지 않은 것은 무엇입니까? ( )

① ㉮는 ㉯보다 더 자주 띄어 읽는다.
② ㉯는 문장의 의미를 생각하며 쉬어 읽는다.
③ ㉮와 ㉯에서 ∨는 조금 쉬어 읽으라는 표시이다.
④ ㉮보다 ㉯처럼 읽을 때 문장의 내용을 더 쉽게 이해할 수 있다.
⑤ ㉯처럼 읽으면 띄어 읽는 부분이 적어서 어색하게 느껴질 수 있다.

6 ∨ 표시대로 띄어 읽었을 때 ㉮와 ㉯ 가운데 더 자연스러운 것을 골라 기호를 쓰시오.

( )

| 20○○년 5월 10일 ○요일 | 날씨: 바람이 시원한 날 |

제목: 자전거 타기, 성공!

❶ 지난주부터 자전거 타는 연습을 하고 있다. 자전거를 혼자서 멋지게 타고 싶은데 마음처럼 잘 안된다.

오늘은 아빠와 자전거 타는 연습을 하기로 했다. 아빠와 나는 함께 놀이터로 나갔다. ♥힘차게 연습을 시작했지만 자꾸만 자전거가 쓰러지려고 했다. 그럴 때마
5 다 아빠가 자전거 뒤를 잡아 주시며 다시 해 보자고 ♥격려해 주셨다. 나는 너무 힘들었다. ㉠그래도 자전거 타는 방법을 빨리 배우고 싶은 마음에 계속 열심히 연습했다.

- 글의 **종류**: 일기
- 글의 **내용**: 소영이가 아빠와 자전거 타는 연습을 하다가 결국 혼자 타기에 성공한 일을 쓴 일기입니다. 소영이와 아빠의 말과 행동을 통해 인물의 마음을 짐작해 볼 수 있습니다.

♥힘차게 힘이 있고 씩씩하게.
㉑ 발을 힘차게 내딛다.

♥격려해 용기나 무엇을 하고자 하는 적극적인 마음이 솟아나도록 북돋게 하여.
㉑ 시험을 앞둔 친구를 격려해 주었다.

📖 교과서 문제

1 소영이가 놀이터에서 한 일은 무엇인지 빈칸에 알맞은 말을 쓰시오.

- 아빠와 함께 (   ) 타는 연습을 했습니다.

2 소영이가 탄 자전거가 자꾸만 쓰러지려고 할 때 아빠가 해 주신 일을 두 가지 고르시오.
(,   )

① 자전거 뒤에 태워 주셨다.
② 자전거 뒤를 잡아 주셨다.
③ 자전거를 타지 말자고 하셨다.
④ 다시 해 보자고 격려해 주셨다.
⑤ 더 튼튼한 자전거를 새로 사 주셨다.

📖 교과서 문제

3 소영이가 힘들어도 자전거 타는 연습을 계속한 까닭으로 알맞은 것을 찾아 ○표를 하시오.

(1) 자전거 타는 방법을 빨리 배우고 싶어서
(   )

(2) 조금만 연습하면 금방 탈 수 있을 거라는 자신감이 생겨서
(   )

핵심
4 ㉠에 드러난 소영이의 마음으로 알맞은 것은 무엇입니까? (   )

① 서운한 마음
② 신기하고 기쁜 마음
③ 그만두고 싶은 마음
④ 포기하지 않고 노력하는 마음
⑤ 힘들어서 집에 가고 싶은 마음

"어? 된다, 된다! 소영아, 잘하고 있어!"

아빠의 칭찬이 끝나자마자 나는 또 넘어지고 말았다. 아빠는 내가 다칠까 봐 걱정하시며 내일 다시 연습하자고 하셨다. 하지만 왠지 오늘은 꼭 성공할 것 같은 느낌이 들었다. 나는 다시 페달을 힘차게 밟았다.

중심 내용 아빠와 놀이터에 나가 자전거 타는 연습을 했다.

❷ 한참을 ♥집중하며 타다 보니 저 멀리서 아빠가 달려오는 모습이 보였다.

㉠"우아, 제가 지금 혼자 타고 있는 거예요?"

"그럼, 아까부터 그랬단다."

아빠가 웃으며 말씀하셨다. 아빠와 나는 손뼉을 마주치며 소리를 질렀다. 자전거를 혼자 탈 수 있게 되어 참 뿌듯한 하루였다.

중심 내용 혼자서 자전거를 탈 수 있게 되어 뿌듯했다.

5

♥집중하며 한 가지 일에 모든 힘을 쏟아부으며.

🐛 교과서 핵심

● 소영이에게 있었던 일과 소영이의 마음

자전거 타는 연습을 하려고 아빠와 함께 놀이터로 나감.	성공하고 싶은 마음
↓	
아빠와 놀이터에서 자전거 타는 연습을 함.	• 포기하지 않고 노력하는 마음 • 인내하는 마음
↓	
혼자서 자전거를 타게 됨.	신기하고 기쁜 마음

🐛 교과서 문제

5 소영이가 뿌듯한 하루였다고 생각한 까닭은 무엇입니까? ( )

① 아빠가 칭찬해 주셔서
② 자전거를 타다 넘어져서
③ 자전거 타기가 너무 힘이 들어서
④ 자전거를 혼자 탈 수 있게 되어서
⑤ 자전거 타기는 실패했지만 열심히 연습해서

핵심 🐛 교과서 문제

6 ㉠에 드러난 소영이의 마음으로 알맞은 것을 두 가지 고르시오. (,)

① 기쁜 마음
② 신기한 마음
③ 속상한 마음
④ 미안한 마음
⑤ 노력하는 마음

서술형

7 ❷에서 아빠의 마음이 드러난 부분을 찾아보고 아빠의 마음을 짐작하여 쓰시오.

(1) 아빠의 마음이 드러난 부분	
(2) 아빠의 마음	

🐛 교과서 문제

8 인물의 마음을 짐작하며 글을 읽으면 좋은 점을 이야기하지 <u>않은</u> 친구의 이름을 쓰시오.

준호: 글의 내용을 더 잘 이해할 수 있어.
미나: 인물의 마음이 더 생생하게 느껴져.
재민: 인물의 말이나 행동을 보면 마음을 짐작할 수 있어.

( )

강아지 돌보기

❶ "일주일만 우리 콩이 좀 잘 돌봐 줘."

휴대 전화 너머로 할머니 목소리가 들렸어요. 콩이는 할머니께서 키우시는 강아지예요. 할머니께서 일주일 동안 여행을 떠나시게 되어 그동안 우리 집에서 콩이를 돌보기로 했어요.

'야호! 할머니 댁에서만 볼 수 있었던 콩이를 우리 집에서 돌보게 되다니!'
_{남의 집이나 가정을 높여 부르는 말.}

㉠나는 가슴이 두근거렸어요.

"주영아, 할머니께서 돌아오실 때까지 우리가 잘 돌봐 주자."

엄마 말씀에 나는 설레는 마음으로 고개를 끄덕였어요. 그런데 한편으로는 콩이가 나를 잘 따라
_{마음이 가라앉지 않고 들떠서 두근거리는.}
줄지 걱정도 되었어요.

(중심 내용) 할머니께서 여행을 가시는 일주일 동안 우리 집에서 콩이를 돌보기로 했다.

❷ 며칠 뒤, 콩이가 우리 집에 왔어요. 콩이는 조
_{속으로 생각하는 것이 겉으로 드러나는 어떤 태도.}
금 낯설어하는 눈치였어요.
_{전에 본 기억이 없어 익숙하지 않은.}

나는 콩이와 친해질 수 있는 방법을 고민했어요. 가장 먼저 콩이가 좋아한다는 간식을 주기로 했어요. 간식을 내 손바닥에 올려놓고 내밀자 콩이가 내 앞으로 천천히 다가왔어요. 손바닥 냄새도 맡고 내 주변을 돌면서 살폈어요. 한참을 서성이던
_{한곳에 서 있지 않고 주위를 왔다 갔다 하던.}
콩이는 마음이 놓였는지 그제야 간식을 먹었어요. 그 뒤로 콩이는 밥도 잘 먹고 물도 잘 마셨어요.

㉡"엄마, 콩이가 우리 집에 적응한 것 같아요. 정말 다행이에요."

(중심 내용) '나'는 콩이와 친해지기 위해 노력했고, 콩이도 처음에는 낯설어했지만 곧 우리 집에 적응했다.

• 글의 특징: 주영이가 일주일 동안 콩이를 돌보며 친해지는 이야기를 통해 주영이의 마음을 짐작할 수 있습니다.

교과서 핵심

주영이에게 있었던 일과 주영이의 마음 ①

할머니께서 일주일 동안 콩이를 돌봐 달라고 하심.	• 설레는 마음 • 걱정되는 마음
콩이가 우리 집에 적응을 한 것 같음.	• 안심하는 마음 • 기쁜 마음

📖 교과서 문제

1 할머니께서 키우시는 강아지 이름은 무엇입니까?

(   )

📖 교과서 문제

2 주영이가 할머니께서 키우시는 강아지를 돌보게 된 까닭은 무엇입니까? (   )

① 주영이가 할머니께 부탁해서
② 강아지가 주영이를 잘 따라서
③ 주영이가 강아지를 키우고 싶어 해서
④ 할머니께서 일주일 동안 여행을 가셔서
⑤ 할머니께서 일주일 동안 주영이네 집에 계시게 되어서

📖 교과서 문제

3 '마음이 가라앉지 않고 들떠서 두근거리는' 상태를 나타내는 낱말을 찾아 ○표를 하시오.

설레는	낯설어하는	눈치

핵심

4 ㉠과 ㉡에 드러난 주영이의 마음을 찾아 선으로 이으시오.

(1) ㉠ •   • ① 설레는 마음

(2) ㉡ •   • ② 안심하는 마음

❸ 저녁이 되자 콩이는 장난감 공을 물고 나에게 다가왔어요. 나는 장난감 공을 콩이 앞으로 살짝 던져 주었어요. 콩이는 신났는지 점점 더 꼬리를 힘차게 흔들었어요. 서로 공을 주고받으면서 나는
5 콩이와 꽤 친해진 기분이 들었어요.

　다음 날 아침, 엄마와 함께 콩이를 데리고 집 근처 공원으로 산책을 나갔어요. 공원에 도착하자 콩이는 꼬리를 흔들었어요. 나는 콩이와 발을 맞추며 함께 걸었어요. 엄마는 나와 콩이의 모습을
10 사진으로 찍어 주셨지요. 나는 콩이와 정말로 친구가 된 것 같은 기분이 들었어요.

중심 내용 '나'는 콩이와 함께 공놀이와 산책을 하였고, 콩이와 친구가 된 것 같은 기분이 들었다.

❹ 어느새 콩이가 우리 집에서 지내는 마지막 날이
어느 틈에 벌써.
되었어요. 나는 아침부터 너무 슬펐어요.

　㉠"엄마, 일주일이 너무 짧은 것 같아요."

나는 눈물이 날 것만 같았어요.

"띵동!"

초인종 소리가 울리고 할머니께서 오셨어요. 콩이는 할머니를 보자 반갑게 꼬리를 흔들며 현관문 앞으로 달려갔어요. ㉡할머니께서는 그동안 콩이 5 를 잘 돌봐 주어서 정말 고맙다고 말씀하셨어요. 나는 무척 아쉬웠지만 콩이와 작별 인사를 나누었
인사를 나누고 헤어짐. 또는 그 인사.
어요. 정말 특별한 일주일이었어요.

중심 내용 '나'는 무척 아쉬웠지만 콩이와 작별 인사를 나누었다.

교과서 핵심

● 주영이에게 있었던 일과 주영이의 마음 ②

콩이와 함께 공놀이를 함.	꽤 친해진 기분
콩이를 데리고 집 근처 공원으로 산책을 나감.	콩이와 친구가 된 것 같은 기분
할머니께서 돌아오셔서 콩이와 헤어짐.	콩이와 헤어지기 아쉬운 마음

5 주영이가 강아지와 한 일이 아닌 것은 무엇입니까? (　　)

① 같이 사진을 찍었다.
② 장난감 공을 주고받았다.
③ 발을 맞추며 함께 걸었다.
④ 맛있는 음식을 함께 먹었다.
⑤ 집 근처 공원으로 산책을 갔다.

핵심

6 ㉠에서 짐작할 수 있는 주영이의 마음으로 알맞은 것은 무엇입니까? (　　)

① 할머니를 얼른 뵙고 싶은 마음
② 강아지와 헤어지기 아쉬운 마음
③ 강아지를 잘 돌봐서 뿌듯한 마음
④ 강아지와 친해지지 못해 서운한 마음
⑤ 시간이 너무 빨리 갈까 봐 두려운 마음

7 ㉡에서 짐작할 수 있는 할머니의 마음을 쓰시오.

(　　　　　　　　　　　)

역량

8 주영이처럼 헤어지기 아쉬운 마음을 느꼈던 경험을 이야기한 친구의 이름을 쓰시오.

세나: 매일 함께 학교에 가던 단짝 친구가 멀리 이사를 가서, 보고 싶은 마음에 편지를 썼어.
민준: 여름 방학 때 할머니 댁에서 지내다 집으로 돌아올 때 할머니와 헤어지기 아쉬워서 눈물이 났어.

(　　　　　　　　　　　)

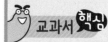
고마운 윤아에게

윤아야, 안녕? 난 2학년 1반 김예린이야.

어제 학교를 마치고 집에 가는 길에 넘어진 나를 네가 도와주었잖아.

사실 어제는 삼촌이 오시기로 한 날이라 마음이 ♥들떠 있었어. 그래서 자꾸만 걸음

5 이 빨라졌지 뭐니? 그러다 꽈당 넘어진 거야. 다친 무릎이 아파서 눈물이 핑 돌았지.

그런데 갑자기 네가 나타나서 "괜찮니?" 하며 날 일으켜 주었잖아.

어제는 너무 ♥당황해서 고맙다는 말을 제대로 못 했어.

윤아야, 그때 도와줘서 정말 고마워.

우리 앞으로 더 친하게 지내자.

10

20○○년 6월 ○○일

너의 친구, 예린이가

• 글의 종류: 편지글
• 글의 내용: 예린이가 윤아에게 고마운 마음을 표현하는 편지글입니다.

♥들떠 마음이나 분위기가 가라앉지 아니하고 조금 흥분되어.
예 기쁨에 들떠 잠을 이루지 못했다.

♥당황해서 놀라거나 다급하여 어찌할 바를 몰라.
예 갑작스럽게 벌어진 일에 당황해서 부들부들 떨었다.

교과서 핵심

◉ 헷갈리기 쉬운 낱말 ①

마치고	어떤 일을 끝내고.
맞히고	목표에 닿게 하고.
걸음	걷는 동작.
거름	밭에 뿌리는 비료.
다친	몸에 상처를 입은.
닫힌	열려 있던 것이 닫아진.

📖 교과서 문제

1 예린이의 걸음이 빨라진 까닭은 무엇입니까?
( )

① 빨리 걷는 것이 재미있어서
② 원래 빠르게 걷는 습관이 있어서
③ 화장실이 급해 집에 빨리 가야 해서
④ 윤아와 만나기로 약속한 시간에 늦어서
⑤ 삼촌이 오시기로 한 날이라 마음이 들떠서

📖 교과서 문제

2 예린이가 윤아에게 편지를 쓴 까닭은 무엇입니까?
( )

① 다친 것을 위로하기 위해서
② 만날 약속을 정하기 위해서
③ 고마운 마음을 전하기 위해서
④ 당황한 마음을 전하기 위해서
⑤ 자신이 넘어진 까닭을 알려 주기 위해서

3 예린이가 넘어졌을 때 윤아가 해 준 일을 두 가지 고르시오. (,)

① 괜찮은지 물어보았다.
② 집까지 부축해 주었다.
③ 병원에 데려다 주었다.
④ 예린이를 일으켜 주었다.
⑤ 다친 무릎을 치료해 주었다.

핵심

4 이 편지를 읽을 때 파란색으로 쓴 낱말을 주의하며 읽어야 하는 까닭으로 알맞은 것을 골라 ○표를 하시오.

(1) 편지에서 전하려는 마음이 가장 잘 드러나는 낱말이기 때문이다. ( )
(2) 낱말을 헷갈리면 친구가 전한 마음이 잘못 전달될 수 있기 때문이다. ( )

● **빈칸에 들어갈 알맞은 낱말 찾아 보기**

학교를 [㉠] 집에 가는 길에 넘어진 나를 네가 도와주었잖아.

| 마치고 | 맞히고 |

그래서 자꾸만 [㉡] 이 빨라졌지 뭐니?

| 거름 | 걸음 |

[㉢] 무릎이 아파서 눈물이 핑 돌았지.

| 다친 | 닫힌 |

교과서 핵심

● **헷갈리기 쉬운 낱말 ②**

늘이다	원래 길이보다 길게 하다.	반듯이	물건이나 행동이 비뚤지 않고 바르게.
느리다	빠르지 않다.	반드시	틀림없이 꼭.
때	옷이나 몸에 묻은 더러운 먼지 따위.	붙이다	서로 떨어지지 않게 하다.
떼	행동을 같이 하는 무리.	부치다	빈대떡이나 달걀 등을 프라이팬에 기름을 둘러 익혀 만들다.

📖 교과서 문제

5 ㉠~㉢에 들어갈 알맞은 낱말을 순서대로 쓰시오.

(   )

📖 교과서 문제

6 보기 에 있는 낱말의 뜻을 생각하며 그림에 어울리는 문장을 완성하시오.

보기
맞습니다   맡습니다   바칩니다   받칩니다

(1)  동생이 꽃향기를 (   ).

(2)  컵을 쟁반에 (   ).

📖 교과서 문제

7 문장에 알맞은 낱말에 ○표를 하고 문장을 만들어 보시오.

(1) 들판에 새 (때, 떼)를 쫓으려고 허수아비를 세웠다.

(2) 아버지께서 수세미로 냄비 기름(때, 떼)를 지우고 계셨다.

📖 교과서 문제

8 '부치다'의 뜻으로 알맞은 그림에 ○표를 하시오.

(1) 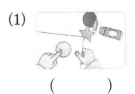 (   )

(2)  (   )

소단원 2 〰️○─────────────────── 〈 자연스럽게 띄어 읽기

● 글을 자연스럽게 띄어 읽는 연습을 해 보기

또야 것이 ∨안 남았네요.

애들은 ∨삶은 밤을 ∨까먹기 시작했어요.

또야 것이 ∨안 남았네요. ∨∨애들은 ∨삶은 밤을 ∨까먹기 시작했어요.

교과서 핵심

● 자연스럽게 띄어 읽는 연습 하기

∨ (쐐기표)	• 조금 쉬어 읽는 것을 나타냅니다. • '누가(무엇이)' 다음에 조금 쉬어 읽습니다. • 문장이 너무 길면 문장의 뜻을 생각하며 한 번 더 쉬어 읽습니다. • '누구를(무엇을)' 뒤에서 조금 쉬어 읽을 수 있습니다.
∨∨ (겹쐐기표)	• ∨(쐐기표)보다 조금 더 쉬어 읽습니다. • 문장과 문장 사이에서는 조금 더 쉬어 읽습니다.

📖 교과서 문제

1 여우는 문장을 어떻게 띄어 읽었습니까?
( )

① 여러 번 띄어 읽었다.
② 띄어 읽지 않고 한 번에 읽었다.
③ 띄어 쓰는 부분마다 띄어 읽었다.
④ 자기가 좋아하는 낱말 뒤에서 띄어 읽었다.
⑤ '무엇이'에 해당하는 말 뒤에서 띄어 읽었다.

2 사자가 문장을 두 번 띄어 읽은 까닭을 두 가지 고르시오. (,)

① 문장을 읽다가 숨이 차서
② 문장의 뜻이 자연스럽지 않아서
③ 한 번만 띄어 읽기에는 문장이 길어서
④ 낱말마다 띄어 읽는 것이 자연스러워서
⑤ 누가 무엇을 까먹기 시작했는지 더 잘 드러내기 위해서

📖 교과서 문제

3 코끼리는 다른 문장이 이어질 때 어떻게 띄어 읽었는지 골라 ○표를 하시오.

(1) 문장과 문장 사이에서 조금 더 쉬어 읽었다. ( )
(2) 문장과 문장 사이에서 조금 더 짧게 쉬어 읽었다. ( )

핵심

4 ∨와 ∨∨에 대한 설명으로 알맞은 것을 보기에서 골라 각각 번호를 쓰시오.

보기
① 조금 쉬어 읽는 것을 나타내는 표시이다.
② 문장과 문장 사이에서 조금 더 쉬어 읽을 때 사용하는 표시이다.

(1) ∨: ( )
(2) ∨∨: ( )

밤 다섯 개

권정생

❶ 또야네 엄마가 삶은 밤 다섯 개를 또야한테 주면서,

"가지고 나가 ♥동무들하고 나눠 먹어라." / 그랬어요.

또야 너구리는 좋아라 밤 다섯 개를 가지고 밖으로 나갔어요.

㉠"애들아, 이리 와. 삶은 밤 줄게."

5 골목길 여기저기서 애들이 모여들었어요.

아기 너구리 코야랑 후야랑 차야랑 찌야, 뽀야 모두 다섯이었어요.

애들이 ♥다투어 손바닥을 내밀자 또야는 밤 하나씩 나눠 줬어요.

코야 한 개, 후야 한 개, 차야 한 개, 찌야 한 개, 뽀야 한 개.

에계계, 그러고 나니 밤 다섯 개 다 줘 버렸어요.

10 또야 것이 안 남았네요.

애들은 삶은 밤을 까먹기 시작했어요.

또야는 애들이 맛있게 먹는 걸 바라보다가 그만,

"으앙!" / 하고 울어 버렸어요.

애들은 눈이 ♥휘둥그레져서 또야를 봤어요. 알고 보니 삶은 밤 다섯 개

15 다 나눠 주고 또야는 빈손이었지요.

중심 내용 또야는 엄마가 주신 밤 다섯 개를 친구들에게 모두 나누어 주고, 빈손이 되자 울어 버렸다.

- **글의 종류:** 이야기
- **글의 특징:** 또야가 친구들과 삶은 밤을 나누어 먹는 이야기를 통해 또야와 친구들의 마음을 짐작해 볼 수 있습니다.

♥**동무** 늘 친하게 어울리는 사람.

♥**다투어** 어떤 일을 남보다 먼저 하거나 잘하려고 경쟁적으로 서둘러.
⑩ 선생님의 질문에 아이들은 앞을 다투어 손을 든다.

♥**휘둥그레져서** 놀라거나 두려워서 눈이 크고 동그랗게 되어서.

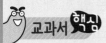

글을 자연스럽게 띄어 읽기 ⑩

- "가지고 나가∨동무들하고∨나눠 먹어라."
- "애들아, ∨이리 와. ∨삶은 밤 줄게."
- 코야 한 개, ∨후야 한 개, ∨차야 한 개, ∨찌야 한 개, ∨뽀야 한 개. ∨에계계, ∨그러고 나니∨밤 다섯 개∨다 줘 버렸어요.

🕮 교과서 문제

5 또야는 엄마에게 무엇을 받아서 밖으로 나갔는지 쓰시오.

( )

🕮 교과서 문제

6 또야가 빈손이 된 까닭은 무엇입니까? ( )

① 또야가 이미 먹어 버려서

② 삶은 밤 한 개를 잃어버려서

③ 또야 것까지 욕심 낸 친구가 있어서

④ 친구들에게 밤 다섯 개를 다 주어서

⑤ 삶은 밤의 개수가 친구들의 수보다 적어서

7 또야가 울어 버린 까닭으로 알맞은 것을 골라 ○표를 하시오.

(1) 삶은 밤을 혼자만 못 먹으니까 속상해서 ( )

(2) 친구들이 삶은 밤을 맛있게 먹는 게 미워서 ( )

핵심

🕮 교과서 문제

8 ㉠에서 짐작할 수 있는 또야의 마음으로 알맞은 것은 무엇입니까? ( )

① 삶은 밤을 먹기 싫은 마음

② 엄마에게 칭찬받고 싶은 마음

③ 친구들과 빨리 놀고 싶은 마음

④ 삶은 밤을 혼자 다 먹고 싶은 마음

⑤ 삶은 밤을 나눠 줄 수 있어 기쁜 마음

❷ 애들도 갑자기 어쩔 줄 모르다가 그만 ♥울상을 지었어요. 모두가 입을 ♥비쭉비쭉하다가,

"으앙! 으앙!" / 소리 내어 따라 울었어요.

㉠골목길에서 우는 소리가 하도 크게 들려 또야네 엄마가 나와 봤어요.

5 "얘들아, 왜 우니?"

"또야 밤 우리가 다 먹었어요."

코야가 울음을 그치고 얼른 대답했어요.

또야네 엄마는 웃음이 나왔어요. 얼른 앞치마 주머니에서 삶은 밤 한 개를 꺼내었어요.

10 똥그란 삶은 밤 한 개가 또야 손에 쥐어졌어요.

또야는 울던 울음을 그쳤어요.

애들 모두가 조용해졌어요. 함께 삶은 밤을 맛있게 먹었어요.

중심 내용 또야와 친구들이 우는 소리를 들은 엄마가 밤 한 개를 더 주셔서 함께 맛있게 먹었다.

♥울상 울려고 하는 얼굴 표정.
♥비쭉비쭉하다가 울려고 소리 없이 입을 내밀고 실룩거리다가.

교과서 핵심

● 글을 자연스럽게 띄어 읽기 예

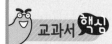

"얘들아, ∨왜 우니?"∨"또야 밤 ∨우리가∨다 먹었어요."∨코야가 ∨울음을 그치고∨얼른 대답했어요.∨또야네 엄마는∨웃음이 나왔어요.∨얼른∨앞치마 주머니에서 ∨삶은 밤 한 개를∨꺼내었어요.

교과서 문제

9 또야 친구들은 우는 또야를 보고 어떻게 했는지 두 가지 고르시오. (,)

① 또야네 엄마를 모시고 왔다.
② 또야를 따라 소리 내어 울었다.
③ 또야에게 미안하다고 사과했다.
④ 어쩔 줄 모르다가 울상을 지었다.
⑤ 자기들이 먹던 밤을 또야에게 주었다.

교과서 문제

11 ㉠에서 짐작할 수 있는 인물의 마음으로 알맞은 것을 두 가지 고르시오. (,)

① 놀라다
② 뿌듯하다
③ 걱정되다
④ 부끄럽다
⑤ 서운하다

교과서 문제

10 이 이야기에 쓰인 문장에 알맞은 표정을 선으로 이으시오.

(1) 울상을 짓다. • • ①

(2) 입을 비쭉비쭉하다. • • ②

(3) 눈이 휘둥그레지다. • • ③

서술형 역량

12 이 이야기에 나오는 또야 친구들에게 하고 싶은 말을 써 보았습니다. 또야 친구들이 되어 다음의 질문에 답해 보시오.

"또야가 우는 모습을 보고 무슨 생각이 들었어?"

_____

_____

실력 키우기 • 70~73쪽   **소단원 1. 다른 사람의 마음 짐작하기**

딱지치기

　오늘은 동생 민서와 집 앞에서 딱지치기를 했다. 나는 동생보다 딱지치기를 잘 한다. 동생 딱지를 벌써 세 개나 땄다. 나는 뒤집어진 딱지를 챙기며 민서를 쳐다보았다. 민서는 금방이라도 울 것 같은 표정이었다. 나는 민서에게 딱지치기 방법을 가르쳐 주어야겠다
5 고 생각했다.

　"민서야, 딱지 가운데를 정확하게 치면 딱지가 잘 뒤집어져. 오빠가 하는 거 잘 봐."

　나는 딱지를 정확하게 힘껏 내려치는 방법을 가르쳐 주었다.

　㉠"오빠, 봤어? 내가 딱지 하나를 뒤집었어!"

10 　나는 민서를 향해 엄지손가락을 들어 올렸다. 민서는 신나서 폴짝폴짝 뛰었다. 민서가 딱지를 잘 치게 되니까 더 재미있었다.

1 오늘 내가 한 일은 무엇인지 빈칸에 알맞은 말을 쓰시오.

　• 동생과 (　　　　　)을/를 하였다.

2 ㉠에 드러난 민서의 마음으로 알맞은 것은 무엇입니까?

　　　　　　　(　　)

① 미안하다
② 뿌듯하다
③ 심심하다
④ 부끄럽다
⑤ 화가 난다

3 '나'의 마음을 바르게 짐작한 동물을 찾아 ○표를 하시오.

	민서가 딱지를 '나'보다 더 잘 치게 될까 봐 걱정했을 것 같아.
	민서가 즐거워하는 모습을 보고 기뻤을 것 같아.
	민서의 딱지를 모두 따지 못해서 아쉬웠을 것 같아.

4 인물의 마음을 짐작하는 방법으로 알맞지 <u>않은</u> 것에 ×표를 하시오.

(1) 인물의 생김새를 떠올려 본다. 　　　(　)

(2) 인물의 말이나 행동을 찾아본다. 　　　(　)

(3) 인물에게 일어난 일을 정리해 본다. 　　　(　)

갯벌 체험

오늘은 아빠와 단둘이 갯벌 체험을 떠나는 날이다. 아빠와 나는 갯벌 체험을 하려고 아침 일찍 집을 나섰다. 오랜만에 아빠와 떠나는 여행이라 무척 기대되었다.

드디어 갯벌 체험장에 도착했다. 아빠와 나는 갯벌 안쪽에 자리를 5 잡고 호미로 조개를 캐기 시작했다. 조금 파다 보니 호미에 돌멩이가 부딪히는 느낌이 들었다. 알고 보니 돌멩이가 아니라 조개였다. 나는 매우 신나서 자리를 옮겨 다니며 조개를 캤다.

조개를 캐다가 갑자기 발이 쑥 빠지기도 했다. 나는 깜짝 놀랐지만 다행히 아빠께서 손을 잡아 주셔서 금방 빠져나올 수 있었다.

10 "우진아, 오늘 이렇게 아빠랑 나오니까 어때?"

㉠"정말 즐거워요. 다음에 또 오고 싶어요!"

비록 조개는 많이 캐지 못했지만 아빠와의 소중한 추억이 생긴 것 같아 기뻤다. 앞으로도 이런 시간이 많았으면 좋겠다.

5 우진이가 간 곳은 어디인지 빈 칸에 알맞은 말을 쓰시오.

• (　　　　　) 체험장

6 우진이에게 일어난 일을 바르게 이해한 친구를 찾아 이름을 쓰시오.

> 민정: 우진이는 아빠와 소중한 시간을 보냈어.
> 진수: 우진이는 바구니에 조개를 가득 담았어.
> 선아: 우진이는 엄마, 아빠와 갯벌 체험을 했어.

(　　　　　　　)

7 조개를 캐다가 발이 빠졌을 때 우진이는 어떤 마음이 들었습니까?　　　(　　)

① 두려웠다.
② 신이 났다.
③ 쑥스러웠다.
④ 깜짝 놀랐다.
⑤ 신기하고 재미있었다.

8 ㉠에서 짐작할 수 있는 우진이의 마음으로 알맞은 것은 무엇입니까?　　　(　　)

① 귀찮은 마음
② 서운한 마음
③ 신나는 마음
④ 궁금한 마음
⑤ 창피한 마음

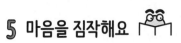
소단원 2. 의미가 드러나게 띄어 읽기

● 낱말의 뜻을 생각하며 문장에 알맞은 말을 골라 보기

뜨거운 음식은 (시켜서 , 식혀서) 조심히 먹어야 한다.

나는 학교를 마치고 집으로 ㉠(갔다 , 같다).

9 보기 를 참고하여 문장에 알맞은 말을 골라 ○표를 하시오.

보기
· 시키다: 음식 따위를 만들어 오거나 가지고 오도록 주문하다.
· 식히다: 더운 기를 없애다.

(1) 식당에 가서 김밥을 (식혔다, 시켰다).
(2) 뜨거운 음식은 (시켜서, 식혀서) 먹어야 한다.

10 ㉠ 가운데 문장에 알맞은 말을 골라 쓰시오.

(   )

11 글 ㉮에서 '나'가 가게에서 찾은 것은 무엇인지 쓰시오.

(   )

● 글을 읽고 잘못 쓴 말을 찾아 바르게 고쳐 써 보기

┌ 두부를 세는 단위.

㉮ 오늘 오후에 엄마께서 나에게 두부 한 모를 사 오라고 말씀하셨다. 그런데 가게에서 아무리 찾아보아도 두부가 보이지 않았다. 나는 물건에 가격표를 부치고 계시는 아주머니께 두부가 있는 곳을 여쭤보았다. 아주머니께서 알려 주신 곳으로 가니 두부가 있었다. 분명 조금 전에 지나쳤던 곳인데 두부가 거기에 있었다니! 앞으로 주변을 자세히 살펴야겠다고 생각했다.
　계산을 맞히고 장바구니에 두부를 조심스레 넣었다. 나는 아주머니께 감사하다는 인사를 드리고 집으로 돌아왔다.

12 글 ㉮에서 잘못 쓴 낱말을 두 가지 찾아 바르게 고쳐 쓰시오.

(1) ☐☐☐ → ☐☐☐
(2) ☐☐☐ → ☐☐☐

● 문장을 자연스럽게 읽는 방법을 알맞게 말한 친구 찾기

띄어 읽는 방법에 따라 강조하고 싶은 내용이 달라져.

현진

띄어 읽기는 최대한 빠르게 읽으려고 필요한 거야.

서우

문장이 길더라도 특별히 더 쉬어 읽을 필요는 없어.

찬우

문장이 길면 중요한 부분마다 나누어 읽는 것이 좋아.

하민

띄어 읽는 방법은 규칙이 있어서 누구나 읽는 방법이 똑같아.

유경

띄어 읽는 방법은 읽는 사람마다 다를 수 있어.

윤호

13 문장을 자연스럽게 읽는 방법을 알맞게 말한 친구를 모두 찾아 이름을 쓰시오.

(   )

14 ∨와 ∨∨를 이용해 띄어 읽을 부분을 표시하고, 자연스럽게 읽으시오. 예

> 내가 잘못한 일을 사과하는 것은 용기 있는 일이다. 미안하다고 말하는 것은 쉬우면서도 어렵기 때문이다. 나는 용기 있는 사람이 될 것이다. 내가 잘못한 일을 용기 있게 사과할 줄 아는 사람이 될 것이다.

15 글을 자연스럽게 읽었는지 확인하기 위한 질문으로 알맞지 <u>않은</u> 것을 찾아 ×표를 하시오.

(1) 문장의 뜻이 잘 드러나게 읽었나요?	
(2) 친구와 같은 부분에서 쉬어 읽었나요?	
(3) 강조하고 싶은 부분을 생각하며 읽었나요?	
(4) 문장의 길이에 따라 알맞게 쉬어 읽었나요?	

세상에서 가장 힘이 센 말

이현정

고마워
나눠 주는 게 기뻐요. 돕는 게 즐거워요.
아깝다는 생각, 힘들다는 생각이 달아나요.
좀 더 나눠 줄까요? 더 도울 일은 없나요?

괜찮아
실수해도, 틀려도, 못해도,
괜찮아! 괜찮아! 괜찮아!
걱정할 것 없어요!
다음에 잘할 거예요.

안녕
한번 바라보게 돼요.
생긋 웃게 돼요.
자꾸 생각나요.

☐ ㉠

무거운 흙더미를 뚫고 어린싹이 쏙쏙 올라와요.
보세요! 해냈죠!

16 나눠 주는 것을 기쁘게 하고 돕는 것을 즐겁게 하는 말은 무엇입니까? (   )

① 미안해
② 하지마
③ 고마워
④ 이해해
⑤ 즐거워

17 실수하고 틀리고 못했을 때 해 줄 수 있는 말은 무엇입니까?
(   )

① 잘했어
② 도와줘
③ 고마워
④ 즐거워
⑤ 괜찮아

18 이 이야기에서 "안녕" 하고 인 사할 때의 좋은 점으로 말하지 <u>않은</u> 것을 찾아 번호를 쓰시오.

① 자꾸 생각난다.
② 생긋 웃게 된다.
③ 걱정이 없어진다.
④ 한번 바라보게 된다.

(   )

19 흙더미를 뚫고 올라오는 어린 싹에게 해 줄 수 있는 말로, ㉠에 들어갈 알맞은 말을 쓰시오.

(   )

실천

📖 교과서 문제

1 인물의 마음을 짐작하는 방법을 알맞게 말한 친구의 이름을 <u>모두</u> 쓰시오.

> 선우: 인물의 말이나 행동을 살펴봐야 해.
> 진호: 인물에게 있었던 일을 정리해야 해.
> 미소: 자신의 경험과 관련지어 생각하면 안 돼.

(   )

핵심

2 글을 자연스럽게 띄어 읽는 방법으로 알맞지 <u>않은</u> 것은 무엇입니까? (   )

① 내용을 생각하며 띄어 읽는다.
② 문장이 길면 중요한 부분마다 나누어 읽는다.
③ 문장과 문장 사이에서는 조금 더 쉬어 읽는다.
④ 띄어 읽는 규칙을 반드시 지켜서 띄어 읽는다.
⑤ 강조하고 싶은 내용을 생각하며 띄어 읽는다.

📖 교과서 문제

3 글에서 띄어 읽을 부분을 ∨와 ∨∨로 표시하고 자연스럽게 읽어 보시오. 예

> 학교를 마치고 집에 가려고 운동화를 신고 있는데 갑자기 비가 내리기 시작했다.
> '아, 어쩌지? 오늘 우산 안 가져왔는데…….'
> 나는 어쩔 줄 몰라서 비가 내리는 하늘만 바라보고 있었다. 그때 뒤에서 승훈이 목소리가 들렸다.
> "우산 없구나? 나랑 우산 같이 쓰고 가자."
> 휴, 정말 다행이었다. 오늘 승훈이와 더 가까워진 기분이다.

📖 교과서 문제

4 그림에 어울리는 낱말을 찾아 선으로 이으시오.

(1)
잘 먹었습니다.

     • ① 맞혔다
     • ② 마쳤다

(2)

     • ① 다쳤다
     • ② 닫혔다

(3)

     • ① 걸음
     • ② 거름

서술형 **역량**

5 상대의 마음을 생각하며 보기 와 같이 말풍선에 들어갈 맞장구치는 말을 쓰시오.

보기

내일 가족이랑 놀이공원에 가기로 했어.
정말 재미있겠다.

나는 축구를 좋아해.

1~3

행복 요정이 오솔길을 가는데 시끌벅적한 소리가 들렸어요.

너구리: "오소리야! 이게 얼마 만이야! 반갑다, 반가워!"

오소리: "너구리야! 반갑다, 정말 반가워!"

1 오솔길에서 시끌벅적한 소리가 들린 까닭은 무엇입니까? ( )

① 오소리와 너구리가 싸우고 있어서
② 오솔길을 지나가는 동물들이 많아서
③ 오솔길에서 동물들이 잔치를 벌여서
④ 오소리와 너구리가 인사를 하고 있어서
⑤ 오소리와 너구리가 행복 요정을 불러서

2 행복 요정이 오소리와 너구리에게 해 줄 말로 가장 적절한 것은 무엇입니까? ( )

① 오랜만에 만나서 반가워!
② 나도 친구가 있으면 좋겠어.
③ 정말 반가운 기분이 드는 게 맞니?
④ 시끄러우니까 다른 데 가서 얘기할래?
⑤ 서로 반가워하는 모습을 보니까 내 기분도 좋아졌어!

서술형

3 이 글을 더 자연스럽게 읽은 것을 찾아 기호를 쓰고, 왜 그렇게 생각하는지 쓰시오.

㉠ 행복 요정이∨오솔길을 가는데∨시끌벅적한 소리가∨들렸어요.
㉡ 행복∨요정이∨오솔길을∨가는데∨시끌벅적한∨소리가∨들렸어요.

_____

_____

4~5

㉮ 힘차게 연습을 시작했지만 자꾸만 자전거가 쓰러지려고 했다. 그럴 때마다 아빠가 자전거 뒤를 잡아 주시며 다시 해 보자고 격려해 주셨다. ㉠나는 너무 힘들었다. 그래도 자전거 타는 방법을 빨리 배우고 싶은 마음에 계속 열심히 연습했다.

㉯ 한참을 집중하며 타다 보니 저 멀리서 아빠가 달려오는 모습이 보였다.

㉡"우아, 제가 지금 혼자 타고 있는 거예요?" / "그럼, 아까부터 그랬단다."

아빠가 웃으며 말씀하셨다.

4 '나'가 한 일을 골라 ○표를 하시오.

(1) 아빠와 자전거 시합을 하였다. ( )
(2) 아빠와 자전거 타는 연습을 하였다. ( )

중요

5 ㉠과 ㉡에 드러난 '나'의 마음을 선으로 이으시오.

(1) ㉠ •   • ① 신기하고 기쁜 마음

(2) ㉡ •   • ② 포기하지 않고 노력하는 마음

6 인물의 마음을 짐작하며 글을 읽으면 좋은 점을 두 가지 고르시오. (,)

① 글을 더 빨리 읽을 수 있다.
② 인물에게 일어날 일을 알 수 있다.
③ 글의 내용을 더 잘 이해할 수 있다.
④ 인물의 마음을 생생하게 느낄 수 있다.
⑤ 글을 다 읽지 않아도 모든 내용을 알 수 있다.

7~10

> ㉠'야호! 할머니 댁에서만 볼 수 있었던 콩
> 이를 우리 집에서 돌보게 된다니!'
>
> 나는 가슴이 두근거렸어요.
>
> "주영아, 할머니께서 돌아오실 때까지 우리
> 가 잘 돌봐 주자."
>
> 엄마 말씀에 나는 설레는 마음으로 고개를
> 끄덕였어요. 그런데 한편으로는 콩이가 나를
> 잘 따라 줄지 걱정도 되었어요.
>
> 며칠 뒤, 콩이가 우리 집에 왔어요. 콩이는
> 조금 **낯설어하는 눈치**였어요.
>
> 나는 콩이와 친해질 수 있는 방법을 고민했
> 어요. 가장 먼저 콩이가 좋아한다는 간식을 주
> 기로 했어요.

7 콩이를 돌보기 전 주영이가 걱정한 것은 무엇
입니까? ( )

① 콩이가 아프지는 않을까?
② 콩이가 간식을 좋아할까?
③ 콩이와 무엇을 하고 놀까?
④ 콩이가 나를 잘 따라 줄까?
⑤ 콩이를 데리고 있어도 될까?

8 주영이가 콩이와 친해지기 위해서 콩이에게
준 것은 무엇인지 **두 글자**로 쓰시오.

( )

9 다음 낱말의 뜻을 찾아 선으로 이으시오.

(1) 낯설어
하는
• • ① 속으로 생각하
는 것이 겉으로 드
러나는 어떤 태도.

(2) 눈치
• • ② 전에 본 기억이
없어 익숙하지 않
은.

중요

10 ㉠에 드러난 주영이의 마음으로 알맞은 것은
무엇입니까? ( )

① 미운 마음
② 기쁜 마음
③ 고마운 마음
④ 걱정되는 마음
⑤ 안심하는 마음

국어 활동

11 다음 밑줄 친 문장에서 짐작할 수 있는 우진
이의 마음을 쓰시오.

> "우진아, 오늘 이렇게 아빠랑 나오니까 어
> 때?"
> "정말 즐거워요. 다음에 또 오고 싶어요!"

( )

중요

12 빈칸에 들어갈 알맞은 낱말을 찾아 기호를 쓰
시오.

(1) 학교를 ( ) 집에 가는
길에 넘어진 나를 네가 도와
주었잖아.

㉠ 마치고
㉡ 맞히고

(2) 그래서 자꾸만 ( )이
빨라졌지 뭐니?

㉠ 거름
㉡ 걸음

(3) ( ) 무릎이 아파서 눈
물이 핑 돌았지.

㉠ 닫힌
㉡ 다친

실력 UP

13 밑줄 친 낱말이 잘못 사용된 문장은 무엇입니
까? ( )

① 학용품이 <u>반듯이</u> 놓여 있다.
② 컵을 쟁반에 <u>받쳐서</u> 들고 갔다.
③ 차가 많아서 버스 속도가 <u>느리다</u>.
④ 할머니께서 김치전을 <u>붙여</u> 주셨다.
⑤ 넓은 들판에 양떼가 풀을 <u>뜯고</u> 있다.

중요

14 다음 그림과 관련 있는 낱말에 ○표를 하시오.

반듯이   반드시
(   )   (   )

15~18

> "얘들아, 이리 와. 삶은 밤 줄게."
> 골목길 여기저기서 애들이 모여들었어요.
> 아기 너구리 코야랑 후야랑 차야랑 찌야, 뽀야 모두 다섯이었어요.
> 애들이 다투어 손바닥을 내밀자 또야는 밤 하나씩 나눠 줬어요.
> 코야 한 개, 후야 한 개, 차야 한 개, 찌야 한 개, 뽀야 한 개.
> 에계계, 그러고 나니 밤 다섯 개 다 줘 버렸어요.
> ㉠또야 것이 안 남았네요.
> 애들은 삶은 밤을 까먹기 시작했어요.
> 또야는 애들이 맛있게 먹는 걸 바라보다가 그만,
> "으앙!"
> 하고 울어 버렸어요.

15 또야가 친구들에게 나눠 준 것은 무엇인지 쓰시오.

(   )

실력 UP

16 ㉠의 상황에서 또야의 마음을 바르게 짐작한 것을 두 가지 고르시오. (,   )

① 밤을 다 나눠 줘서 홀가분한 마음
② 밤을 또 받을 생각에 설레는 마음
③ 자기 것이 없어서 당황스러운 마음
④ 밤이 부족하지 않아 안심하는 마음
⑤ 밤이 하나도 안 남아서 속상한 마음

17 또야가 운 까닭은 무엇입니까? (   )

① 밤을 더 먹고 싶어서
② 밤을 까먹기 귀찮아서
③ 자기 몫의 밤이 없어서
④ 친구들이 너무 맛있게 먹어서
⑤ 친구들이 고맙다는 말을 하지 않아서

서술형

18 인물의 마음을 생각하며 또야나 또야 친구들에게 하고 싶은 말을 떠올려 쓰시오.

_____

_____

국어 활동

19 다음 문장에 들어갈 알맞은 낱말을 골라 ○표를 하시오.

(1) 나는 학교를 마치고 집으로 (갔다 , 같다).
(2) 뜨거운 음식은 (식혀서 , 시켜서) 조심히 먹어야 한다.
(3) 나는 물건에 가격표를 (붙이고 , 부치고) 계시는 아주머니께 두부가 있는 곳을 여쭤보았다.

20 그림에 어울리는 낱말을 **보기** 에서 찾아 쓰시오.

보기

다쳤다   닫혔다   맞혔다   마쳤다

(1) 잘 먹었습니다.

(2)

(   )   (   )

따라 쓰기

● 글씨를 바르게 써 보시오.

삶	은
삶	은
삶	은

마	지	막
마	지	막
마	지	막

다	섯
다	섯
다	섯

또	야	네
또	야	네

엄	마	는
엄	마	는

웃	음	이
웃	음	이

나	왔	어	요	.
나	왔	어	요	.

6

자신의 생각을 표현해요

무엇을 배울까요?

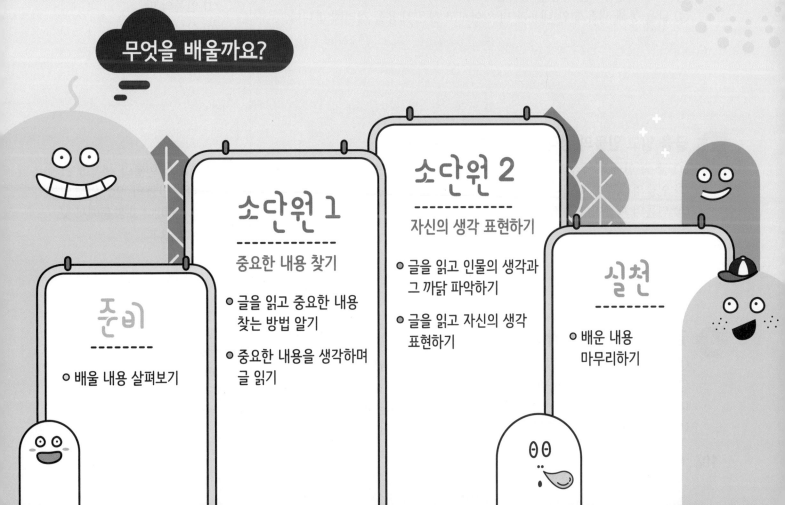

준비

○ 배울 내용 살펴보기

소단원 1

중요한 내용 찾기

● 글을 읽고 중요한 내용 찾는 방법 알기

● 중요한 내용을 생각하며 글 읽기

소단원 2

자신의 생각 표현하기

● 글을 읽고 인물의 생각과 그 까닭 파악하기

● 글을 읽고 자신의 생각 표현하기

실천

● 배운 내용 마무리하기

1 글에서 중요한 내용 찾는 방법

① 글을 읽기 전에 먼저 글의 제목을 보고 어떤 내용이 있을지 짐작해 봅니다.

② 글쓴이가 글에서 알려 주고 싶은 것이 무엇인지 생각하며 글을 읽습니다.

③ 글의 내용을 몇 가지로 설명하고 있는지 정리해 봅니다.

④ 글에서 자주 나오는 낱말이나 어려운 낱말의 뜻을 찾아보며 내용을 정리해 봅니다.

예 「줄넘기의 좋은 점」의 중요한 내용 정리하기

글의 제목	줄넘기의 좋은 점
글에서 설명한 줄넘기의 좋은 점	• 몸이 튼튼해집니다. • 친구들과 재미있게 할 수 있습니다. • 언제 어디서나 손쉽게 할 수 있습니다.

1 글에서 중요한 내용을 찾을 때에는 먼저 글의 □□을/를 보고 내용을 짐작합니다.

2 중요한 내용을 생각하며 글을 읽을 때에는 새롭게 안 사실은 정리하지 않습니다.
(○ , ×)

2 중요한 내용을 생각하며 글 읽기

① 제목을 보고 글의 내용을 짐작합니다.

② 글쓴이가 알려 주려는 내용을 생각합니다.

③ 글에서 설명하는 내용을 정리합니다.

④ 글을 통해 새롭게 안 내용과 더 알아보고 싶은 내용을 정리해 봅니다.

3 글 속 인물의 생각과 그 까닭은 주로 어디에서 찾을 수 있는지 알맞은 것에 ○표를 하시오.
(1) 인물의 말 ( )
(2) 인물의 생김새 ( )
(3) 인물이 사는 곳 ( )

3 글을 읽고 인물의 생각과 그 까닭을 찾는 방법

① 글 속 인물의 생각과 그 까닭은 주로 인물의 말에서 찾을 수 있습니다.

② 인물의 생각을 나타내는 부분에서 찾을 수 있습니다.

③ 인물의 행동이나 표정 등에서도 찾을 수 있습니다.

4 글 속에서 인물의 생각과 그 까닭은 인물의 말, 인물의 □□(이)나 표정 등에서 찾을 수 있습니다.

4 글을 읽고 자신의 생각 표현하기

① 글 속에 등장하는 인물들의 말에 집중하며 글을 읽습니다.

② 인물의 말 속에서 인물의 생각과 그 까닭을 찾습니다.

③ 글의 내용에 대한 자신의 생각을 여러 가지 방법으로 표현해 봅니다.

④ 자신의 생각을 말할 때에는 그 까닭도 함께 말합니다.

5 글을 읽고 내 생각을 표현할 때에는 그렇게 생각하는 □□도 함께 말합니다.

준비

● 장면을 보며 광고의 내용 생각해 보기

① ─ 조용한 배려

고마운 배려 ─ ②

─ 깨끗한 배려 ③

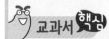

함께 **배려**하면
함께 **행복**해집니다.

④

• **장면 설명:** 「공공장소에서의 예절」에 나오는 장면으로 다른 사람을 배려하는 모습을 통해 배려하는 생활을 실천하자고 말하는 광고입니다.

6단원

🐛 교과서 **핵심**

● **이 광고에서 알려 주려고 하는 것**
• 다른 사람을 배려합시다.
• 배려하면 모두가 행복해질 수 있습니다.

📖 교과서 문제

1 영상을 보았을 때, 이 광고에서 반복하는 낱말은 무엇입니까?　　　　　（　　）

① 배려　　　　② 행복
③ 조용한　　　④ 고마운
⑤ 깨끗한

역량

2 장면 ③에서 다른 사람이 버린 종이컵과 페트병을 보고 어떻게 했습니까?　　（　　）

① 그냥 지나쳤다.
② 버린 사람에게 화를 냈다.
③ 자기도 옆에 쓰레기를 버렸다.
④ 버린 사람을 찾아서 데려왔다.
⑤ 종이컵과 페트병을 주워 쓰레기통에 넣었다.

핵심

3 이 광고에서 알려 주려고 하는 것은 무엇인지 알맞은 것에 ○표를 하시오.

(1) 다른 사람을 배려하면 모두 행복해진다.　　　　　　　　　　（　　）
(2) 환경을 위해 재활용 쓰레기는 분리배출하자.　　　　　　　　　（　　）
(3) 휴대 전화를 너무 많이 사용하는 것은 좋지 않다.　　　　　　　（　　）

서술형

4 이 광고와 관련해 우리가 생활 속에서 배려할 수 있는 일은 무엇이 있을지 생각하여 쓰시오.

_____

_____

소단원 1

줄넘기의 좋은 점

❶ 여러분은 줄넘기를 해 본 적이 있나요? 줄넘기는 양손으로 줄의 끝을 잡고 크게 돌리면서 뛰어넘는 운동입니다. 줄넘기를 하면 좋은 점이 많습니다. 줄넘기의 좋은 점을 알아봅시다.

(중심 내용) 줄넘기는 좋은 점이 많다.

❷ 먼저 줄넘기를 하면 몸이 튼튼해집니다. 줄넘기는 몸 전체를 움직여서
5 하는 운동이기 때문입니다. 줄넘기를 하면 ♥심장, 뼈 따위가 튼튼해지고 몸에 ♥근육이 더 많아집니다.

(중심 내용) 줄넘기를 하면 몸이 튼튼해진다.

• 글의 종류: 설명하는 글
• 글의 특징: 줄넘기의 좋은 점이 무엇인지 세 가지로 나누어 설명하고 있는 글입니다.

♥심장 피를 몸 전체로 보내는 중심적인 근육 기관.
♥근육 동물의 운동을 맡은 기관으로, 힘줄과 살을 통틀어 이르는 말.
㉰ 달리기를 열심히 했더니 다리에 근육이 생겼다.

교과서 핵심

◦ 글을 읽고 중요한 내용 찾는 방법 ①
• 글의 제목을 보고 글의 내용을 짐작해 봅니다.
㉰ 글의 제목이 「줄넘기의 좋은 점」이니 줄넘기가 어떤 점에서 좋은지 설명할 거야.
• 글에서 많이 나오는 낱말이 무엇인지 찾아봅니다.

---

1 이 글은 무엇을 알려 주려는 글인지 빈칸에 알맞은 말을 쓰시오.

• (   )의 좋은 점

📖 교과서 문제

2 줄넘기는 어떤 운동인지 알맞은 것을 두 가지 고르시오. (,   )

① 무거운 물건을 드는 운동이다.
② 멀리까지 달려야 하는 운동이다.
③ 친구와 함께 할 수 없는 운동이다.
④ 몸 전체를 움직여서 하는 운동이다.
⑤ 양손으로 줄의 끝을 잡고 크게 돌리면서 뛰어넘는 운동이다.

핵심

3 이 글에서 알 수 있는, 줄넘기를 하면 좋은 점은 무엇입니까? (   )

① 몸이 튼튼해진다.
② 글씨를 잘 쓰게 된다.
③ 고운 말을 쓰게 된다.
④ 다른 사람을 배려하게 된다.
⑤ 친구와 친하게 지낼 수 있다.

핵심

4 이 글에서 중요한 내용을 찾기 위한 질문으로 알맞지 않은 것은 무엇입니까? (   )

① 이 글의 제목은 뭐지?
② 줄넘기의 나쁜 점은 없나?
③ 글에서 많이 나오는 낱말이 있을까?
④ 이 글에서 알려 주고 싶은 것은 뭘까?
⑤ 줄넘기의 좋은 점을 몇 가지로 설명하고 있지?

❸ 다음으로 줄넘기는 친구들과 재미있게 할 수 있습니다. 줄넘기는 ♥동작을 바꿔 가며 뛸 수 있고 여러 명이 함께 모여 뛸 수도 있어서 지루하지 않게 운동할 수 있습니다.

중심 내용 줄넘기는 친구들과 재미있게 할 수 있다.

❹ 마지막으로 줄넘기는 언제 어디서나 손쉽게 할 수 있습니다. 줄넘기는
5 간단한 도구인 줄과 줄넘기를 할 수 있는 작은 공간만 있으면 언제든지 할 수 있기 때문입니다.

중심 내용 줄넘기는 언제 어디서나 손쉽게 할 수 있다.

6
단원

♥동작 몸이나 손발 따위를 움직임. 또는 그런 모양.
☞ 잽싼 동작으로 떨어지는 물건을 받았다.

교과서 핵심

● **글을 읽고 중요한 내용 찾는 방법 ②**
• 글쓴이가 이 글에서 알려 주고 싶은 것이 무엇인지 찾습니다.
• 내용을 몇 가지로 설명하고 있는지 정리합니다.

줄넘기의 좋은 점 ☞
• 몸이 튼튼해집니다. • 친구들과 재미있게 할 수 있습니다. • 언제 어디서나 손쉽게 할 수 있습니다.

📖 교과서 문제

5 줄넘기를 지루하지 않게 할 수 있는 까닭으로 알맞은 것에 ○표를 하시오.

(1) 동작을 바꿔 가며 뛸 수 있기 때문에 ( )

(2) 팔과 다리를 동시에 움직여야 하기 때문에 ( )

(3) 여러 명이 모였을 때만 할 수 있기 때문에 ( )

📖 교과서 문제

6 줄넘기를 할 때 필요한 것을 두 가지 고르시오. (,)

① 간단한 도구인 줄
② 심판을 보아 줄 친구
③ 줄을 넣을 수 있는 가방
④ 줄넘기를 할 수 있는 작은 공간
⑤ 줄을 예쁘게 꾸밀 수 있는 도구

핵심

7 이 글에서 알 수 있는, 줄넘기의 좋은 점을 두 가지 고르시오. (,)

① 다리가 길어질 수 있다.
② 달리기를 빠르게 할 수 있다.
③ 절대 넘어지지 않을 수 있다.
④ 언제 어디서나 손쉽게 할 수 있다.
⑤ 친구들과 지루하지 않게 운동할 수 있다.

서술형

8 이 글을 읽고 새롭게 안 내용을 쓰시오.

_____

_____

소단원 1

 통합

◦◦○○──────────◇ 중요한 내용을 생각하며 글 읽기

● 나무뿌리를 본 경험을 떠올리며 친구들과 이야기해 보기

땅 위로 드러난 나무뿌리를 보았을 때 뿌리 위에 흙을 덮어 주고 싶었어.

나무뿌리는 풀뿌리보다 두껍고 튼튼해 보여.

• 그림 설명: 나무뿌리를 본 경험을 떠올려 그때의 생각이나 느낌을 친구들과 이야기하고 있습니다.

 교과서 핵심

◦ 글을 읽기 전에 먼저 할 일

• 글을 읽기 전에 제목을 보고 글의 내용이 어떨지 생각해 볼 수 있습니다.
• 글과 관련된 자신의 경험, 자신이 이미 알고 있는 지식을 떠올려 볼 수 있습니다.
• 텔레비전이나 책에서 본 내용을 떠올릴 수도 있고, 직접 경험에서 얻은 지식을 떠올릴 수도 있습니다.

---

1 그림 속 친구는 텔레비전에서 무엇을 보고 있는지 빈칸에 알맞은 말을 쓰시오.

• (   )가 나오는 방송을 보고 있다.

역량

2 나무뿌리를 보며 들었던 생각이나 느낌을 알맞지 <u>않게</u> 말한 사람은 누구입니까? (   )

📖 교과서 문제

① 세음: 나무뿌리는 풀뿌리보다 두껍고 튼튼해 보여.
② 석호: 나쁜 일은 시작부터 뿌리 뽑는 것이 좋다는 말을 들었어.
③ 아인: 시골 할아버지 밭에 나무뿌리가 있었는데 너무 커서 뽑기가 힘들었대.
④ 보미: 땅 위로 드러난 나무뿌리를 보았을 때 뿌리 위에 흙을 덮어 주고 싶었어.
⑤ 달희: 나무뿌리로 물과 영양분을 빨아들인다는 내용을 책에서 읽은 적이 있어.

3 글을 읽기 전 관련된 경험을 떠올리고 생각이나 느낌을 말했을 때 좋은 점으로 볼 수 <u>없는</u> 것은 무엇입니까? (   )

① 글의 내용을 잘 이해할 수 있다.
② 흥미를 가지고 글을 읽을 수 있다.
③ 글쓴이보다 글을 더 잘 쓸 수 있다.
④ 글에서 중요한 내용을 쉽게 정리할 수 있다.
⑤ 이미 아는 내용과 새롭게 안 내용을 정리할 수 있다.

서술형

4 나무뿌리를 본 자신의 경험을 떠올려 쓰시오.

_____

_____

나무뿌리는 무슨 일을 할까

❶ 여러분은 나무뿌리를 주의 깊게 본 적이 있나요? 나무뿌리는 우리 눈에 잘 보이지 않지만 중요한 역할을 합니다. 나무뿌리가 어떤 일을 하는지 알아볼까요?

（중심 내용） 나무뿌리는 중요한 역할을 한다.

❷ 나무뿌리는 땅속에서 나무가 흔들리지 않게 잡아 줍니다. 몸집이 큰
5 나무가 거센 바람에도 쉽게 넘어지지 않는 것은 땅속에 있는 뿌리가 단단하게 ♥고정해 주기 때문입니다. 비가 많이 와 땅이 파여도 뿌리가 깊고 넓게 퍼져 있기 때문에 나무가 잘 넘어지지 않습니다.

（중심 내용） 나무뿌리는 땅속에서 나무가 흔들리지 않게 잡아 준다.

- 글의 종류: 설명하는 글
- 글의 특징: 나무뿌리가 하는 역할을 세 가지로 나누어 설명하는 글입니다.

6
단원

♥고정 한곳에 꼭 붙어 있게 함.
예 액자를 벽에 고정했다.

🐛 교과서 핵심

○ 이 글의 중요한 내용을 찾는 방법
- 글의 제목을 보고 글의 내용을 짐작해 봅니다.
- 글에서 설명하는 나무뿌리가 하는 일이 모두 몇 가지인지 찾아봅니다.
- 글에서 나무뿌리가 하는 일을 자세히 설명하는 부분을 찾아봅니다.

📖 교과서 문제

5 이 글의 제목을 보고 짐작한 글의 내용으로 알맞은 것은 무엇입니까? (   )

① 나무뿌리의 생김새
② 나무뿌리가 하는 일
③ 나무뿌리를 쉽게 없애는 법
④ 나무의 가지와 잎이 하는 일
⑤ 나무를 많이 심어야 하는 까닭

핵심

6 이 글에서 설명한, 나무뿌리가 하는 일은 무엇입니까? (   )

① 나무가 눈에 잘 띄지 않게 한다.
② 나무 그늘이 잘 생기지 않게 한다.
③ 비가 올 때 나무가 마르지 않게 한다.
④ 나무가 거센 바람에 잘 흔들리게 한다.
⑤ 땅속에서 나무가 흔들리지 않게 잡아 준다.

7 나무가 쉽게 넘어지지 않는 까닭은 무엇인지 빈칸에 알맞은 말을 쓰시오.

- 땅속에 있는 (   )이/가 단단하게 고정해 주기 때문이다.

📖 교과서 문제

8 다음은 이 글에 나온 낱말 가운데 어떤 낱말의 뜻입니까? (   )

> 한곳에 꼭 붙어 있거나 붙어 있게 함.

① 역할
② 몸집
③ 거센
④ 고정
⑤ 퍼져

❸ 나무는 필요한 물과 ♥영양분을 뿌리를 이용해 흙에서 얻습니다. 우리가 물과 음식을 먹으며 자라듯이 나무가 자라는 데에도 물과 영양분이 필요합니다. 뿌리는 마치 빨대처럼 흙에서 물과 영양분을 빨아들여서 줄기를 거쳐 잎까지 전달합니다.

(중심 내용) 나무는 뿌리를 통해 필요한 물과 영양분을 흙에서 얻는다.

5 ❹ 나무뿌리는 잎에서 만들어진 영양분을 모아 두기도 합니다. 나무뿌리는 나무에 필요한 영양분을 ♥저장하기 때문에 굵고 통통한 모양으로 자라게 됩니다.

(중심 내용) 나무뿌리는 잎에서 만들어진 영양분을 모아 두기도 한다.

♥영양분 살아 있는 동물이나 식물이 성장하는 데 필요한 것.

♥저장 물건 따위를 잘 모아서 간직함.
⑩ 헛간에 곡식을 저장해 두었다.

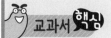 교과서 핵심

● 나무뿌리가 하는 일 정리하기

나무뿌리가 하는 일 ⑩
• 나무뿌리는 땅속에서 나무가 흔들리지 않게 잡아 줍니다.
• 나무는 필요한 물과 영양분을 뿌리를 이용해 흙에서 얻습니다.
• 나무뿌리는 잎에서 만들어진 영양분을 모아 두기도 합니다.

📖 교과서 문제

9 나무가 뿌리를 통해 흙에서 얻는 것은 무엇인지 두 가지 쓰시오.

( )

10 이 글의 내용으로 알맞은 것에 ○표를 하시오.

(1) 나무뿌리가 저장하는 영양분은 나무의 줄기에서 만들어진다. ( )

(2) 나무뿌리가 굵고 통통한 모양으로 자라는 까닭은 나무에 필요한 영양분을 저장하기 때문이다. ( )

📖 교과서 문제

11 다음 낱말의 뜻에 맞게 선으로 이으시오.

(1) 영양분 • • ① 살아 있는 동물이나 식물이 성장하는 데 필요한 것.

(2) 저장 • • ② 물건 따위를 잘 모아서 간직함.

서술형

12 이 글의 중요한 내용을 정리할 때, 빈칸에 들어갈 알맞은 내용을 쓰시오.

나무뿌리가 하는 일		
나무뿌리는 땅속에서 나무가 흔들리지 않게 잡아 줍니다.		나무뿌리는 잎에서 만들어진 영양분을 모아 두기도 합니다.

수연이네 가족회의

❶ 수연이네 가족은 이번 여름 방학에 가족 여행을 가려고 합니다. 그래서 가족이 함께 모여 여름 방학에 여행 갈 곳을 정하기로 했습니다. 가족은 각자 자신이 가고 싶은 곳에 대해 말했습니다.

(중심 내용) 수연이네 가족은 여름 방학에 여행 갈 곳을 정하기로 했다.

5 ❷ 아빠 얘들아, 아빠는 시골에 있는 친척 집에 가면 좋겠어. 오랜만에 친척들을 만나면 반가울 거야. 너희도 가면 좋아할 거야.

엄마 그것도 좋은 생각이네요. 그런데 산으로 가는 건 어때요? 산에서 부는 시원한 바람을 10 맞으면 더위를 잊을 수 있을 것 같아요. 얘들아, 너희도 산에 가면 귀여운 다람쥐와 예쁜 꽃도 많이 볼 수 있단다. 산으로 가는 건 어떠니?

수연 네, 엄마 생각처럼 산에 가도 재밌겠네요. 그런데 저는 산도 좋지만 바다에 가고 싶어 15 요. 바다에서는 수영도 할 수 있고 모래놀이도 할 수 있어요. 지난해 여름 방학에는 산으로 갔으니 이번에는 바다로 가고 싶어요.

수진 저는 산이나 바다도 좋지만 이번에는 꼭 ㉠놀이공원에 가고 싶어요. 지난번에 갔을 때에는 사람이 너무 많아서 놀이 기구를 많이 못 탔거든요. 얼마나 아쉬웠는지 몰라요. 이번에는 꼭 지난번에 못 탄 놀이 기구를 모두 타고 싶어요. 5

(중심 내용) 아빠는 시골 친척 집, 엄마는 산, 수연이는 바다, 수진이는 놀이공원에 가고 싶다고 했다.

❸ 아빠 이번 가족 여행에 대한 생각이 각자 다 르구나. 서로의 생각을 알았으니 각자 조금만 더 고민을 해 보고 다음에 더 이야기하는 건 어때?

수연이네 가족은 여행을 어디로 가야 할지 고민 10 했습니다.

(중심 내용) 가족이 서로 생각이 달라 조금 더 고민해 보기로 했다.

• 글의 특징: 여름 방학에 여행 갈 곳을 정하기 위해 수연이네 가족이 서로의 생각을 그 까닭과 함께 말하고 있습니다.

🐌 교과서 핵심

○ 인물의 생각과 그 까닭을 찾는 방법
• 주로 인물의 말에서 찾을 수 있습니다.
• 인물의 행동이나 표정 등에서도 찾을 수 있습니다.

(서술형)

1 수연이네 가족이 회의한 까닭은 무엇입니까?

_____

_____

📖 교과서 문제

2 수연이네 가족이 가고 싶은 곳은 어디인지 선으로 이으시오.

(1) 아빠 •   • ① 산

(2) 엄마 •   • ② 바다

(3) 수연 •   • ③ 놀이공원

(4) 수진 •   • ④ 시골 친척 집

(핵심)   📖 교과서 문제

3 엄마가 가고 싶은 곳에 대한 까닭으로 이야기한 것을 두 가지 고르시오. (,   )

① 작년 여름 방학에 갔던 곳이어서
② 수영과 모래놀이를 할 수 있어서
③ 공기 좋은 곳에서 푹 쉴 수 있어서
④ 귀여운 다람쥐와 예쁜 꽃을 볼 수 있어서
⑤ 시원한 바람을 맞으면 더위를 잊을 수 있어서

4 수진이가 ㉠과 같이 이야기한 까닭이 무엇인지 빈칸에 알맞은 말을 쓰시오.

• (   )을/를 많이 타고 싶어서

누구를 보낼까요

이형래

★ 초 대 장 ★

우리 별이 생겨난 날을 ♥기념하
는 자리에 지구의 친구를 ♥초대합니
다. 지구를 대표할 수 있는 동물이 누구
인지 알려 주시고 아래 날짜에 별나라
5 로 보내 주세요.

때: ○○○○년 ○월 ○○일

곳: 별나라 꽃동산

❶ 이 초대장을 보고 많은 동물이 몰려들었습니
다. 서로 자기가 지구를 대표해 별나라에 가야 한
10 다고 한마디씩 했습니다.

먼저, 동물 마을에서 나이가 가장 많은 거북 할
아버지께서 말씀하셨습니다.

"나는 아주 오래전부터 지구에서 살았습니다.
그래서 지구에 대해 누구보다 잘 알고 있지요.
여러분이 태어나기 훨씬 전에 일어났던 일들도 5
나는 많이 알고 있습니다. 그러니까 내가 별나라
에 가야 합니다."

거북 할아버지의 말을 듣고 있던 동물들은 모두
고개를 끄덕였습니다.

중심 내용 거북 할아버지는 지구에 대해 누구보다 잘 알고 있는 자신이 별
나라에 가야 한다고 했다.

• 글의 종류: 이야기
• 글의 특징: 지구를 대표해 별나라에 갈 동물을 뽑는 자리에서 거북
 할아버지, 아기 곰, 원숭이가 자신이 가겠다는 의견을 그 까닭과
 함께 말하는 글입니다.

♥기념 어떤 뜻깊은 일이나 훌륭한 인물 등을 오래도록 잊지 아니
 하고 마음에 간직함.
♥초대 어떤 모임에 참가해 줄 것을 청함.
 예 친구의 생일잔치에 초대를 받았다.

🦉 교과서 핵심

◦동물들이 말한 별나라에 가야 하는 까닭 ①

거북 할아버지	지구에 대해 누구보다 잘 알고 있습니다.

🞟 교과서 문제

1 어디에서 초대장이 왔는지 쓰시오.

( )

2 초대장을 보낸 까닭은 무엇입니까? ( )

① 아기 곰의 생일잔치에 초대하려고
② 지구에 초대해 달라고 부탁하려고
③ 지구가 생겨난 날을 함께 기념하려고
④ 동물들이 태어나기 전에 지구에서 있었
 던 일을 알리려고
⑤ 별이 생겨난 날을 기념하는 자리에 지
 구의 친구를 초대하려고

3 별나라에서는 어떤 동물을 보내 달라고 하였
는지 ○표를 하시오.

(1) 지구에서 가장 큰 동물 ( )
(2) 지구를 대표할 수 있는 동물 ( )
(3) 지구에서 가장 수가 많은 동물 ( )

핵심

🞟 교과서 문제

4 거북 할아버지가 자신이 별나라에 가야 한다
고 말한 까닭은 무엇입니까? ( )

① 별나라에 가 본 적이 있다.
② 먼 곳까지 빨리 다녀올 수 있다.
③ 지구에서 가장 똑똑한 동물이다.
④ 별나라의 친구들과 친한 사이이다.
⑤ 지구에 대해 누구보다 잘 알고 있다.

❷ 거북 할아버지 옆에서 듣고 있던 아기 곰도 자리에서 일어나 말했습니다.

"저는 나이는 어리지만 지구를 무척 사랑해요. 만약 제가 별나라에 가게 된다면 지구가 얼마나
5 아름답고 살기 좋은 곳인지 알려 주겠어요. 지구를 사랑하는 마음보다 더 중요한 것이 있을까요?"

그 자리에 모인 동물들은 아기 곰의 말을 듣고 모두 고개를 끄덕였습니다.

중심 내용 아기 곰은 지구를 무척 사랑하는 자신이 별나라에 가야 한다고 했다.

❸ 원숭이도 일어나서 말했습니다.

"별나라에서는 신기한 일이 많이 일어날 것입니다. 저는 별나라에서 보고 들은 일을 여러분께 생생하게 전할 수 있어요. 별나라가 어떤 곳인지 궁금해하는 친구가 많잖아요? 그곳의 모습을 잘 전 5 할 수 있는 제가 지구의 대표가 되어야 합니다."

거북 할아버지, 아기 곰, 원숭이의 말을 듣고 있던 다른 동물들은 생각에 잠겼습니다.

어떤 동물이 지구를 대표해 별나라에 가면 좋을까요?
10

중심 내용 원숭이는 별나라의 모습을 생생하게 전할 수 있는 자신이 별나라에 가야 한다고 했다.

교과서 핵심

● 동물들이 말한 별나라에 가야 하는 까닭 ②

아기 곰	지구를 무척 사랑합니다. / 지구가 얼마나 아름답고 살기 좋은 곳인지 알려 주겠습니다.
원숭이	별나라에서 보고 들은 일을 생생하게 전할 수 있습니다.

📖 교과서 문제

5 아기 곰이 자신이 별나라에 가야 한다고 말한 까닭을 두 가지 고르시오. (　,　)

① 지구를 무척 사랑해서
② 지구에 대해 잘 알아서
③ 동물들 중에서 가장 나이가 많아서
④ 별나라에서 아기 곰에게 오라고 해서
⑤ 지구가 얼마나 아름답고 살기 좋은 곳인지 알려 주고 싶어서

📖 교과서 문제

6 원숭이가 자신이 별나라에 가야 한다고 말한 까닭은 무엇인지 빈칸에 알맞은 말을 쓰시오.

• 별나라에서 (　　　　　)을/를 생생하게 전할 수 있어서

📖 교과서 문제

7 동물들이 다음과 같이 별나라에 보낼 편지를 썼습니다. 편지의 내용으로 볼 때, 빈칸에 알맞은 동물의 이름을 쓰시오.

> 우리는 지구를 대표해 (　　　　)을/를 보내기로 정했습니다. (　　　　　) 은/는 지구를 많이 사랑하기 때문에 여러분께 지구를 잘 알려 드릴 것입니다.

서술형

8 별나라에 누구를 보내면 좋을지 생각해 보고 그 까닭과 함께 쓰시오.

_____

_____

저마다 다른 동물의 생김새

글: 보리, 그림: 윤봉선

동물이 지구에서 살기 시작한 것은 아주 오래 전 일이에요. 동물은 맨 처음 지구에 나타났을 때부터 지금까지 저마다 살아남기 위해서 애써 왔지요. 먹이를 잡으려고 무리를 짓기도 하고, 때로는 더 나은 곳을 찾아서 옮겨 살기도 했어요. 사는 곳이나 사는 방식에 따라서 긴 세월에 걸쳐 차츰차츰 생김새도 바뀌었답니다.

동물은 먹이를 얻고 위험을 피하려면 빨리 달려야 합니다. 그래서 동물의 다리는 더 빨리, 더 멀리 달릴 수 있도록 발달했어요. 말이나 노루는 발뒤꿈치가 사라지고 발굽만 남은 동물이에요. 빨리 달리려고 발끝만 쓰다 보니 가운뎃발가락의 발톱이 단단해져서 발굽
　　　　　　　　　　　　초식 동물의 발끝에 있는 크고 단단한 발톱.
이 된 것이지요.

먹이에 따라서도 생김새가 많이 달라요. 같은 새라도 참새처럼 곡식을 쪼아 먹는 새는 부리가 짧고 뭉툭해요. 딱따구리처럼 나무를 파서 벌레를 먹는 새는 부리가 매우 뾰족하지요. 매나 독수리처럼 고기를 먹고 사는 새는 부리가 고기를 찢기에 알맞게 생겼어요.

▲ 참새
▲ ㉠딱따구리
▲ 매

사는 곳에 따라서도 생김새가 많이 달라요. 같은 곤충이라도 물속에서 사는 물방개는 뒷다리가 헤엄을 치기 좋게 생겼어요. 하지만 땅속에서 사는 땅강아지는 앞다리가 땅을 파기 좋게 생겼지요. 또 같은 물고기라도 물속 바닥에 납작 엎드려 사는 가자미와 멀리 헤엄쳐 다니는 고등어는 생김새가 많이 다르답니다. 저마다 자기가 사는 곳에 맞게 모습을 바꾸었기 때문이지요.

---

1 동물의 다리는 어떻게 발달해 왔습니까? 　　(　　)

① 짧고 뭉툭해지도록
② 발톱이 길어지도록
③ 쪼그려 앉기 쉽도록
④ 무늬가 다양해지도록
⑤ 더 빨리, 더 멀리 달릴 수 있도록

2 ㉠은 부리의 모양이 어떠한지 쓰시오.

(　　　　　　　)

3 이 글의 중요한 내용을 바르게 말한 것에 ○표를 하시오.

(1) 여러 동물의 생김새를 알려 주고 있어. 　(　　)
(2) 이 글을 읽으면 동물을 치료하는 방법을 알 수 있어. 　(　　)
(3) 이 글에서 알 수 있는 '동물의 생김새가 다른 까닭'은 모두 두 가지야.
　　　　　　　　(　　)

4 이 글에서 중요한 내용을 정리한 것입니다. 빈칸에 알맞은 내용을 쓰시오.

저마다 다른 동물의 생김새
• 먹이를 얻고 위험을 피하려고 생김새가 달라졌어요. • 먹이에 따라 생김새가 달라요. •

토끼의 재판

방정환

호랑이: 제발 문고리를 따고 문짝을 좀 열어 주십시오.
문을 걸어 잠그거나 여닫는 손잡이로 쓰기 위하여 문에 다는 고리.
나그네: 뭐요? 열어 주면 뛰쳐나와서 나를 잡아먹을 것이 아니오?

호랑이: 아닙니다. 제가 은혜를 모르고 그런 짓을 할 리가 있겠습니까?

5 나그네: 허허, 알겠소. 설마 거짓말이야 하겠소? 내가 궤짝 문을 열
물건을 넣도록 나무로 네모나게 만든 그릇.
어 주리다. 그 대신 약속을 꼭 지키시오.

나그네가 궤짝 문을 열어 주자 호랑이가 나그네를 잡아먹으려고 한다.

나그네: 이게 무슨 짓이오? 약속을 지키지 않고!

호랑이: 하하하, 궤짝 속에서 한 약속을 궤짝 밖에 나와서도 지키라
10 는 법이 어디 있어?

나그네: 소나무님! 당신도 보셨으니까 사정을 아시지요? 호랑이가
옳습니까, 제가 옳습니까?

소나무: 물론 호랑이가 옳지. 사람들은 은혜를 몰라. 내가 맑은 공기
를 마시게 해 주는데도 마구 꺾지를 않나, 베어 버리지를 않나!
15 호랑이야, 얼른 잡아먹어 버려라.

호랑이: 자, 어때? 내가 옳지?

나그네: 잠깐! 저기 지나가는 토끼에게 물어보세. 토끼님! 재판 좀
해 주세요. 이 궤짝 속에 갇힌 호랑이를 살려 준 나하고, 살려 준
나를 잡아먹으려는 호랑이하고 누가 옳습니까?

20 토끼: 누가 누구를 잡아먹으려고 해요? 아, 당신이 이 호랑이를 잡
아먹으려고 해요?

호랑이: 아이고, 답답해. 그래도 몰라? 잘 봐라. 자, 이렇게 들어가
지 않니? 내가 이렇게 들어가고 문이 잠겨서 갇혀 있었단 말이야.
알았지, 알았어?

25 토끼: 하하, 이제야 알았습니다. 호랑이님이 어떻게 이 궤짝 속에 들
어가서 갇혔는지 잘 알았습니다. 그런데도 당신을 구해 준 나그네
님을 잡아먹으려 했군요. 당신처럼 은혜를 모르는 호랑이는 구해
줄 필요가 없어요! 나그네님, 이제 걱정하지 마세요. 그럼 저는
바빠서 이만 가 보겠습니다.

5 나그네가 호랑이를 구하기 위해 궤짝 문을 열자, 호랑이는 어떻게 하였습니까? (   )

① 멀리 달아났다.
② 궤짝 속에 숨었다.
③ 소나무에게 화를 냈다.
④ 나그네에게 선물을 했다.
⑤ 나그네를 잡아먹으려고 했다.

6 소나무는 호랑이와 나그네 가운데 누가 옳다고 생각하는지 쓰시오.

(   )

7 토끼의 성격은 어떠합니까? (   )

① 지혜롭다.
② 심술궂다.
③ 어리석다.
④ 겁이 많다.
⑤ 은혜를 모른다.

8 이 글을 읽고 등장인물에 대한 자신의 생각을 쓰시오.

_____

_____

1~4

어느 날 형제는 산길을 가다가 풀숲에서 금덩이 두 개를 보았습니다. 아우는 기쁜 마음에 큰 것은 형에게 건네주고 작은 것은 자신이 가졌습니다. 〈중략〉

한참을 가다가 형제는 나루터에서 배를 타게 되었습니다. 배를 타고 강 한가운데쯤 왔을 때, 아우는 갑자기 금덩이를 강물 속으로 휙 던져 버렸습니다. 형은 눈이 휘둥그레졌습니다.

"아우야, 그 귀한 금덩이를 왜 버렸니?"

그러자 아우가 대답했습니다.

"금덩이를 갖고 나서부터 자꾸 형님이 미워지고 더 욕심이 나서 버렸습니다. 저에게는 형님이 더 소중해요."

이 말을 듣고 보니 형님도 부끄러워져서 금덩이를 강물 속에 던져 버렸습니다. 그 뒤로 형제는 이전보다 더 우애가 깊어졌습니다.

1 배를 타고 가던 아우가 갑자기 한 행동은 무엇입니까?   (   )

① 형에게 금덩이를 주었다.
② 사람들에게 금덩이를 팔았다.
③ 형이 가진 금덩이를 빼앗았다.
④ 금덩이를 강물 속으로 던져 버렸다.
⑤ 금덩이를 찾으려고 강물에 들어갔다.

📖 교과서 문제

2 아우가 금덩이보다 더 소중하게 생각하는 것은 무엇인지 쓰시오.

(   )

3 아우의 말을 들은 형님은 어떤 마음이 들었습니까?   (   )

① 욕심이 났다.   ② 부끄러워졌다.
③ 아우가 미웠다.   ④ 아우가 무서웠다.
⑤ 아우의 어리석음에 화가 났다.

서술형
4 이 글을 읽고 든 자신의 생각을 까닭과 함께 쓰시오.

_____

_____

5 다음의 뜻을 가진 토박이말은 무엇입니까?
                                    (   )

까치와 동물들이 먹으라고 따지 않고 몇 개 남겨 두는 감.

① 맨밥   ② 단감
③ 곶감   ④ 까치밥
⑤ 까치집

6 다음의 뜻을 가진 토박이말을 쓰시오.

볼에 팬 우물이라는 뜻으로, '보조개'를 뜻함.

(   )

서술형
7 토박이말의 뜻을 보고, 다음 토박이말을 넣어 문장을 만들어 보시오.

벗: 비슷한 또래로서 서로 친하게 사귀는 사람.

_____

_____

1~3

1 이 광고에서 함께 무엇을 하면 행복해진다고
하였는지 쓰시오.

( )

2 장면 ❶~❸에서 전달하려는 내용으로 알맞
은 것에 ○표를 하시오.
(1) 장면 ❶: 버스에서 통화할 때 조용히 통
화하는 배려를 보여 준다. ( )
(2) 장면 ❷: 유모차와 함께 타는 아이 엄마
보다 승강기에 먼저 타려는 마음을 보여
준다. ( )
(3) 장면 ❸: 올바른 분리배출 방법을 알려
준다. ( )

3 이 광고를 보며 든 생각이나 느낌을 말한 것
으로 알맞지 <u>않은</u> 것의 기호를 쓰시오.

> ㉠ 나도 남을 배려하는 생활을 실천해야지.
> ㉡ 다른 사람들을 배려하는 모습이 보기 좋
> 았어.
> ㉢ 남을 배려하다 보면 자기만 아는 세상이
> 될 거야.

( )

4~6

> 먼저 줄넘기를 하면 몸이 튼튼해집니다. 줄
> 넘기는 몸 전체를 움직여서 하는 운동이기 때
> 문입니다. 줄넘기를 하면 심장, 뼈 따위가 튼튼
> 해지고 몸에 근육이 더 많아집니다.
> 다음으로 줄넘기는 친구들과 재미있게 할 수
> 있습니다. 줄넘기는 동작을 바꿔 가며 뛸 수 있
> 고 여러 명이 함께 모여 뛸 수도 있어서 지루하
> 지 않게 운동할 수 있습니다.
> 마지막으로 줄넘기는 언제 어디서나 손쉽게
> 할 수 있습니다. 줄넘기는 간단한 도구인 줄과
> 줄넘기를 할 수 있는 작은 공간만 있으면 언제
> 든지 할 수 있기 때문입니다.

서술형
4 이 글을 읽고 중요한 내용을 찾는 방법을 한
가지만 쓰시오.

_____

_____

5 줄넘기를 친구들과 재미있게 할 수 있는 까닭
은 무엇인지 <u>두 가지</u> 고르시오.(,)
① 승부를 빠르게 낼 수 있어서
② 친구를 쉽게 이길 수 있어서
③ 함께 줄을 돌릴 필요가 없어서
④ 동작을 바꿔 가며 뛸 수 있어서
⑤ 여러 명이 함께 모여 뛸 수 있어서

6 이 글의 중요한 내용을 정리하였습니다. 빈칸
에 알맞은 내용을 쓰시오.

줄넘기의 좋은 점		
몸이 튼튼해 진다.	친구들과 재 미있게 할 수 있다.	

7~9

나무는 **필요**한 물과 **영양분**을 뿌리를 이용해 흙에서 얻습니다. 우리가 물과 음식을 먹으며 자라듯이 나무가 자라는 데에도 물과 영양분이 필요합니다. 뿌리는 마치 **빨대**처럼 흙에서 물과 영양분을 빨아들여서 줄기를 거쳐 잎까지 **전달**합니다.

나무뿌리는 잎에서 만들어진 영양분을 모아 두기도 합니다. 나무뿌리는 나무에 필요한 영양분을 **저장**하기 때문에 굵고 통통한 모양으로 자라게 됩니다.

7 〔중요〕
이 글에서 설명한, 나무뿌리가 하는 일을 두 가지 고르시오. (,)

① 영양분을 공기로 퍼뜨린다.
② 나무 주변에 물이 많아지게 한다.
③ 잎에서 만들어진 영양분을 모아 두기도 한다.
④ 나무에 필요한 물과 영양분을 흙에서 빨아들인다.
⑤ 나무의 줄기가 얇고 가느다란 모양으로 자라게 한다.

8 이 글에서 다음 뜻을 가진 낱말은 무엇입니까? ( )

> 물건 따위를 잘 모아서 간직함.

① 필요   ② 영양분   ③ 빨대
④ 전달   ⑤ 저장

9 〔서술형〕
이 글을 읽고 더 알아보고 싶은 내용을 쓰시오.

_____

_____

10~13

수연 : 네, 엄마 생각처럼 산에 가도 재밌겠네요. 그런데 저는 산도 좋지만 바다에 가고 싶어요. 바다에서는 수영도 할 수 있고 모래놀이도 할 수 있어요. 지난해 여름 방학에는 산으로 갔으니 이번에는 바다로 가고 싶어요.

수진 : 저는 산이나 바다도 좋지만 이번에는 꼭 놀이공원에 가고 싶어요. 지난번에 갔을 때에는 사람이 너무 많아서 놀이 기구를 많이 못 탔거든요. 얼마나 아쉬웠는지 몰라요. 이번에는 꼭 지난번에 못 탄 놀이 기구를 모두 타고 싶어요.

10 수연이가 가고 싶어 하는 곳은 어디인지 쓰시오.

( )

11 수연이가 가고 싶은 곳에 대해 든 까닭을 두 가지 고르시오. (,)

① 수진이도 가고 싶어 해서
② 엄마가 먼저 가자고 말씀하셔서
③ 지난해 여름 방학에 간 곳이어서
④ 바다에서는 수영을 할 수 있어서
⑤ 바다에서는 모래놀이를 할 수 있어서

12 수진이의 생각과 그 까닭을 알맞게 설명한 것에 ○표를 하시오.

(1) 놀이 기구를 타기 위해 놀이공원에 가고 싶어 한다. ( )
(2) 놀이공원에 사람이 너무 많아 산이나 바다에 가고 싶어 한다. ( )

13 이 글의 내용을 참고할 때, 인물의 생각은 어디에서 찾을 수 있습니까? ( )

① 인물의 말   ② 인물의 키
③ 인물의 나이   ④ 인물의 옷차림
⑤ 인물이 말을 한 장소

14~16

먼저, 동물 마을에서 나이가 가장 많은 거북 할아버지께서 말씀하셨습니다.

"나는 아주 오래전부터 지구에서 살았습니다. 그래서 지구에 대해 누구보다 잘 알고 있지요. 여러분이 태어나기 훨씬 전에 일어났던 일들도 나는 많이 알고 있습니다. 그러니까 내가 별나라에 가야 합니다."

> 중요

14 거북 할아버지의 생각은 무엇인지 빈칸에 알맞은 말을 쓰시오.

- 자신이 (　　　　　　)에 가야 한다.

15 거북 할아버지가 지구에 대해 잘 알고 있는 까닭은 무엇입니까? (　　)

① 책을 아주 많이 읽어서
② 별나라에 다녀온 적이 있어서
③ 아주 오래전부터 지구에서 살아서
④ 별나라 사람들이 이야기해 주어서
⑤ 머리가 좋아 배운 것을 잊지 않아서

> 실력 UP

16 거북 할아버지를 별나라에 보내야 한다고 생각하는 친구의 이름을 쓰시오.

> 미나: 가장 힘이 센 동물이 별나라에 가야 해.
> 준석: 지구를 가장 많이 알고 있는 동물이 별나라에 가야 해.
> 민수: 별나라에서 보고 들은 일을 지구에 재미있게 전할 수 있는 동물이 별나라에 가야 해.

(　　　　　　)

17~19

원숭이도 일어나서 말했습니다.

"별나라에는 신기한 일이 많이 일어날 것입니다. 저는 별나라에서 보고 들은 일을 여러분께 생생하게 전할 수 있어요. 별나라가 어떤 곳인지 궁금해하는 친구가 많잖아요? 그곳의 모습을 잘 전할 수 있는 제가 지구의 대표가 되어야 합니다."

17 원숭이는 자신이 무엇이 되어야 한다고 했는지 쓰시오.

(　　　　　　)

> 중요

18 원숭이가 자신이 별나라에 가야 한다고 말한 까닭은 무엇입니까? (　　)

① 아는 것이 아주 많아서
② 별나라 사람들과 친해서
③ 이야기를 전할 친구가 많아서
④ 신기한 일을 일으키는 재주가 있어서
⑤ 별나라에서 보고 들은 일을 생생하게 전할 수 있어서

> 서술형

19 원숭이를 별나라에 보내는 것을 어떻게 생각하는지 그 까닭과 함께 쓰시오.

_____

_____

> 국어 활동

20 토끼의 말을 읽고, 토끼는 나그네와 호랑이 가운데 누구의 말이 옳다고 생각하는지 쓰시오.

> "당신을 구해 준 나그네님을 잡아먹으려 했군요. 당신처럼 은혜를 모르는 호랑이는 구해 줄 필요가 없어요!"

(　　　　　　)

● 글씨를 바르게 써 보시오.

뿌	리
뿌	리
뿌	리

줄	넘	기
줄	넘	기
줄	넘	기

뛰	다
뛰	다
뛰	다

모	두
모	두

고	개	를
고	개	를

끄
끄

덕	였	습	니	다	.
덕	였	습	니	다	.

7

마음을 담아서 말해요

무엇을 배울까요?

준비

○ 배울 내용 살펴보기

소단원 1

자신의 경험 말하기

● 자신의 경험을 떠올리며 이야기 듣기

● 자신의 경험 발표하기

소단원 2

고운 말로 이야기 나누기

● 다른 사람의 마음을 생각하며 고운 말로 대화하기

● 고운 말로 생각과 마음 나누기

실천

● 배운 내용 마무리하기

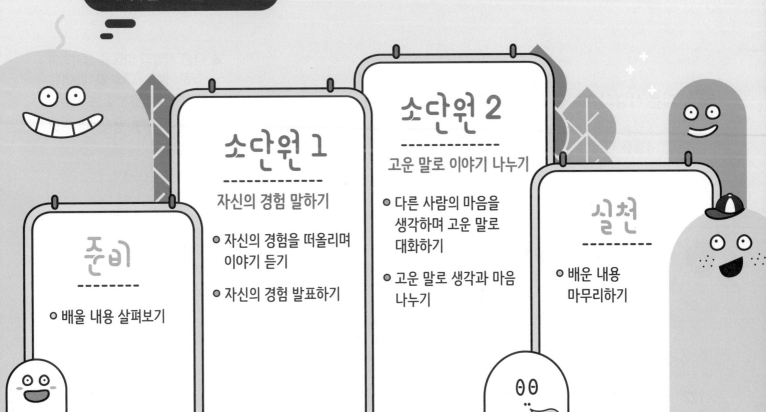

1 자신의 경험을 떠올리며 이야기 듣기

① 자신의 경험을 떠올리며 이야기를 듣습니다.

② 들은 이야기의 내용을 정리하고 인물의 경험과 비슷한 자신의 경험을 말합니다.

③ 들은 이야기 속 인물의 경험과 자신의 경험을 살펴보고 비슷한 점과 다른 점을 찾아 봅니다.

1 자신의 경험을 떠올리며 이야기를 들을 때에는 들은 이야기 속 인물의 ☐☐와/과 자신의 ☐☐을/를 비교해 봅니다.

2 자신의 경험 발표하기

① 언제 경험한 일인지, 어디에서 경험한 일인지, 무슨 일을 경험했는지, 그때의 생각이나 느낌은 어떠했는지를 정리합니다.

② 자신의 경험을 친구들 앞에서 바른 자세로 발표합니다.

| 발표하는 바른 자세 | • 듣는 사람을 바라보면서 말합니다.
• 말끝을 흐리지 않고 말합니다.
• 알맞은 크기의 목소리로 말합니다.
• 바른 자세로 말합니다. | • 듣는 사람을 바라보며 알맞은 크기의 목소리로 또박또박 말하는 연습을 합니다.
• 거울을 보며 발표하는 연습을 해도 좋습니다. |

③ 발표한 내용을 점검합니다.

| 점검표 | • 자신의 경험을 말했나요?
• 듣는 사람을 바라보며 말했나요?
• 말끝을 흐리지 않고 말했나요?
• 알맞은 크기의 목소리로 말했나요?
• 바른 자세로 말했나요? |

2 자신의 경험을 말할 때에는 친구가 경험한 일에 대한 자신의 생각이나 느낌을 말합니다.

(○ , ×)

3 친구들 앞에서 발표할 때에는 알맞은 크기의 목소리로, 말끝을 흐리지 않고 바른 자세로 말합니다.

(○ , ×)

3 다른 사람의 마음을 생각하며 고운 말로 대화하기

① 상황을 파악하고, 듣는 사람의 마음을 생각하는 고운 말을 떠올립니다.

② 역할을 나누어 고운 말로 대화하는 역할놀이를 해 봅니다.

4 다른 사람의 마음을 생각하며 고운 말로 대화할 때에는 ☐☐에 맞게 듣는 사람의 ☐☐을/를 생각하며 말해야 합니다.

4 고운 말로 생각과 마음 나누기

① 고운 말로 마음을 전하고 싶은 사람을 떠올려 보고, 어떤 마음을 전하고 싶은지 친구들과 이야기해 봅니다.

② 고운 말을 전하고 싶은 사람과 전하고 싶은 마음, 전하고 싶은 까닭, 전하고 싶은 고운 말 등을 정리해 봅니다.

③ 정리한 내용을 바탕으로 전하고 싶은 마음을 담은 쪽지를 써 봅니다.

5 고운 말을 전하고 싶은 주변 사람을 떠올려 보고, 전하고 싶은 ☐☐, 전하고 싶은 ☐☐☐ 등을 친구들과 이야기해 봅니다.

준비

정답과 해설 ● 25쪽

7 단원

● 그림 ㉮, ㉯를 보고 어떤 상황인지 생각해 보기

㉠혼자서 그것도 못 옮기니?

휴, 힘들어. 많이 무겁네.

줄이 자꾸 걸리네.

㉡넌 그것도 못하니?

• **그림 설명**: 책상 옮기는 것을 힘들어하는 상황, 줄넘기를 못해 속상해하는 상황에서 친구에게 건넨 말을 보고 상황에 알맞은 고운 말을 해야 하는 까닭을 이야기해 볼 수 있습니다.

🦉 교과서 **핵심**

● 상황에 알맞은 고운 말 하기

친구가 책상 옮기는 것을 힘들어하는 상황 예

• "내가 도와줄게."
• "힘들겠다. 나랑 같이 들자."

친구가 줄넘기를 못해 속상해하는 상황 예

• "잘할 수 있을 거야."
• "힘내! 나랑 같이 연습하자."

📖 교과서 문제

1 그림 ㉮와 ㉯의 상황으로 알맞지 **않은** 것은 무엇입니까? ( )

① ㉮: 여자아이가 책상이 무거워서 힘들어하고 있다.
② ㉮: 남자아이는 여자아이를 도와주려고 한다.
③ ㉯: 남자아이가 속상한 표정을 짓고 있다.
④ ㉯: 남자아이의 발에 줄넘기 줄이 걸렸다.
⑤ ㉯: 여자아이는 듣는 사람의 마음을 생각하지 않고 말하였다.

📖 교과서 문제

3 그림 ㉯에서 ㉡을 고운 말로 알맞게 바꾼 것은 것은 무엇입니까? ( )

① "나는 줄넘기를 잘해."
② "줄넘기는 그만 포기해."
③ "넌 연습을 안 해서 그렇지."
④ "힘내! 나랑 같이 연습하자."
⑤ "너처럼 못하는 애는 처음 봐."

4 고운 말로 말해야 하는 까닭을 알맞게 말한 친구의 이름을 쓰시오.

수정: 고운 말로 말해야 친구가 내 말을 따르기 때문이야.
창민: 내가 한 말 때문에 친구가 기분이 상할 수 있기 때문이야.

2 그림 ㉮에서 ㉠을 들은 여자아이의 마음은 어떠할지 쓰시오.

( )

( )

소단원 1 ───────< 자신의 경험을 떠올리며 이야기 듣기

지우와 머리핀

오늘 나는 아빠와 함께 문구점에 가려고 승강기를 탔다. 그런데 승강기 문이 열리자마자 작고 귀여운 토끼가 그려진 머리핀이 보였다. 나는 아빠에게 누가 머리핀을 잃어버린 것 같다고 이야기했다. 아빠는 머리핀을 잃어버린 사람이 우리 아파트에 사는 사람 가운데 한 명일 거라고 하셨다. 아빠 말씀을 들으니, 머리핀을 잃어버리고 속상해하고 있을 누군가의 모습이 떠올랐다. 나도 얼마 전 승강기에서 아끼는 우산

5 을 잃어버렸을 때 무척 속상했기 때문이다.

나는 아빠에게 머리핀의 주인을 찾아 주고 싶다고 이야기했다. 그런데 ♥도무지 머리핀 주인을 찾을 방법이 떠오르지 않았다. 그때 승강기에 붙은 전단지가 눈에 띄었다. 나는 머리핀의 주인을 찾는 ♥안내문을
<small>선전이나 광고 또는 선동하는 글이 담긴 종이쪽.</small>
붙이면 주인을 찾을 수 있을 것 같다는 생각이 들었다.

나는 문구점에서 예쁜 색 도화지를 사서 집으로 돌아왔다. 집에서 사인펜으로 '머리핀 주인을 찾습니

10 다.'라고 크게 쓴 안내문을 만들고 머리핀과 함께 승강기에 붙였다. 빨리 머리핀 주인이 이 안내문을 봤으면 좋겠다고 생각했다.

며칠 뒤, 내가 승강기에 붙였던 안내문에 머리핀 주인이 고맙다는 쪽지를 붙였다. 머리핀 주인은 자신이 가장 아끼는 물건을 찾게 되어 무척 기쁘고 나에게 매우 고맙다고 했다. 나는 다른 사람의 소중한 물건을 찾아 주게 되어 ♥뿌듯하고 행복했다.

• 글의 내용: 지우가 승강기에서 누군가가 잃어버린 머리핀을 발견하고 승강기에 안내문을 붙여 머리핀 주인을 찾아 준 경험을 쓴 이야기입니다. 이야기 속 인물의 경험과 비슷한 자신의 경험을 떠올려 볼 수 있습니다.

♥도무지 아무리 해도.
⑩ 동생이 쓴 글씨는 도무지 알아볼 수가 없다.

♥안내문 어떤 내용을 소개하여 알려 주는 글.

♥뿌듯하고 기쁨이나 감격이 마음에 가득 차서 벅차고.
⑩ 건강하게 자란 아들을 보니 내 마음이 뿌듯하고 기쁘다.

교과서 핵심

● 지우와 비슷한 자신의 경험 말하기 ⑩

> 옆집 언니가 승강기 안에 우산을 놓고 내려서 내가 찾아 준 적이 있어.

> 서준이가 교실에서 지우개를 잃어버려 찾고 있는 것을 본 적이 있어.

> 운동장에서 주운 물병을 분실물 보관함에 가져다 놓은 적이 있어.

📖 교과서 문제

1 지우가 승강기에서 발견한 것은 무엇인지 세 글자로 쓰시오.

( )

📖 교과서 문제

2 지우는 머리핀을 발견한 뒤에 어떻게 했습니까? ( )

① 경찰서에 갖다 놓았다.
② 주인을 찾아 주려고 했다.
③ 자기 머리에 꽂고 다녔다.
④ 있던 자리에 그대로 두었다.
⑤ 잃어버린 우산을 찾는 안내문을 붙였다.

📖 교과서 문제

3 다음은 이 글의 내용을 순서대로 정리한 것입니다. ㉠에 들어갈 내용으로 알맞은 것은 무엇입니까? ( )

> 지우는 승강기 안에서 머리핀을 주웠습니다.

↓

> 지우는 머리핀 주인을 찾아 주고 싶었습니다.

↓

> 지우는 머리핀 주인을 찾아 주려고 승강기에 안내문과 머리핀을 붙였습니다.

↓

> ㉠

① 지우는 집에서 머리핀 그림을 그렸습니다.
② 지우는 얼마 전 아끼는 우산을 잃어버렸습니다.
③ 지우는 문구점에서 도화지를 사서 안내문을 만들었습니다.
④ 며칠 뒤, 머리핀의 주인이 승강기에 고맙다는 쪽지를 붙였습니다.
⑤ 지우는 머리핀을 잃어버리고 속상해하고 있을 누군가의 모습이 떠올랐습니다.

4 머리핀 주인을 찾은 지우의 마음으로 알맞은 것을 두 가지 고르시오. (,)

① 뿌듯한 마음
② 행복한 마음
③ 서운한 마음
④ 고마운 마음
⑤ 속상한 마음

`핵심`

5 지우의 경험에 대한 자신의 생각을 알맞지 <u>않게</u> 말한 친구의 이름을 쓰시오.

> 세화: 아끼는 우산을 잃어버린 것을 보니 지우는 물건의 소중함을 잘 모르는 것 같아.
> 주영: 나는 등굣길에 떨어진 우산을 보고 그냥 지나친 적이 있는데 다음에는 지우처럼 주인을 찾아 주려고 안내문을 붙여 볼 거야.
> 서진: 내가 아끼는 모자를 잃어버려서 속상해한 적이 있어. 머리핀을 잃어버린 사람의 마음을 생각하며 주인을 찾아 준 지우를 칭찬하고 싶어.

( )

`서술형`

6 다음과 같이 지우의 경험과 비슷한 자신의 경험을 빈칸에 정리하여 쓰시오.

	있었던 일	생각이나 느낌
지우	승강기 안에서 머리핀을 주웠다.	머리핀 주인이 속상해할 것 같다는 생각이 들었다.
'나'		

● 자신이 경험한 일을 친구들 앞에서 발표할 준비해 보기

ⓛ친구들과 축구를 했는데
골을 넣었어.

㉠도서관에서
책을 빌렸어.

㉢텔레비전에서
남극에 사는 펭귄을 봤어.

•**그림 설명**: 친구들이 모여 자신이 경험한 일을 이야기하고 있습니다. 친구들이 말하는 내용을 통해, 경험한 일을 말할 때는 자신이 직접 한 일뿐만 아니라 보거나 들은 일도 말할 수 있음을 알 수 있습니다.

교과서 핵심

◦**자신의 경험을 발표하기 위한 준비**

•자신이 경험한 일을 떠올려 모둠별로 이야기해 봅니다.

•자신의 경험을 친구들 앞에서 발표할 때 필요한 내용을 언제, 어디에서, 무슨 일을 경험했는지, 그때의 생각이나 느낌은 어떠했는지를 중심으로 정리합니다.

📖 교과서 문제

1 친구들이 이야기하는 것은 무엇인지 빈칸에 알맞은 말을 쓰시오.

•지난 주말에 자신이 (   )한 일

2 ㉠~㉢에 대한 설명으로 알맞지 <u>않은</u> 것은 무엇입니까?   (   )

① ㉠은 어디에서 무엇을 했는지 말한 것이다.

② ㉡은 자신이 직접 한 일을 말한 것이다.

③ ㉢은 텔레비전에서 본 것을 말한 것이다.

④ ㉢은 자신이 경험한 일에 해당하지 않는다.

⑤ ㉠~㉢ 모두 생각이나 느낌을 말하지 않았다.

3 자신의 경험을 친구들 앞에서 발표하기 위해 정리할 내용으로 알맞지 <u>않은</u> 것은 무엇입니까?   (   )

① 언제 경험한 일인가요?

② 무슨 일을 경험했나요?

③ 어디에서 경험한 일인가요?

④ 친구들도 경험할 만한 일인가요?

⑤ 그때의 생각이나 느낌은 어떠했나요?

역량

4 자신의 경험을 친구들 앞에서 발표하는 자세로 알맞지 <u>않은</u> 것은 무엇입니까?   (   )

① 바른 자세로 말한다.

② 말끝을 흐리지 않고 말한다.

③ 똑바로 서서 또박또박 말한다.

④ 듣는 사람을 보지 않고 말한다.

⑤ 알맞은 크기의 목소리로 말한다.

소단원 2 〈 다른 사람의 마음을 생각하며 고운 말로 대화하기

정답과 해설 ● 26쪽

● 두 친구가 어떻게 말했는지 생각하며 만화 살펴보기

• 그림 설명: ㉮에는 미술 시간에 여자아이가 넘어지면서 남자아이의 그림을 망친 상황이, ㉯에는 남자아이가 미술 시간에 있었던 일을 되돌아보는 과정이 드러나 있습니다.

교과서 핵심

○ 다른 사람의 마음을 생각하며 고운 말 하기 예

 "일부러 내 그림을 망친 것도 아닌데 화내서 미안해."
"넘어져서 다친 데는 괜찮니?"

 "정성껏 그린 그림을 망쳐서 다시 한번 사과할게."

---

1 ㉮에서 일어난 일은 무엇입니까? (   )

① 남자아이가 여자아이에게 사과했다.
② 남자아이가 여자아이의 사과를 받아 주었다.
③ 여자아이가 일부러 남자아이의 그림을 망쳤다.
④ 여자아이가 넘어지면서 남자아이의 그림을 망쳤다.
⑤ 여자아이가 그림을 그리는 남자아이를 도와주었다.

2 ㉠을 들은 여자아이의 마음으로 알맞은 것에 ○표를 하시오.

(1) '친구의 그림은 망쳤지만 내가 안 다쳤으니까 괜찮아.'   (   )
(2) '일부러 그런 것이 아닌데 친구가 너무 화를 내서 당황스럽고 억울해.' (   )

3 ㉯에서 알 수 있는 남자아이의 마음으로 알맞지 않은 것은 무엇입니까? (   )

① 여자아이에게 화낸 것을 후회하였다.
② 화가 났던 자신의 마음을 확인하였다.
③ 여자아이가 다치지 않았는지 걱정하였다.
④ 여자아이의 마음을 이해하려고 하였다.
⑤ 여자아이에게 사과를 받아야겠다고 생각하였다.

핵심

4 두 친구가 다시 사이좋게 지내기 위해서 남자아이가 여자아이에게 어떻게 말하면 좋을지 알맞게 이야기한 친구의 이름을 쓰시오.

> 유주: 소리 질러서 미안하다고 먼저 사과하고 넘어진 데는 괜찮은지 물어보면 좋겠어.
> 진우: 일부러 그런 것이 아닌데 너무 화를 내서 속상했다고 말하면 좋겠어.

(   )

7. 마음을 담아서 말해요 **127**

소단원 2

고운 말을 사용해 역할놀이 해 보기

?

• **그림 설명:** 다른 사람의 마음을 생각하는 고운 말이 필요한 세 가지 상황을 제시하고 있습니다. 제시한 상황 중 하나를 골라 고운 말을 사용해 역할놀이를 해 볼 수 있습니다.

교과서 핵심

● **짝과 함께 역할놀이 해 보기**

① 역할놀이를 해 보고 싶은 장면 선택하기
② 선택한 장면에서 자신의 역할 정하기
③ 정한 역할에 어울리는 고운 말과 행동 생각하고 연습하기
④ 짝과 함께 친구들 앞에서 발표하기

---

5 가~다 가운데 다음의 상황과 관계 있는 것을 찾아 그 기호를 쓰시오.

(1) 남자아이가 넘어져서 여자아이가 걱정하고 있다. (   )
(2) 수돗가에서 남자아이가 여자아이에게 물을 튀기고 있다. (   )
(3) 여자아이가 무거운 책을 들고 나르고 있는 모습을 남자아이가 보고 있다. (   )

핵심

6 가~다의 친구에게 해 줄 수 있는 고운 말을 선으로 이으시오.

(1) 가 • • ① 괜찮아? 많이 아프겠다.

(2) 나 • • ② 많이 무겁지? 나랑 나눠서 들자.

(3) 다 • • ③ 물이 튀지 않도록 조심하면 좋겠어.

7 짝과 함께 역할놀이를 하는 방법으로 알맞지 <u>않은</u> 것은 무엇인지 쓰시오.

(1) 역할놀이를 해 보고 싶은 장면을 정한다.
(2) 정한 장면에서 자신의 역할을 정한다.
(3) 듣는 사람과 말하는 사람의 마음이 잘 나타나는 말과 행동을 생각한다.
(4) 자신의 역할이 돋보이도록 고운 말과 행동을 연습한다.
(5) 짝과 함께 친구들 앞에서 발표한다.

(   )

8 고운 말을 사용한 역할놀이를 평가할 때 살펴볼 내용으로 알맞은 것에 <u>모두</u> ○표를 하시오.

(1) 가장 재미있게 대화한 친구를 칭찬한다. (   )
(2) 역할놀이에서 친구가 했던 고운 말을 찾아본다. (   )
(3) 친구가 평소에 고운 말을 하려고 노력하는지 평가한다. (   )
(4) 역할놀이를 하고 난 뒤에 어떤 생각이나 느낌이 들었는지 말해 본다. (   )

 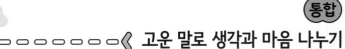

소단원 2 〉 고운 말로 생각과 마음 나누기

메기야, 고마워

홍은순

❶ 작은 연못에 물고기들이 살고 있었습니다. 연못 속의 물고기들은 모두 사이좋게 지냈습니다. 그러던 어느 날이었습니다.

'우르릉 쾅!'

5 조용하던 연못에 천둥소리가 요란하게 울려 퍼졌습니다. 그러더니 굵은 빗방울이 쏟아졌습니다. 비는 며칠 동안이나 그치지 않고 계속 내렸습니다.

그렇게 며칠이 지났습니다. 드디어 비가 그치고 나뭇가지 사이로 밝은 햇살이 비쳐 들었습니다.

10 나뭇가지에 매달린 물방울도 햇살을 받아 반짝반짝 빛나고 있었습니다.

"어유, 혼났네! 무슨 비가 그렇게 많이 온담?"

잉어가 환하게 웃으며 말했습니다.

"잉어야, 안녕? 너도 무사했구나."

15 붕어가 입을 뻥긋거리며 인사했습니다.
소리 없이 슬그머니 자꾸 열었다 닫았다 하며.

"응, 정말 다행이야. 그런데 저 친구는 누구지?"

잉어가 가리키는 곳을 보니 낯선 물고기가 헤엄쳐 오고 있었습니다. 그 물고기는 험상궂게 생긴
모양이나 상태가 매우 거칠고 험하게.
데다가 입은 옆으로 길게 찢어져 있었습니다. 그리고 입 양쪽에는 긴 수염도 나 있었습니다. 5

중심 내용 작은 연못에 낯선 물고기가 헤엄쳐 왔다.

• 글의 내용: 물고기들이 살던 작은 연못에 메기가 들어와 함께 살면서 어려움에 처한 붕어와 잉어를 도와주자 물고기들이 메기에게 고마움을 느끼는 이야기입니다.

교과서 핵심

◉ 이야기 내용 정리해 보기

| 작은 연못에 낯선 물고기가 헤엄쳐 오고 있었습니다. | → | 물고기들은 험상궂게 생긴 메기의 모습을 보고 피했습니다. | → | 물장군이 몸에 붙어 붕어와 잉어가 도와달라고 소리쳤습니다. |

| → | 메기가 물살을 일으켜 물장군을 쫓아냈습니다. | → | 물고기들이 메기에게 진심으로 고맙다고 인사했습니다. |

---

1 물고기들이 살고 있는 곳은 어디인지 쓰시오.

(   )

2 연못에서 일어난 일이 아닌 것은 무엇입니까? (   )

① 천둥소리가 요란하게 울렸다.
② 굵은 비가 며칠 동안 계속 내렸다.
③ 오래 전 헤어졌던 친구가 돌아왔다.
④ 비가 그치고 밝은 햇살이 비추었다.
⑤ 나뭇가지에 매달린 물방울이 햇살을 받아 빛났다.

3 이 글의 내용으로 알맞은 것에 모두 ○표를 하시오.

(1) 연못에 잉어와 붕어가 살고 있다.(   )
(2) 연못 속 물고기들은 사이좋게 지내고 있다. (   )
(3) 물고기들은 비가 많이 내린 것을 다행이라 생각한다. (   )

📖 교과서 문제

4 이 글에서 다음의 뜻풀이에 해당하는 흉내 내는 낱말을 찾아 쓰시오.

> 작은 빛이 잠깐 잇따라 나타났다가 사라지는 모양.

(   )

❷ 험상궂은 모습을 본 물고기들은 ♥슬금슬금 피하기 시작했습니다.

"안녕? 나는 메기란다. 이번 비로 내가 살던 강이 넘쳐 이 연못에 들어오게 되었지. 앞으로 잘 지내자."

5

메기는 쉰 목소리로 자기를 소개했습니다. 모습만 보고 겁을 먹었던 잉어와 붕어는 메기의 말을 듣고 안심하게 되었습니다.

"그랬구나. 날씨도 좋은데 우리 함께 헤엄치면서 놀지 않을래?"

10

붕어가 다가가서 정답게 말했습니다.

"그래, 좋지!"

메기는 커다란 입을 넙죽거리며 붕어 곁으로 다
입을 너부죽하게 닝큼닝큼 벌렸다 닫았다 하며.

가갔습니다. 메기는 잉어하고 붕어와 금방 친해졌습니다.

중심 내용 메기의 험상궂은 모습에 처음에 물고기들은 눈치를 보며 피했지만, 메기의 소개를 듣고 잉어와 붕어는 메기와 친해졌다.

♥슬금슬금 남이 알아차리지 못하도록 눈치를 살펴 가면서 슬며시 행동하는 모양.
예 슬금슬금 곁눈질하다.

교과서 핵심

◉ 글의 내용 예측해 보기
• 「메기야, 고마워」라는 제목을 보고 어떤 내용일지 짐작해 봅니다.
• 「메기야, 고마워」라는 제목을 볼 때 메기의 성격은 어떠할지 생각해 봅니다.
• 그림을 보면서 어떤 이야기가 펼쳐질지 상상해 봅니다.

---

5 메기에 대한 설명으로 알맞지 <u>않은</u> 것은 무엇입니까? ( )

① 험상궂게 생겼다.
② 다른 강에서 왔다.
③ 쉰 목소리를 가졌다.
④ 물고기들을 괴롭히는 것을 좋아한다.
⑤ 다른 물고기들과 잘 지내고 싶어 한다.

서술형

6 메기를 처음 본 물고기들은 어떻게 했는지 쓰시오.

_____

_____

서술형 📖 교과서 문제

7 메기가 작은 연못에서 살게 된 까닭은 무엇인지 쓰시오.

_____

_____

역량

8 이 글을 읽고 고운 말로 대화를 나누지 <u>못한</u> 친구의 이름을 쓰시오.

동원: 메기가 물고기들에게 고운 말로 인사하고 자기소개를 했어.
주노: 잉어와 붕어도 메기의 고운 말을 듣고 안심을 한 거야.
우성: 메기의 생김새만 보고 겁을 먹다니 물고기들은 겁쟁이구나.
세영: 모두가 정답게 고운 말을 쓰니 금방 친해질 수 있었어.

( )

❸ 그러던 어느 날이었습니다. 연못에 갑자기 큰 일이 일어났습니다. 물장군들이 나타나 붕어와 잉어의 몸에 달라붙어서 떨어지지 않았습니다.
물에 사는 곤충.

"아야, 아야!"

5 "아이, 따가워!"

붕어와 잉어는 소리쳤습니다.

"누가 좀 도와주세요!"

그러나 아무리 소리쳐도 소용이 없었습니다. 물장군들을 보자, 다른 물고기들도 도망치기에 바빴10 기 때문이었습니다.

중심 내용 붕어와 잉어의 몸에 물장군이 달라붙자 붕어와 잉어가 도와달라고 소리쳤다.

❹ 그때, 메기가 나타났습니다.

메기는 물고기들 곁으로 다가갔습니다. 그리고 ♥물살을 일으켜 물장군들을 모두 쫓아 버렸습니다.

"메기야, 고마워."

물고기들은 ♥진심으로 고맙다는 인사를 했습니다.

"고맙긴 뭘 ……."

메기는 ⬚ ㉠ ⬚ 말했습니다. 메기가 웃는 모습이 더 정답게 느껴졌습니다. 5

중심 내용 메기가 물장군들을 쫓아 내고 물고기들이 고맙다는 인사를 하였다.

♥물살 물이 흘러 내뻗는 힘.
예 물살을 가르다.

♥진심 거짓이 없는 참된 마음.
예 진심 어린 충고.

교과서 핵심

○고운 말로 마음 전하기

상황	물장군들이 나타나 붕어와 잉어의 몸에 달라붙어서 떨어지지 않자 메기가 물살을 일으켜 물장군들을 모두 쫓아 버림.
고운 말	"메기야, 고마워."

📖 교과서 문제

9 글 ❸, ❹의 내용을 다음과 같이 정리할 때 빈칸에 알맞은 내용을 쓰시오.

(1) ( )이/가 몸에 붙어 붕어와 잉어가 도와달라고 소리쳤습니다.
(2) 메기가 ( )을/를 일으켜 물장군을 쫓아냈습니다.
(3) 물고기들은 메기에게 진심으로 ( )고 인사했습니다.

11 ㉠에 들어갈 메기의 표정으로 알맞은 것은 무엇입니까? ( )

① 거만하게　　② 비웃으며
③ 잘난 체하며　④ 깜짝 놀라며
⑤ 빙그레 웃으며

12 메기처럼 친구들을 도와주었던 경험을 말한 것에 ○표를 하시오.

(1) 친구가 운동장에서 줄넘기를 잃어버려서 찾고 있을 때 같이 찾아 준 적이 있어. ( )

(2) 친구가 빌려준 연필을 잃어버린 적이 있는데 그 친구에게 미안한 마음을 전하고 싶어. ( )

서술형

10 물고기들이 메기에게 고맙다고 한 까닭을 �시오.

_____

_____

열대어 기르기

나는 열대어를 좋아한다. 알록달록한 색과 선명한 무늬를 지닌 열대어가 헤엄치는 모습을 보고 있으면 나도 모르게 마음이 편안해진다. 얼마 전, 아빠께서 열대어를 길러 보는 게 어떠냐고 물어보셨다.

"석현아, 열대어를 한번 길러 보는 게 어떻겠니?"

5 '드디어 내가 열대어를 기를 수 있게 되다니!'

나는 무척 기뻤다.

지난 토요일 오후, 아빠와 나는 도서관에 가서 열대어 기르기와 관련한 책을 읽었다. 그리고 책에서 열대어를 기르기 전에 꼭 알아야 내용들을 찾아보았다.

10 열대어는 더운 지방에 사는 물고기이기 때문에 물 온도에 예민하다. 또 어항 속의 물을 잘 관리해야 열대어가 오래 살 수 있다. 그리고 열대어에게 많은 관심과 사랑을 주는 것이 중요하다는 것을 알았다.

도서관에서 책을 다 읽고 열대어를 기르는 데 필요한 물품을 사서 15 집으로 돌아왔다. 열대어가 살 수 있는 물속 환경이 만들어지면 열대어를 우리 집으로 데려오기로 했다.

1 석현이가 집에서 기르기로 한 것은 무엇인지 쓰시오.

( )

2 석현이가 도서관에 간 까닭은 무엇인지 쓰시오.

_____

_____

3 석현이의 경험으로 알맞은 것에 **모두** ○표를 하시오.

(1) 열대어를 보면 마음이 편안해지는 것을 느낀다.

( )

(2) 아빠와 함께 도서관에 가서 열대어 기르기와 관련한 책을 읽었다. ( )

(3) 열대어가 살 수 있는 물속 환경을 만들어서 열대어를 집으로 데려왔다.

( )

4 석현이와 비슷한 자신의 경험을 말한 친구를 쓰시오.

승현: 저는 강아지를 좋아해서 유기견 보호 센터에 다녀왔습니다. 강아지를 키울 환경이 만들어지면 집에서 강아지를 키우고 싶습니다.

수정: 은행에서는 사람들의 돈을 맡아 안전하게 보관해 주고 돈이 필요한 사람에게 돈을 빌려줍니다.

( )

기분 좋은 고운 말

동생은 나를 보고
"최고야."라고 말해요.

_____은/는 나를 보고
_____㉠_____ (이)라고 말해요.

나도 _____(이)에게
____㉡____(이)라고 말해요.

하하 호호
기분이 참 좋아져요.

5 ㉠과 ㉡에 들어갈 고운 말로 알맞지 <u>않은</u> 것은 무엇입니까?
(   )

① "정말 멋져!"
② "네 탓이야."
③ "넌 할 수 있어."
④ "도와줘서 고마워."
⑤ "넌 나의 좋은 친구야."

6 「기분 좋은 고운 말」에서 고운 말을 하거나 들으면 기분이 어떻다고 하였는지 쓰시오.

(   )

7 그림 ㉮~㉰에서 친구들에게 할 수 있는 고운 말로 알맞지 <u>않은</u> 것을 골라 그 기호를 쓰시오.

> ㉮: "쓰레기를 함부로 버리지 않았으면 좋겠어."
> ㉯: "순서를 지키는 친구들을 생각해서 네 자리로 돌아가면 좋겠어."
> ㉰: "복도에서 뛰면 선생님께 말씀드릴 거야."

(   )

● 그림 ㉮~㉱에서 친구들에게 할 수 있는 고운 말 써 보기

㉮ 친구들이 운동장에 쓰레기를 버리는 상황

㉰ 친구가 복도에서 뛰고 있는 상황

㉯ 친구가 순서를 어기고 끼어드는 상황

㉱ 비오는 날 친구가 우산을 가지고 오지않은 상황

8 그림 ㉱의 말풍선에 들어가기에 알맞은 고운 말을 쓰시오.

(   )

실천

1~3

> 지난 토요일에 열린 초등학교 태권도 대회에서 금메달을 땄다. 대회 전날, 나는 떨려서 잠도 잘 못 잤다. 결승전에서 만난 상대는 나와 같은 체육관에 다니는 은지였다. 드디어 경기가 시작되고 나는 침착하게 경기에 집중했다.
>
> 경기가 끝나고 은지는 내 등을 토닥이면서 "금메달 딴 거 축하해."라고 말해 주었다.
>
> 은지의 축하를 받으니 은지의 마음이 느껴져 정말 고마웠고 기분이 좋았다. 앞으로도 열심히 운동해서 다음 대회에서도 좋은 성적을 거두고 싶다.

📖 교과서 문제

1 '나'는 지난 토요일에 어떤 일을 겪었습니까?
( )

① 태권도 연습을 하러 갔다.
② 태권도 대회에서 금메달을 땄다.
③ 은지에게 축하하는 말을 하였다.
④ 텔레비전에서 태권도 경기를 보았다.
⑤ 같은 체육관에 다니는 은지와 놀았다.

📖 교과서 문제

2 이 글에서 '나'가 들은 고운 말을 찾아 쓰시오.
( )

3 고운 말을 들었을 때 '나'의 마음은 어떠했는지 두 가지 고르시오. (,)

① 고마웠다.
② 기분이 좋았다.
③ 미안한 마음이 들었다.
④ 힘든 기분이 사라졌다.
⑤ 우쭐한 기분이 들었다.

📖 교과서 문제

4 친구들 앞에서 자신의 경험을 발표하기 위해 떠올릴 내용으로 알맞지 <u>않은</u> 것은 무엇입니까? ( )

① 자신이 본 일
② 자신이 한 일
③ 자신이 들은 일
④ 자신의 생각이나 느낌
⑤ 선생님의 생각이나 느낌

5~6

> 엄마: 수지야, 오늘 학교 잘 다녀왔니?
>
> 수지: 네, 잘 다녀온 것 같아요.
>
> 엄마: 그래, 학교에서 무슨 일 없었니?
>
> 수지: 네, 별일 없었던 것 같아요.
>
> 엄마: 수지야, 왜 자꾸 말끝에 '같아요'를 붙이니? 습관이 되었구나.
>
> 수지: 아! 그렇게 말하는지 몰랐어요. 더 알맞은 표현으로 말해 볼게요.

5 수지가 자꾸 말끝에 습관적으로 붙이는 말은 무엇인지 쓰시오.
( )

📖 교과서 문제

6 수지의 말을 [보기] 와 같이 바르게 고쳐 쓰시오.

> **보기**
>
> 장미꽃이 참 예쁜 것 같아요.
> ➡ 장미꽃이 참 예뻐요.

(1) 잘 다녀온 것 같아요.
➡ ( )

(2) 별일 없었던 것 같아요.
➡ ( )

1~2

> 혼자서 그것도 못 옮기니?
>
> 휴, 힘들어. 많이 무겁네.

1 이 그림에서 여자아이가 힘들어하는 까닭은 무엇입니까?　　　　　(　)

① 몸이 아파서
② 책상이 무거워서
③ 혼자 있기 외로워서
④ 혼자만 일하는 것 같아서
⑤ 남자아이가 심하게 말해서

서술형

2 이 그림의 상황에서 남자아이가 한 말을 고운 말로 바꾸어 쓰시오.

_____

3~5

　집에서 사인펜으로 '머리핀 주인을 찾습니다.'라고 크게 쓴 안내문을 만들고 머리핀과 함께 승강기에 붙였다. 빨리 머리핀 주인이 이 안내문을 봤으면 좋겠다고 생각했다.

　며칠 뒤, 내가 승강기에 붙였던 안내문에 머리핀 주인이 고맙다는 ㉠쪽지를 붙였다. 머리핀 주인은 자신이 가장 아끼는 물건을 찾게 되어 무척 기쁘고 나에게 매우 고맙다고 했다. 나는 다른 사람의 소중한 물건을 찾아 주게 되어 뿌듯하고 행복했다.

3 글쓴이가 승강기에 안내문을 붙인 까닭은 무엇인지 쓰시오.

(　　　　　　　　　　　　)

4 ㉠에 적혀 있을 내용으로 알맞은 것을 두 가지 고르시오.　　　　(　 , 　)

① 머리핀을 찾아 줘서 고맙다.
② 안내문을 보았을 때 속상했다.
③ 고맙다는 인사를 들어서 행복하다.
④ 소중한 물건을 찾아 주어 뿌듯하다.
⑤ 제일 아끼는 물건을 찾게 되어 기쁘다.

5 글쓴이의 경험에 대한 자신의 생각을 알맞게 이야기한 친구의 이름을 쓰시오.

> 해나: 옆집 언니가 승강기 안에 우산을 놓고 내려서 내가 찾아 준 적이 있어.
> 종민: 주인을 찾아 주려고 안내문을 붙이다니 글쓴이는 마음이 참 따뜻한 친구라고 생각해.

(　　　　　　　　　　　　)

6 자신의 경험을 친구들 앞에서 발표할 때 들어갈 내용으로 알맞지 않은 것에 ×표를 하시오.

(1) 언제 어디에서 경험한 일인지 (　)
(2) 무슨 일을 경험했는지 (　)
(3) 친구의 생각은 어땠는지 (　)

중요

7 친구들 앞에서 자신의 경험을 잘 발표했는지 확인하는 질문으로 알맞지 않은 것은 무엇입니까?　　　　　　　(　)

① 자신의 경험을 말했나요?
② 말끝을 흐리지 않고 말했나요?
③ 듣는 사람이 많이 웃게 말했나요?
④ 듣는 사람을 바라보며 말했나요?
⑤ 알맞은 크기의 목소리로 말했나요?

단원 평가

㉮   ㉯

8 ㉮의 상황에서 여자아이가 남자아이에게 해야 할 고운 말로 알맞은 것에 ○표를 하시오.

(1) 괜찮아? 많이 아프겠다. ( )

(2) 그렇게 뛰어다니니 넘어지지. ( )

서술형

9 ㉯의 상황에서 여자아이가 남자아이에게 다음과 같이 말했다고 할 때, 남자아이가 할 알맞은 고운 말을 쓰시오.

"물이 튀지 않도록 조심하면 좋겠어."

실력UP

10 두 친구가 다시 사이좋게 지내기 위해서 남자아이가 여자아이에게 할 말로 알맞지 <u>않은</u> 것은 무엇입니까? ( )

너 때문에 그림을 망쳤잖아. 앞을 잘 보고 다녀야지.

① "넘어진 데는 괜찮니?"

② "소리 질러서 미안해."

③ "아까는 내 말이 너무 심했어."

④ "너도 정성껏 그린 그림을 망치면 화나지 않겠니?"

⑤ "일부러 내 그림을 망친 것도 아닌데 화내서 미안해."

국어 활동

11 자신의 경험을 말한 친구의 이름을 쓰시오.

민선: 제 짝의 이름은 정하윤입니다. 하윤이는 키가 크고 친절합니다.

승현: 저는 강아지를 좋아해서 유기견 돌봄 봉사 활동을 하러 유기견 보호 센터에 다녀왔습니다. 강아지를 키울 환경이 만들어지면 집에서 강아지를 키우고 싶습니다.

수정: 저는 은행에서 하는 일을 설명하겠습니다. 은행에서는 사람들의 돈을 맡아 안전하게 보관해 주고 돈이 필요한 사람에게 돈을 빌려줍니다.

( )

[12~15]

㉮ 잉어가 가리키는 곳을 보니 낯선 물고기가 헤엄쳐 오고 있었습니다. 그 물고기는 험상궂게 생긴 데다가 입은 옆으로 길게 찢어져 있었습니다. 그리고 입 양쪽에는 긴 수염도 나 있었습니다.

험상궂은 모습을 본 물고기들은 ㉠슬금슬금 피하기 시작했습니다.

㉯ 연못에 갑자기 큰일이 일어났습니다. 물장군들이 나타나 붕어와 잉어의 몸에 달라붙어서 떨어지지 않았습니다.

"아야, 아야!" / "아이, 따가워!"

붕어와 잉어는 소리쳤습니다.

"누가 좀 도와주세요!"

㉰ 메기는 물고기들 곁으로 다가갔습니다. 그리고 물살을 일으켜 물장군들을 모두 쫓아 버렸습니다.

"메기야, ㉠ ."

물고기들은 진심으로 고맙다는 인사를 했습니다. / "고맙긴 뭘 ……."

메기는 ㉯빙그레 웃으며 말했습니다. 메기가 웃는 모습이 더 정답게 느껴졌습니다.

12 이 글의 내용으로 알맞지 <u>않은</u> 것에 ×표를 하시오.

(1) 물고기들의 인사에 메기는 웃으며 대답했다. ( )

(2) 메기가 일으킨 물살에 물장군들이 쫓겨났다. ( )

(3) 물고기들은 낯선 물고기의 거친 말에 겁을 먹었다. ( )

13 연못에 일어난 큰일은 무엇인지 쓰시오.

_____

14 ㉠에 들어갈 알맞은 고운 말을 한 낱말로 쓰시오.

( )

15 이 글의 흉내 내는 말 ㉮, ㉯와 그에 어울리는 뜻을 선으로 이으시오.

(1) ㉮ •

• ① 입을 약간 벌리고 소리 없이 부드럽게 웃는 모양.

(2) ㉯ •

• ② 남이 알아차리지 못하도록 눈치를 살펴 가면서 슬며시 행동하는 모양.

16 다음의 상황에서 친구에게 전해야 하는 마음으로 알맞은 것은 무엇입니까? ( )

친구가 빌려준 연필을 잃어버린 적이 있는데 그 친구에게 내 마음을 전하고 싶어.

① 화난 마음 ② 미안한 마음
③ 고마운 마음 ④ 이해하는 마음
⑤ 걱정하는 마음

17 자신이 알고 있는 고운 말을 떠올리며 빈칸을 채워 쓰시오.

_____은/는 나를 보고
_____(이)라고 말해요.

18 친구들 앞에서 자신의 경험을 발표하기 위해 떠올려야 하는 것을 <u>두 가지</u> 고르시오.

(,)

① 자신이 겪은 일
② 친구가 좋아하는 일
③ 자신의 생각이나 느낌
④ 친구가 보거나 들은 일
⑤ 선생님의 생각이나 느낌

19 다음 글에서 밑줄 그은 말이 고운 말인 까닭으로 알맞은 것은 무엇입니까? ( )

경기가 끝나고 은지는 내 등을 토닥이면서 "금메달 딴 거 축하해."라고 말해 주었다.

① 누구나 하는 말이어서
② 사실을 전하는 말이어서
③ 감정을 표현하지 않는 말이어서
④ 말하는 사람에게 힘이 되는 말이어서
⑤ 듣는 사람의 기분을 좋게 해 주는 말이어서

20 주변 사람에게 고운 말로 마음을 전하려고 합니다. 다음 빈칸에 알맞은 내용을 쓰시오.

전하고 싶은 사람	담임 선생님
전하고 싶은 마음	감사한 마음
전하고 싶은 고운 말	

● 글씨를 바르게 써 보시오.

주	인
주	인
주	인

머	리	핀
머	리	핀
머	리	핀

다	음
다	음
다	음

함	께
함	께

헤	엄	치	면	서
헤	엄	치	면	서

놀	지
놀	지

않	을	래	?
않	을	래	?

8

다양한 작품을 감상해요

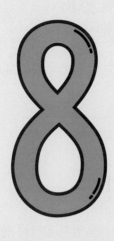

무엇을 배울까요?

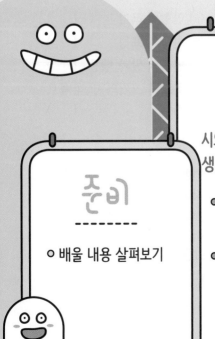

준비

○ 배울 내용 살펴보기

소단원 1

시와 이야기를 감상하고
생각이나 느낌 표현하기

● 시를 낭송하고 생각이나
  느낌 나누기

● 이야기를 읽고 생각이나
  느낌 표현하기

소단원 2

인형극을 감상하고
생각이나 느낌 표현하기

● 인형극을 감상하고
  인물의 마음 짐작하기

● 인형극을 감상하고
  자신의 생각이나
  느낌 표현하기

실천

● 배운 내용
  마무리하기

1 시를 낭송하고 생각이나 느낌 나누기

① 시를 읽으며 비슷한 경험이 있는지 떠올려 봅니다.
② 시의 장면을 그림이나 몸짓으로 표현해 봅니다.
③ 여러 가지 방법으로 시를 낭송해 봅니다.
　　예 주고받으며 낭송하기, 장면을 몸짓으로 표현하며 낭송하기

2 이야기를 읽고 생각이나 느낌 표현하기

① 이야기를 읽고 내용을 간추려 봅니다.
② 인물의 마음이 드러난 부분을 찾고 어떤 마음일지 짐작해 봅니다.
③ 이야기에 나오는 인물과 비슷한 경험을 떠올려 보고 그때 느꼈던 자신의 마음을 이야기해 봅니다.
④ 이야기를 읽고 든 생각이나 느낌을 글로 써 봅니다.

3 인형극을 감상하고 인물의 마음 짐작하기

① 인물의 말과 행동을 자세히 관찰하며 인형극을 봅니다.

> • 인물의 행동을 자세히 살펴봅니다.
> • 인물의 마음이 드러나는 말을 찾아봅니다.
> • 인물의 목소리 크기와 말의 빠르기가 어떠한지 주의 깊게 듣습니다.

② 기억에 남는 장면을 떠올립니다.
③ 인물의 마음을 짐작해 보고 나라면 어떠했을지 상상합니다.

4 인형극을 감상하고 자신의 생각이나 느낌 표현하기

인형극 감상하기	• 인형극을 보고 인형극의 내용을 알아봅니다. • 인물의 말과 행동 가운데 재미있거나 인상적인 부분을 찾아봅니다. • 친구들과 함께 인물의 말과 행동을 따라 해 봅니다.
자신의 생각이나 느낌 표현하기	• 인형극에 대한 자신의 생각이나 느낌을 친구들과 이야기해 봅니다. • 인형극 속 인물에게 하고 싶은 말을 편지로 써 봅니다.

핵심 확 인 문 제

정답과 해설 ● 29쪽

1 시를 읽으며 시의 내용과 비슷한 ☐☐이/가 있는지 떠올려 봅니다.

2 시는 '주고받으며 낭송하기'의 한 가지 방법으로만 낭송할 수 있습니다.
(　 ○ , × 　)

3 이야기를 읽고 생각이나 느낌을 표현할 때 빈칸에 공통으로 들어갈 말을 쓰시오.

> 인물의 ☐☐이/가 드러난 부분을 찾고 어떤 ☐☐일지 짐작해 봅니다.

(　　　　　)

4 인형극을 감상하고 인물의 마음을 짐작할 때 자세히 관찰해야 하는 것에 <u>모두</u> ○표를 하시오.
(1) 인형의 크기　　(　)
(2) 친구의 표정　　(　)
(3) 인물의 말과 행동　(　)
(4) 목소리 크기와 말의 빠르기　　(　)

5 인형극을 감상하고 자신의 생각이나 느낌을 표현할 때에는 인형극에 등장하는 인물에게 하고 싶은 말을 편지로 써서 표현할 수 있습니다.
(　 ○ , × 　)

우산 사용법

글: 정연철, 그림: 김고은

┌ 두 개보다는
│ 한 개
┤ ㉠
│ 큰 것보다는
└ 작은 것

우산 속에서 ♥**팔짱** 낀 두 사람

♥**어깨동무**한 두 사람

더 따뜻해

더 정다워

8
단원

• **글의 종류**: 시
• **글의 특징**: 친구와 다정하게 한 우산을 같이 쓰고 가는 모습이 나타나 있는 시입니다.

♥**팔짱** 나란히 있는 두 사람 중 한 사람이 옆 사람의 팔에 자신의 팔을 끼는 일.
예 친구와 팔짱을 끼고 걷다.

♥**어깨동무** 상대방의 어깨에 서로 팔을 얹어 끼고 나란히 섬.
예 두 친구는 어깨동무를 하고 골목길을 나란히 걸어갔다.

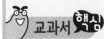 **교과서 핵심**

◦ 시「우산 사용법」 낭송하기
• 시를 읽고 시의 분위기를 느껴 봅니다.
• 시의 내용과 비슷한 경험을 떠올려 봅니다.
• 나는 누구와 우산을 쓰고 싶은지 생각하며 시를 낭송해 봅니다.

1 이 시를 낭송하면 어떤 모습이 떠오릅니까?
( )

① 비가 그쳐 아이들이 기뻐하는 모습
② 비를 맞은 나무들이 쑥쑥 자라는 모습
③ 비바람이 너무 강해서 우산이 부러진 모습
④ 우산이 없는 아이가 혼자 외롭게 비를 맞는 모습
⑤ 비 오는 날 두 아이가 우산 하나를 같이 쓰고 나란히 걸어가는 모습

2 이 시의 분위기는 어떠합니까? ( )

① 외롭다.
② 쓸쓸하다.
③ 지루하다.
④ 따뜻하다.
⑤ 안타깝다.

3 ㉠에서 말하려는 뜻으로 알맞은 것에 ○표를 하시오.

(1) 우산은 혼자 쓰는 것이 좋다. ( )
(2) 우산은 작은 것보다 큰 것이 더 좋다.
( )
(3) 작은 우산 하나를 두 사람이 꼭 붙어서 쓰면 더 정답다. ( )

서술형
4 나는 누구와 우산을 쓰고 싶은지 떠올려 쓰시오.

_____

_____

준비

● 이야기의 한 장면을 보고 내용을 떠올려 인물의 마음 상상해 보기

• **그림 설명:** 옛날 이야기 속의 한 장면을 보고, 인물이 어떤 마음일지 상상해 볼 수 있는 그림입니다.

교과서 핵심

● 이야기 **가~라**를 보고 인물의 마음 상상하기 예

가 「흥부와 놀부」

흥부는 박 속에서 보물이 나왔을 때 기쁜 마음이 들었을 거야.

나 「콩쥐팥쥐」

콩쥐는 깨진 독을 막아 준 두꺼비에게 고마웠을 거야.

다 「팥죽 할멈과 호랑이」

할머니는 갑자기 호랑이가 나타나서 깜짝 놀랐을 거야.

라 「별주부전」

자라를 따라 용궁으로 간 토끼는 신기한 마음이 들었을 거야.

📖 교과서 문제

5 그림 **가~라**는 어떤 이야기의 한 장면인지 선으로 이으시오.

(1) **가** •　　　• ① 「별주부전」

(2) **나** •　　　• ② 「콩쥐팥쥐」

(3) **다** •　　　• ③ 「흥부와 놀부」

(4) **라** •　　　• ④ 「팥죽 할멈과 호랑이」

📖 교과서 문제

6 **가**에서 인물의 마음은 어떠하겠는지 쓰시오.

(　　　　　　　　)

7 **다**를 보고 빈칸에 들어갈 인물의 마음을 알맞게 상상한 것은 무엇입니까? (　　　)

할머니는 갑자기 호랑이가 나타나서 (　　　　　　　　).

① 기뻤을 거야
② 신났을 거야
③ 고마웠을 거야
④ 미안했을 거야
⑤ 깜짝 놀랐을 거야

서술형

8 **라**에서 토끼의 마음은 어떠할지 상상하여 쓰시오.

_____

_____

소단원 1 〈 시를 낭송하고 생각이나 느낌 나누기

정답과 해설 ● 29쪽

● 다른 사람과 표정이나 몸짓 주고받은 경험 나누어 보기

8 단원

• **그림 설명:** 친구들이 다른 친구의 표정이나 몸짓을 따라 해 보고 있는 그림입니다.

🐌 교과서 핵심

◦ **다른 사람과 표정이나 몸짓을 주고받은 경험 나누기** 예
• 멀리 서 있는 동생에게 손을 흔들어 인사를 했습니다.
• 친구와 장난으로 혀 내밀기를 했습니다. 우스운 느낌이 들었습니다.

1 이 그림의 친구들은 어떤 몸짓을 따라 해 보고 있습니까? ( )

① 한 다리로 선 모습
② 한쪽 눈을 감은 모습
③ 두 손을 모아 비는 모습
④ 두 팔을 올리고 웃는 모습
⑤ 두 손으로 얼굴을 가린 모습

3 다른 사람과 표정이나 몸짓을 주고받아 본 경험으로 알맞은 것에 ○표를 하시오.

(1) 음악에 맞춰 춤을 춘 일이 있어. ( )
(2) 운동장에서 있는 힘껏 달려 본 적이 있어. ( )
(3) 친구가 장난으로 나에게 혀를 내밀어서 나도 혀를 내밀어 준 적이 있어. ( )

서술형 　　　　　　　　 📖 교과서 문제

4 만약 친구가 활짝 웃으며 손을 흔들고 있다면 어떤 표정이나 몸짓으로 답해 주고 싶은지 쓰시오.

_____

_____

📖 교과서 문제

2 이 그림 속 친구의 표정이나 몸짓을 따라 해 보고 어떤 느낌이 드는지 쓰시오.

( )

신호

글: 장세정, 그림: 김민주

너랑 만나기로 했다

신발 끈도 못 묶고 달려 나갔다

♥건널목에서 우리 마주쳤다

빨간 신호등이 켜졌다

내가 ♥빙긋 웃자

너도 빙긋

고개를 ♥까딱하자

너도 까딱

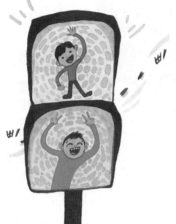

팔을 ♥휘휘 흔들자 너도 휘휘

♥폴짝폴짝 뛰자 너도 뛴다

빨간불이 막아도

너랑 나랑 마주 보며

너랑 나랑 신호 중.

- **글의 종류**: 시
- **글의 특징**: 친구와 빨간 신호등 앞에서 마주치자 서로 팔을 흔들고 뛰며 서로에게 신호를 보내는 사이 좋은 모습이 나타나 있습니다.

♥**건널목** 강, 길, 내 따위에서 건너다니게 된 일정한 곳.
　예 차들이 너무 빨리 달려서 건널목을 건너기 위험하다.

♥**빙긋** 입을 슬쩍 벌릴 듯하며 소리 없이 가볍게 한 번 웃는 모양.
　예 빙긋 미소를 띠다.

♥**까딱하자** 고개 따위를 아래위로 가볍게 한 번 움직이자.
　예 그가 꼭 다문 입으로 고개를 까딱하자 친구도 따라했다.

♥**휘휘** 이리저리 휘두르거나 휘젓는 모양.
　예 두 팔을 휘휘 내저었다.

♥**폴짝폴짝** 작은 것이 자꾸 세차고 가볍게 뛰어오르는 모양

📖 교과서 문제

5 '나'와 '너'가 만난 장소는 어디인지 쓰시오.

(　　　　　　　　　　　)

📖 교과서 문제

6 다음 낱말의 뜻으로 알맞은 것을 찾아 선으로 이으시오.

(1) 빙긋 ・

(2) 까딱 ・

(3) 휘휘 ・

・① 고개 따위를 아래위로 가볍게 한 번 움직이는 모양.

・② 이리저리 휘두르거나 휘젓는 모양.

・③ 입을 슬쩍 벌릴 듯하면서도 소리 없이 가볍게 한 번 웃는 모양.

📖 교과서 문제

7 내가 고개를 까딱하자 '너'는 어떻게 했습니까?

(　　　)

① 똑같이 고개를 까딱했다.
② 그러지 말라고 손을 저었다.
③ 고개를 돌리고 못 본 척했다.
④ 고개를 숙이고 입을 다물었다.
⑤ 큰 소리로 왜 그러는지 물었다.

핵심

8 '나'와 '너'의 행동에서 느껴지는 마음은 무엇입니까?

(　　　)

① 낯설고 어색한 마음
② 혼자 있고 싶은 마음
③ 친구를 만나기 싫은 마음
④ 친구를 만나 반가워하는 마음
⑤ 자신을 몰라 주어 외로운 마음

● 여러 가지 방법으로 「신호」를 낭송하고, 시에 대한 생각이나 느낌 나누기

❶

주고받으며 낭송하기

너랑 만나기로 했다

신발 끈도 못 묶고 달려 나갔다

❷

팔을 휘휘 흔들자 너도 휘휘

시에서 떠오르는 장면을 몸짓으로 표현하며 낭송하기

8 단원

• 그림 설명: 친구들이 시 「신호」를 여러 가지 방법으로 낭송하고 있는 그림입니다.

교과서 핵심

◉ 여러 가지 방법으로 시 낭송하기 예
• 주고받으며 낭송하기
• 장면을 몸짓으로 표현하며 낭송하기
• 랩처럼 낭송하기
• 분위기와 어울리는 음악을 틀어 놓고 낭송하기
• 손뼉 치고 발 구르며 낭송하기

9 그림 ❶에서는 어떤 방법으로 시를 낭송하고 있습니까? ( )

① 시를 혼자서 읽고 있다.
② 시를 춤으로 표현하고 있다.
③ 소리를 내지 않고 시를 읽고 있다.
④ 시의 내용을 새롭게 바꾸어 읽고 있다.
⑤ 친구와 시를 주고받으며 낭송하고 있다.

11 시를 낭송하는 방법에 대한 설명으로 알맞은 것에 ○표를 하시오.

(1) 시의 장면을 몸짓으로 표현하며 낭송할 수 있다. ( )
(2) 여러 가지 방법으로 시를 낭송하면 시가 더 어렵게 느껴진다. ( )
(3) 시는 반드시 '주고받으며 낭송하기' 방법으로만 낭송해야 한다. ( )

10 그림 ❷는 시 「신호」의 어떤 장면을 몸짓으로 표현한 것이겠습니까? ( )

① 두 친구가 달려 나가는 장면
② 두 친구가 팔을 흔드는 장면
③ 두 친구가 만나기로 하는 장면
④ 두 친구가 폴짝폴짝 뛰는 장면
⑤ 두 친구가 고개를 까딱하는 장면

서술형   📖 교과서 문제

12 시 「신호」처럼 신호를 주고받고 싶은 사람이 있는지 떠올려서 빈칸에 알맞은 내용을 쓰시오.

(1) 신호를 주고받고 싶은 사람	
(2) 주고받고 싶은 신호	
(3) 신호에 담긴 뜻	

편지

글: 아놀드 로벨, 옮김: 엄혜숙

❶ 두꺼비가 자기 집 현관 앞에 앉아 있었어요. 개구리가 와서 물었지요.

ㄱ"무슨 일이 있니, 두꺼비야? 너 슬퍼 보인다."

두꺼비가 말했지요.

5 "응, 지금이 하루 중 가장 슬플 때야. 편지 오기를 기다리는 때거든. 이때가 되면 나는 늘 불행해."

개구리가 물었어요. / "왜?"

두꺼비가 대답했지요.

ㄴ"나는 편지를 한 번도 못 받았거든."

10 "편지를 한 번도 못 받았단 말이야?"

"응, 한 번도! 아무도 나한테 편지를 안 보내. 우편함이 늘 텅 비어 있어. 나는 편지 기다리는 때가 가장 슬퍼."

개구리와 두꺼비는 현관 앞에 나란히 앉아 있었

15 어요.

둘 다 슬픈 기분이 들었지요.

중심 내용 두꺼비는 편지를 한 번도 받지 못해 슬프다고 개구리에게 말했다.

❷ 얼마 뒤에 개구리가 말했어요.

"두꺼비야, 나 이제 집에 가야겠다. 해야 할 일이 있거든." / 개구리는 서둘러 집으로 왔어요.

개구리는 연필을 찾고 종이를 찾았어요.

그러고는 편지를 썼어요.

5 개구리는 편지를 봉투에다 넣었어요.

봉투에는 이렇게 썼지요.

> 두꺼비에게

중심 내용 개구리는 집에 가서 두꺼비에게 편지를 썼다.

• 글의 내용: 편지를 한 번도 받지 못한 두꺼비를 위해 개구리가 편지를 쓰는 이야기로, 우정의 소중함이 나타나 있습니다.

교과서 핵심

○ 인물의 마음이 드러난 부분

인물	마음이 드러난 부분	짐작한 마음
개구리	"무슨 일이 있니, 두꺼비야? 너 슬퍼 보인다."	두꺼비가 걱정되는 마음
두꺼비	"나는 편지를 한 번도 못 받았거든."	속상한 마음

📖 교과서 문제

1 두꺼비가 하루 중 가장 슬플 때는 언제입니까? ( )

① 편지를 쓰는 때
② 잠에서 깨어났을 때
③ 개구리가 집에 가는 때
④ 편지 오기를 기다리는 때
⑤ 손님이 와서 청소를 해야 하는 때

2 개구리가 서둘러 집에 간 까닭은 무엇입니까? ( )

① 시간이 너무 늦어서
② 편지를 쓰기 위해서
③ 두꺼비가 가라고 해서
④ 편지를 기다려야 해서
⑤ 저녁밥을 먹기 위해서

핵심

3 ㄱ, ㄴ에 드러난 두꺼비와 개구리의 마음으로 알맞은 것을 찾아 선으로 이으시오.

(1) ㄱ • • ① 속상한 마음

(2) ㄴ • • ② 두꺼비가 걱정되는 마음

4 개구리는 누구에게 편지를 썼는지 쓰시오.

( )

③ 개구리는 집 밖으로 뛰어나갔어요.

♥마침 친한 달팽이를 만났지요.

"달팽이야, 부탁 하나 들어줄래? 이 편지 두꺼비 집으로 가져가서 우편함에 넣어 주렴."

5 "알았어, 바로 갈게."

중심 내용 개구리는 달팽이에게 편지를 전해 달라고 부탁했다.

④ 그런 다음, 개구리는 다시 두꺼비 집으로 달려 갔어요.

두꺼비는 낮잠을 자고 있었어요.

"두꺼비야, 일어나서 좀 더 편지를 기다리는 게 10 나을 것 같아."

두꺼비가 대답했지요.

"싫어, 나는 편지 기다리는 데 지쳤어."

개구리는 창밖에 있는 두꺼비의 우편함을 내다 보았어요.

달팽이는 아직 보이지도 않았지요.

개구리가 말했어요.

"두꺼비야, 누가 편지를 보낼지도 모르잖아."

그러자 두꺼비는 이렇게 말했지요.

"그럴 리 없어. 누가 편지를 보내겠니?" 5

개구리는 창밖을 내다보았어요.

달팽이는 아직도 보이지 않았지요.

"하지만 두꺼비야, 오늘은 누가 편지를 보낼지 도 모르잖아?"

두꺼비가 말했어요. 10

㉠"바보 같은 소리 하지 마. 아무도 내게 편지를 보내지 않아. 오늘이라고 누가 편지를 보내겠어?"

♥마침 어떤 경우나 기회에 알맞게.
예 책을 읽어야 하는데 마침 도서관이 문을 열었다.

📖 교과서 문제

5 개구리가 달팽이에게 한 부탁은 무엇입니까?

( )

① 두꺼비의 친구가 되어 달라.
② 두꺼비에게 편지를 써 달라.
③ 두꺼비에게 편지를 전해 달라.
④ 낮잠을 자는 두꺼비를 깨워 달라.
⑤ 두꺼비에게 편지가 온다고 알려 달라.

역량

6 **④**를 읽고 든 생각으로 알맞지 <u>않은</u> 말을 한 친구는 누구인지 쓰시오.

> 서희: 개구리는 편지가 올 것을 알리려고 두 꺼비 집으로 다시 갔구나.
> 영지: 두꺼비는 편지 기다리기를 포기했나 봐.
> 지나: 두꺼비는 편지가 올 것을 알고도 모른 척하고 있는 거야.

( )

7 개구리가 계속 창밖을 내다본 까닭은 무엇입 니까? ( )

① 누가 창문을 두드려서
② 창밖의 날씨가 궁금해서
③ 빨리 집으로 돌아가고 싶어서
④ 두꺼비가 편지가 오는지 봐 달라고 해서
⑤ 달팽이가 편지를 가져오는 것을 기다리 고 있어서

서술형

8 ㉠을 듣고 개구리는 어떤 마음이 들었을지 쓰 시오.

_____

_____

8. 다양한 작품을 감상해요 **147**

개구리는 창밖을 내다보았어요.

달팽이는 아직도 보이지 않았지요.

두꺼비가 말했어요.

"개구리야, 너는 왜 자꾸만 창밖을 내다보니?"

5 "응, 편지를 기다리고 있거든."

"편지가 올 리 없잖아."

그러자 개구리가 이렇게 말했어요.

"아니야, 분명히 편지가 올 거야. 내가 너한테 편지를 보냈거든."

10 "네가 편지를 보냈다고? 뭐라고 썼는데?"

> 안녕, 두꺼비야.
> 네가 나의 가장 친한 친구인 게 기뻐.
> 너의 가장 친한 친구 개구리가.

"이렇게 썼어."

15 두꺼비가 말했어요.

㉠"와, 정말로 멋진 편지다."

그다음에 개구리와 두꺼비는 편지를 기다리러 현관 앞으로 나갔어요.

개구리와 두꺼비는 현관 앞에 나란히 앉았지요.

둘 다 행복해하면서 말이에요!

중심 내용 두꺼비와 개구리는 행복한 마음으로 편지를 기다렸다.

❺ 개구리와 두꺼비는 한참 동안 기다렸어요. 5

♥나흘 뒤에야 달팽이가 와서는 두꺼비한테 개구리의 편지를 전해 주었어요.

두꺼비는 무척이나 기뻤답니다.

중심 내용 나흘 뒤, 편지를 받은 두꺼비는 무척 기뻤다.

♥나흘 네 날.
⑩ 고양이가 집을 나간 지 나흘 만에 돌아왔다.

🦉 교과서 **핵심**

◦ 이 이야기의 인물과 비슷한 경험 떠올리기 ⑩
• "나는 할머니께 생일 축하 카드를 받은 적이 있어. 기분이 정말 좋았어."
• "현장 체험학습을 가기 일주일 전부터 기다리며 설렜던 기억이 나."

📖 교과서 문제

9 달팽이가 나흘 뒤에야 두꺼비에게 편지를 전해 준 까닭은 무엇이겠습니까? ( )

① 달팽이의 걸음이 느려서
② 두꺼비를 좋아하지 않아서
③ 개구리가 편지를 늦게 주어서
④ 개구리의 심부름을 하기 싫어서
⑤ 개구리가 늦게 전해 달라고 해서

핵심

10 ㉠에서 두꺼비의 마음은 어떠했을지 두 가지 고르시오. (,)

① 편지 내용에 감탄하는 마음
② 친구가 없어서 외로운 마음
③ 개구리의 장난에 화가 난 마음
④ 답장을 쓸 것이 걱정되는 마음
⑤ 개구리의 편지를 받을 생각에 기쁜 마음

11 개구리가 두꺼비에게 쓴 편지의 내용은 무엇인지 빈칸에 알맞은 말을 쓰시오.

• 두꺼비가 자신의 가장 친한 ( ) 인 게 기쁘다.

서술형

12 이 글을 읽고 든 생각이나 느낌을 쓰시오.

(1) 기억에 남는 장면	
(2) 그 장면이 기억에 남는 까닭	
(3) 그 장면에 대한 자신의 생각	

소단원 2 ──── 인형극을 감상하고 인물의 마음 짐작하기

● 인물의 마음을 짐작하며 인형극 「해와 달이 된 오누이」 보기

❶ 엄마가 외출하기 전에 똘이와 순이에게 모르는 사람이 오면 절대 문을 열어 주지 말라고 하셨다.

❷ 엄마가 잔칫집에 가고 오누이만 집을 보게 되었다.

❸ 고개에 나타난 호랑이가 엄마를 잡아먹는다.

❹ 호랑이가 엄마인 척 오누이를 찾아온다.

❺ 나무 위로 피한 오누이는 하늘로 올라가 해와 달이 되고, 호랑이는 땅으로 떨어져 죽는다.

• 그림 설명: 호랑이에게 잡아먹힐 위기에 처한 오누이가 하늘로 올라가 해와 달이 되었다는 이야기를 그림자 인형극으로 만든 것입니다. 그림자 인형극은 인형을 조명에 비추어 생긴 그림자로 만든 극을 말합니다.

교과서 핵심

◦ 인형극을 보고 인물의 마음 짐작하는 방법
• 인물의 말과 행동을 자세히 관찰하며 인형극을 봅니다.
• 기억에 남는 장면을 떠올립니다.
• 인물의 마음을 짐작해 보고 나라면 어떠했을지 상상합니다.

📖 교과서 문제

1 장면 ❸에서 호랑이가 갑자기 나타났을 때 엄마의 마음은 어떠했을지 두 가지 고르시오.
(,)

① 반가움　　② 미안함
③ 신기함　　④ 무서움
⑤ 깜짝 놀람

2 장면 ❹에서 다음 호랑이의 말이나 행동에 나타난 마음은 무엇입니까? ( )

> 엄마의 목소리를 흉내 내어 오누이에게 은근하게 말한다.
> "엄마가 왔단다."

① 엄마를 도우려는 마음
② 오누이를 걱정하는 마음
③ 오누이를 속이려는 마음
④ 오누이를 무서워하는 마음
⑤ 오누이가 무엇을 하는지 궁금한 마음

3 낱말의 뜻을 생각하며 보기 에서 알맞은 낱말을 찾아 빈칸에 쓰시오.

보기
나그네 　 동아줄 　 오누이

(1)	오빠와 여동생(또는 누나와 남동생)을 나타내는 말.
(2)	굵고 튼튼하게 꼰 줄.
(3)	자기 고장을 떠나 다른 곳에 잠시 머물거나 떠도는 사람.

핵심

4 인형극을 보고 인물의 마음을 짐작하는 방법으로 알맞은 것에 모두 ○표를 하시오.

(1) 인물의 행동을 자세히 관찰한다.( )
(2) 실제로 있었던 일인지 확인한다.( )
(3) 인물의 마음이 드러나는 말을 찾아본다.
( )

8 단원

● 인형극 「사자와 생쥐」를 보고 재미있는 장면 떠올려 보기

❶ [라온을 풀어 주려는 너구리]

너구리: 오오? 사자님께서 ♥밧줄을 목에 ♥감고 계시네.

라온: 너구리구나. 너구리야, 빨리 이 밧줄을 좀 풀어 줘.

너구리: 오오? 그럼 밧줄을 잡아당기면 되나요? 하나, 둘, 하나, 둘……

5 라온: 야, 풀어 달라고 하니까 잡아당기면 어떡해?

너구리: 오오? 이게 아닌가요? 그럼 다시 거꾸로. 둘, 하나, 둘, 하나…….

라온: 그만! 지금 날 도와주는 게 아니라 내 목을 ♥조르고 있잖아!

❷ [제리를 구해 주는 라온]

제리: 어, 어, 어!

10 여우: 아니, 어디로 도망 가? 거기 서! 에잇!

제리: 으악! 저한테 왜 이러세요! 라온 님, 라온 님! 도와주세요!

여우: 흥! 사자가 너를 도와줄 것 같아? 소리 질러 봐야 소용없어!

제리: 으악! 라온 님! 라온 님!

라온: 누가 내 친구를 괴롭혀? 여우! 너 나한테 혼나 볼래?

15 여우: 으잉? 뭐야? 진짜 도와주러 온 거야? 그냥 도망가자! (머리를 부딪혀 쓰러지며) 아이고 머리야…….

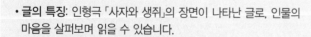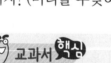

• **글의 특징**: 인형극 「사자와 생쥐」의 장면이 나타난 글로, 인물의 마음을 살펴보며 읽을 수 있습니다.

♥**밧줄** 삼 따위로 세 가닥을 지어 굵다랗게 꼰 줄.
⑩ 나무가 쓰러지지 않게 굵은 밧줄로 묶었다.

♥**감고** 어떤 물체를 다른 물체에 말거나 빙 두르고.
⑩ 머리에 붕대를 감고 있었다.

♥**조르고** 동이거나 감은 것을 단단히 죄고.
⑩ 허리띠를 바짝 조르고 배고픈 것을 참았다.

🦉 교과서 핵심

○ **인형극을 감상하고 자신의 생각이나 느낌 표현하기**

① 인형극에서 일이 일어난 차례대로 줄거리를 정리해 봅니다.

② 인형극에서 인물의 말과 행동 가운데 재미있거나 인상적인 부분을 찾아봅니다.

③ 친구들과 함께 인물의 말과 행동을 따라해 봅니다.

④ 인형극에 대한 자신의 생각이나 느낌을 친구들과 이야기해 봅니다.

⑤ 인형극에 등장하는 인물에게 하고 싶은 말을 편지로 써 봅니다.

핵심

1 장면 **1**, **2**에서 등장하는 인물의 말이나 행동을 보고 느낀 점을 알맞게 말한 친구의 이름을 쓰시오.

> 형은: 제리가 밧줄에 묶여서 쩔쩔매는 것이 안타까웠어.
> 동주: 라온이 느릿느릿하게 말하고 움직이는 것이 재미있었어.
> 원영: 여우가 도망가다가 머리를 부딪혀 쓰러지는 장면이 우스웠어.

( )

2 장면 **1**에서 라온은 어떤 상황에 처했습니까? ( )

① 오래 굶었다.
② 밧줄에 묶였다.
③ 구덩이에 갇혔다.
④ 잠을 자지 못했다.
⑤ 사냥꾼의 총에 맞았다.

3 장면 **1**에서 라온이 밧줄을 풀어 달라고 하자 너구리는 어떻게 하였는지 쓰시오.

( )

4 장면 **2**에서 제리가 도와달라고 하자 라온은 어떻게 하였습니까? ( )

① 모르는 척했다.
② 여우의 편을 들었다.
③ 바로 나타나 제리를 도와주었다.
④ 제리에게 자기부터 도와달라고 했다.
⑤ 여우에게 제리를 용서해 달라고 했다.

5 장면 **2**에서 라온의 성격은 어떠합니까? ( )

① 겁이 많다.
② 의리가 있다.
③ 약속을 잘 잊는다.
④ 꾀를 써서 남을 괴롭힌다.
⑤ 어리석고 실수를 많이 한다.

6 장면 **2**에서 여우는 어떻게 되었는지 쓰시오.
( )

서술형 📖 교과서 문제

7 장면 **2**에 등장하는 라온에게 자신의 생각이나 느낌을 전하는 편지를 쓰시오.

> 라온에게
>
> _____
>
> _____
>
> _____

핵심

8 이와 같은 인형극을 보고 자신의 생각이나 느낌을 표현하는 방법으로 알맞은 것에 <u>모두</u> ○표를 하시오.

(1) 인형극 속 인물에게 편지를 써 본다.
( )
(2) 인형극 속 인물의 말과 행동을 따라 해 본다. ( )
(3) 인형극에 인물이 몇 명 나오는지 세어 본다. ( )

소단원 1. 시와 이야기를 감상하고 생각이나 느낌 표현하기

● 시를 낭송하고 생각이나 느낌 나누는 방법 생각하며 문제 풀어 보기

(1) 시 속 인물의 경험과 비슷한 자신의 경험을 떠올린다. (○ , ×)
(2) 시의 장면을 상상하거나 시 속 인물의 마음을 짐작한다. (○ , ×)
(3) 재미있는 부분만 골라 느낌을 말한다. (○ , ×)

●「은혜 갚은 개구리」를 읽고 생각이나 느낌 표현해 보기

은혜 갚은 개구리

　옛날, 어느 마을에 가난한 할아버지와 할머니가 살았어. 하루는 할
아버지가 길을 가다가 웅덩이에서 헤엄치고 있는 올챙이 몇 마리를 보
았어. 가만 보니 오랫동안 비가 오지 않아 올챙이가 다 죽게 생겼네.
　"저런, 딱하기도 하지!"
5　할아버지는 올챙이들을 곱게 떠서 근처 연못에 옮겨 주었어. 그러
고는 오다가다 올챙이가 자라는 것을 지켜보며 흐뭇해했지.
　그렇게 몇 달이 지났어. 어느 날 집 밖에서 개굴개굴 소리가 요란
하게 들리는 거야. 할아버지가 나가 보니 예전에 연못으로 옮겨 준
올챙이들이 커서 개구리가 된 거야. 그 개구리들은 할아버지 앞에
10　냄비 하나를 놓고 가 버리네. 할아버지와 할머니는 냄비에 쌀 한 주
먹을 넣고 물을 부어 밥을 했어. 그런데 냄비 뚜껑을 열어 보니 냄
비 안에 흰밥이 가득한 거야. 할아버지와 할머니는 깜짝 놀랐지.
　"요술 냄비구나!"
　할아버지와 할머니는 그때부터 밥걱정하지 않고 편안하게 잘 살
15　았대. 그뿐인가? 배고픈 사람은 누구든지 집으로 찾아와 배불리 먹
게 했다니 얼마나 좋은 일이야!

1 다음은 만화에서 양이 늑대에게 낸 문제입니다. 빈칸에 알맞은 말을 쓰시오.

> "어제 학교에서 ☐ 을/를 낭송하고 ☐ 을/를 나누었잖아. 네가 진짜 내 친구 하양이라면 쉽게 풀 수 있을 거야."

2 양이 낸 문제 (1)~(3) 중 알맞지 않은 것의 번호를 쓰시오.
(　　　　　)

3 「은혜 갚은 개구리」에서 인상 깊은 장면을 쓰시오.
(　　　　　)

4 「은혜 갚은 개구리」를 읽고 자신의 생각이나 느낌을 알맞게 말하지 않은 것은 무엇입니까? (　　)
① 냄비에 밥이 가득한 것이 신기했어.
② 할아버지에게 은혜를 갚은 개구리들이 멋져.
③ 나도 도움을 받으면 보답하기 위해 노력할 거야.
④ 할아버지, 할머니는 개구리 울음소리를 좋아하나 봐.
⑤ 작은 생명도 소중히 아끼는 할아버지가 훌륭하다는 생각이 들었어.

실력 키우기 • 108~109쪽   **소단원 2. 인형극을 감상하고 생각이나 느낌 표현하기**

● 인형극의 한 장면을 떠올려 보고 인물의 말과 행동에서 마음 짐작해 보기

❶ 똘이와 순이가 호랑이를 피해 하늘로 올라가는 장면

> 똘이: 하느님, 살려 주세요.
> 순이: 살려 주세요. 흑흑.
>   하늘에서 동아줄이 내려온다.
> 순이: 오빠, 저기 저기. 동아줄이 내려오고 있어.

똘이: ㉠우아, 정말! 순이야, 꽉 잡아.

❷ 너구리가 라온의 밧줄을 풀어 주려고 하는 장면

> 라온: (반가워하며) 너구리야, 빨리 이 밧줄 좀 풀어 줘.
> 너구리: (느릿느릿하게) 오오? 그럼 밧줄을 잡아당기면 되나요? 하나, 둘, 하나, 둘…….

라온: ㉡(발을 동동 구르며) 야, 풀어 달라고 하니까 잡아당기면 어떡해?

● 인형극을 보고 자신의 생각이나 느낌 써 보기

> ㉮ 「해와 달이 된 오누이」에서 똘이가 호랑이를 따돌리는 장면이 기억에 남는다. 호랑이가 나무에 어떻게 올라갔냐고 물었을 때 똘이는 기름을 바르면 된다고 둘러대었다. 기름을 바른 호랑이가 미끄러져 엉덩방아를 찧는 장면이 우스웠다. 나도 위험한 순간에 똘이처럼 꾀를 써야겠다고 생각했다.

> ㉯ 「사자와 생쥐」에서 라온이 골탕을 먹는 장면이 기억에 남는다. 라온은 자기 힘만 믿고 못되게 굴다가 여우의 함정에 빠진다. 그러다가 제리가 밧줄을 끊어 주어서 다시 자유롭게 된다. 라온은 자신이 잘못했다는 것을 깨닫고 제리에게 사과한다.

5 ㉠에서 똘이의 마음을 짐작한 것으로 알맞은 것은 무엇입니까?   (   )

① 기쁨   ② 화남
③ 궁금함   ④ 미안함
⑤ 편안함

6 ㉡에서 드러나는 라온의 마음을 짐작하여 쓰시오.
(   )

7 글 ㉮, ㉯ 가운데에서 자신의 생각을 쓴 글의 기호를 쓰시오.
(   )

8 인형극을 보고 자신의 생각이나 느낌을 알맞게 표현하는 방법이 아닌 것은 무엇입니까?
            (   )

① 기억에 남는 장면을 잘 찾아 쓴다.
② 왜 그 장면이 기억에 남는지 쓴다.
③ 인형극의 내용을 차례대로 정리한다.
④ 생각이나 느낌이 잘 드러나게 쓴다.
⑤ 인형극의 내용을 마음대로 바꿔서 쓴다.

교과서 문제

1 이야기를 읽고 느낀 점을 말하는 방법으로 알맞은 것을 **두 가지** 고르시오. (,)

① 줄거리를 길게 말한다.
② 인물의 좋은 점만 찾는다.
③ 느낌은 짧게 말할수록 좋다.
④ 비슷한 경험을 한 적이 있는지 생각한다.
⑤ 기억에 남는 장면과 그 까닭이 무엇인지 생각해 본다.

교과서 문제

2 이야기를 읽고 느낀 점을 발표하려는 친구에게 알맞게 조언한 것의 기호를 쓰시오.

> ㉠ 그냥 재미있다고 말하면 돼.
> ㉡ 최대한 어려운 말을 써서 발표해.
> ㉢ 인물에게 하고 싶은 말을 떠올려 보는 건 어때?

( )

핵심

3 인형극 속 인물의 마음을 짐작할 때 자세히 살펴봐야 하는 것을 **두 가지** 고르시오.
(,)

① 인물의 말
② 인물의 행동
③ 인물의 옷차림
④ 그 인물과 닮은 친구
⑤ 인형극에 나오는 인물의 수

4 인형극 속 인물의 마음을 짐작하는 방법으로 알맞지 **않은** 것에 ×표를 하시오.

(1) 인물의 이름이 무엇인지 생각한다.
( )
(2) 인물의 마음이 드러나는 말을 찾아본다.
( )
(3) 목소리의 크기와 빠르기가 어떠한지 주의 깊게 듣는다.
( )

역량

5 친구들과 인형극을 만들어 발표하기 위해 나눈 대화입니다. 알맞은 말을 한 친구의 이름을 쓰시오.

> 정빈: 인물의 성격이 잘 드러나도록 인물의 말을 실감 나게 전달해야 해.
> 해진: 인형극을 보는 친구들이 재미있도록 웃기는 말을 하는 게 가장 중요해.

( )

6~7

6 ㉠을 소리 나는 대로 쓰시오.

[ ]

교과서 문제

7 ㉡과 ㉢을 자연스럽게 발음한 것은 무엇입니까?
( )

① 구름에[구름에] ② 구름에[구르메]
③ 구름에[구름메] ④ 구름을[구름을]
⑤ 구름을[구름믈]

1~3

　┌ 두 개보다는
　│ 한 개
㉠│ 큰 것보다는
　└ 작은 것

우산 속에서 팔짱 낀 두 사람
어깨동무한 두 사람
더 따뜻해 / 더 정다워

1 이 시에 나오는 두 사람은 어떤 행동을 하고 있는지 <u>두 가지</u> 고르시오. 　(　, 　)

① 우산 없이 비를 맞았다.
② 우산 속에서 팔짱을 꼈다.
③ 우산 속에서 어깨동무를 했다.
④ 각자 우산을 쓰고 따로 걸었다.
⑤ 자기가 우산을 쓰겠다고 다투었다.

2 ㉠이 가리키는 것을 한 낱말로 쓰시오.
(　　　　　　　)

3 이 시는 어떤 목소리로 낭송하는 것이 어울리는지 쓰시오.
(　　　　　　　)

4 다음 장면에서 콩쥐는 깨진 독을 막아 준 두꺼비에게 어떤 마음이겠습니까? 　(　　)

① 무서운 마음　　② 고마운 마음
③ 설레는 마음　　④ 화가 난 마음
⑤ 안타까운 마음

5~7

너랑 만나기로 했다
신발 끈도 못 묶고 달려 나갔다
건널목에서 우리 마주쳤다
빨간 신호등이 켜졌다
내가 빙긋 웃자 / 너도 빙긋
고개를 까딱하자 / 너도 까딱
팔을 휘휘 흔들자 너도 　㉠
폴짝폴짝 뛰자 너도 뛴다
빨간불이 막아도
너랑 나랑 마주 보며 / 너랑 나랑 신호 중.

5 '나'와 '너'가 마주친 곳은 어디입니까?(　　)

① 학교　　　　　② 놀이터
③ 건널목　　　　④ 버스 안
⑤ '나'의 집

6 ㉠에 알맞은 말은 무엇입니까? 　(　　)

① 빙긋　　　　　② 까딱
③ 휘휘　　　　　④ 깔깔
⑤ 폴짝폴짝

중요

7 다음 그림은 이 시를 어떤 방법으로 낭송한 것인지 번호를 쓰시오.

① 주고받으며 낭송하기
② 손뼉 치고 발 구르며 낭송하기
③ 장면을 몸짓으로 표현하며 낭송하기

(　　　　　　　)

8~10

두꺼비가 대답했지요.

㉠"나는 편지를 한 번도 못 받았거든."

"편지를 한 번도 못 받았단 말이야?"

"응, 한 번도! 아무도 나한테 편지를 안 보내. 우편함이 늘 텅 비어 있어. 나는 편지 기다리는 때가 가장 슬퍼."

개구리와 두꺼비는 현관 앞에 나란히 앉아 있었어요.

둘 다 슬픈 기분이 들었지요.

얼마 뒤에 개구리가 말했어요.

"두꺼비야, 나 이제 집에 가야겠다. 해야 할 일이 있거든."

㉡ 개구리는 서둘러 집으로 왔어요.
개구리는 연필을 찾고 종이를 찾았어요.
그러고는 편지를 썼어요.

개구리는 편지를 봉투에다 넣었어요.

봉투에는 이렇게 썼지요.

> 두꺼비에게

8 개구리가 서둘러 집으로 간 까닭은 무엇인지 쓰시오.

(   )

9 ㉠에서 두꺼비의 마음은 어떠합니까? (   )

① 기쁘다.   ② 행복하다.

③ 미안하다.   ④ 속상하다.

⑤ 자랑스럽다.

10 ㉡에 드러난 개구리의 마음을 생각하여 빈칸에 알맞은 말을 쓰시오.

• 얼른 편지를 써서 (   )을/를 기쁘게 해 주고 싶은 마음

11~13

> 안녕, 두꺼비야.
> 네가 나의 가장 친한 친구인 게 기뻐.
> 너의 가장 친한 친구 개구리가.

"이렇게 썼어."

두꺼비가 말했어요.

"와, 정말로 멋진 편지다."

그다음에 개구리와 두꺼비는 편지를 기다리러 현관 앞으로 나갔어요.

개구리와 두꺼비는 현관 앞에 나란히 앉았지요.

둘 다 행복해하면서 말이에요!

11 개구리가 두꺼비에게 쓴 편지의 내용은 무엇입니까? (   )

① 다른 친구를 더 사귀고 싶다.

② 다음에 집에 놀러 가고 싶다.

③ 함께 편지를 기다리면 좋겠다.

④ 나에게 편지를 써 주면 좋겠다.

⑤ 두꺼비가 자신의 가장 친한 친구인 게 기쁘다.

중요

12 편지를 기다리는 개구리와 두꺼비의 마음은 어떠한지 ○표를 하시오.

(슬프다 , 지루하다 , 행복하다)

서술형

13 이 글에 나오는 인물과 비슷한 경험을 떠올려 쓰시오.

_____

_____

14 〔국어 활동〕 다음은 시를 낭송하고 생각이나 느낌을 나누는 방법을 설명한 것입니다. 빈칸에 공통으로 들어갈 알맞은 낱말을 쓰시오.

> • 시 속 □□□의 경험과 비슷한 자신의 경험을 떠올린다.
> • 시의 장면을 상상하거나 시 속 □□□ 의 마음을 짐작한다.

( )

15 인형을 조명에 비추어 생긴 그림자로 만든 극을 가리키는 말을 쓰시오.

( )

16 다음은 인형극을 보고 인물의 마음을 짐작하는 방법입니다. 빈칸에 알맞은 말을 쓰시오.

(1) 인물의 □□□을/를 자세히 살펴본다.
(2) 인물의 마음이 드러나는 □□□을/를 찾아본다.
(3) 목소리의 □□와/과 □□이/가 어떠한지 주의 깊게 듣는다.

〔실력 UP〕

17 하늘을 향해 살려 달라고 비는 다음 장면에서 똘이와 순이의 마음은 어떠하겠습니까?

( )

① 기쁜 마음
② 고마운 마음
③ 깜짝 놀란 마음
④ 남을 속이려는 마음
⑤ 다급하고 간절한 마음

[18~19]

> 제리: 으악! 라온 님! 라온 님!
> 라온: 누가 내 친구를 괴롭혀? 여우! 너 나한테 혼나 볼래?
> 여우: 으잉? 뭐야? 진짜 도와주러 온 거야? 그냥 도망가자! (머리를 부딪혀 쓰러지며) 아이고, 머리야…….

18 이 글에서 여우의 마음은 어떠하겠습니까?

( )

① 당황스럽다.
② 사자가 고맙다.
③ 제리에게 미안하다.
④ 사자의 도움을 받고 싶다.
⑤ 제리와 친구가 되고 싶다.

〔서술형〕

19 이 장면에서 라온의 행동에 대한 자신의 생각이나 느낌을 쓰시오.

_____

_____

〔국어 활동〕

20 인형극을 보고 자신의 생각을 쓴 다음 글에서 고쳐야 할 점은 무엇입니까?

( )

> 「사자와 생쥐」에서 라온이 골탕을 먹는 장면이 기억에 남는다. 라온은 자기 힘만 믿고 못되게 굴다가 여우의 함정에 빠진다. 그러다가 제리가 밧줄을 끊어 주어서 다시 자유롭게 된다.

① 웃기는 말을 넣어 써야 한다.
② 어떤 인형극을 봤는지 써야 한다.
③ 어려운 말을 많이 넣어 써야 한다.
④ 인형극에 누가 나오는지 써야 한다.
⑤ 자신의 생각이나 느낌이 잘 드러나게 써야 한다.

따라 쓰기

● 글씨를 바르게 써 보시오.

건	널	목	달	팽	이	우	편	함
건	널	목	달	팽	이	우	편	함
건	널	목	달	팽	이	우	편	함

두	꺼	비	는		무	척	이
두	꺼	비	는		무	척	이

나		기	뻤	답	니	다	.
나		기	뻤	답	니	다	.

국어

※『한끝 초등 국어』는 다음 저작물의 교과서 수록 부분을 재인용하여 만들었습니다.

단원	제재 이름	지은이	나온 곳	한끝 쪽수
1	「세상에 둘도 없는 반짝이 신발」	제인 고드윈 글, 신수진 옮김, 애나 워커 그림	『세상에 둘도 없는 반짝이 신발』, 모래알(키다리), 2018.	10쪽
2	「가랑비와 이슬비」 (원제목: 「뜨고 지고!」)	박남일 글, 김우선 그림	『뜨고 지고!』, 길벗어린이㈜, 2008.	27쪽
2	「내 친구 몬덕이」	한국교육방송공사	「내 친구 몬덕이: 다섯 글자로 말해요」, 한국교육방송공사, 2021.	28쪽
2	「어디까지 왔니」	편해문 엮음, 신동일·송선형 편곡, 윤정주 그림	『깨롱깨롱 놀이 노래』, ㈜도서출판 보리, 2008.	30쪽
2	「시원한 책」	이수연	『시원한 책』, 발견, 2020.	31쪽
3	「식물은 어떻게 자랄까?」	유다정 글, 최병옥 그림	『식물은 어떻게 자랄까?』, ㈜교원, 2011.	46쪽
4	「누가 누가 잠자나」	목일신 글, 이준섭 그림	『누가 누가 잠자나』, ㈜문학동네, 2003.	61쪽
4	광고 (「바다가 쓰레기통입니까?」)		「바다가 쓰레기통입니까?」, 해양경찰청·포스코이앤씨, 2022.	65쪽
4	「바람은 착하지」	권영상	『잘 커다오, 꽝꽝 나무야』, ㈜문학동네, 2009.	68쪽
4	「오늘」	이준관	『내가 채송화꽃처럼 조그마했을 때』, ㈜푸른책들, 2006.	70쪽
5	준비	김세실 글, 김도윤 그림	『두근두근 이 마음은 뭘까? — 마음을 표현하는 감정 낱말 —』, 한빛에듀, 2021.	83쪽
5	「밤 다섯 개」	권정생	『아기 토끼와 채송화꽃: 권정생 동화집』, ㈜창비, 2012.	91쪽
6	광고 「공공장소에서의 예절 — 당신의 배려가 —」	해피프로덕션	한국방송광고진흥공사, 2018.	105쪽
6	「누구를 보낼까요」	이형래	『누구를 보낼까요』, 국수, 2023.	112쪽
7	「메기야, 고마워」 (원제목: 마음 착한 메기)	홍은순	『꿀항아리』, 보육사, 1979.	129쪽
8	「우산 사용법」	정연철 글, 김고은 그림	『알아서 해가 떴습니다』, ㈜사계절출판사, 2018.	141쪽
8	「신호」	장세정 글, 김민주 그림	『튀고 싶은 날』, 오픈키드㈜열린어린이, 2018.	144쪽
8	「편지」	아놀드 로벨 글, 엄혜숙 옮김	『개구리와 두꺼비는 친구』, ㈜비룡소, 1996.	146쪽
8	「해와 달이 된 오누이」 (원제목: 「해님달님」)	인형극단친구들	「해님달님」, 인형극단친구들, 2021.	149쪽
8	「사자와 생쥐」	극단조이아이	「사자와 생쥐」, 의정부문화원, 2020.	150쪽

국어 활동

※『한끝 초등 국어』는 다음 저작물의 교과서 수록 부분을 재인용하여 만들었습니다.

단원	제재 이름	지은이	나온 곳	한끝 쪽수
1	「용기를 내, 비닐장갑!」	유설화	『용기를 내, 비닐장갑!』, ㈜책읽는 곰, 2021.	19쪽
2	「내 마음 ㅅㅅㅎ」	김지영	『내 마음 ㅅㅅㅎ』, ㈜사계절출판사, 2021.	35쪽
3	왼쪽 괭이갈매기 사진		독도종합정보시스템 누리집 (www.dokdo.re.kr)	52쪽
3	오른쪽 괭이갈매기 사진		독도연구소 누리집 (www.dokdohistory.com)	52쪽
3	「이게 뭐예요?」	라파엘 마르탱 글, 강현주 옮김	『이게 뭐예요?』, 머스트비, 2019.	53쪽
4	「노란 당나귀」	김개미	『쉬는 시간에 똥 싸기 싫어』, 토토북, 2017.	73쪽
4	「무지개」	문삼석	『낭송하고 싶은 우리 동시』, 좋은꿈, 2020.	74쪽
5	「세상에서 가장 힘이 센 말」	이현정	『세상에서 가장 힘이 센 말』, 달달북스, 2020.	97쪽
6	「저마다 다른 동물의 생김새」	보리 글, 윤봉선 그림	『세밀화로 그린 보리 어린이 동물 도감』, ㈜도서출판 보리, 1998.	114쪽
6	「토끼의 재판」	방정환	『어린이』 제1권 제10호, 1923.	115쪽
8	똘이와 순이가 호랑이를 피해 하늘로 올라가는 장면	인형극단친구들	「해님달님」, 인형극단친구들, 2021.	153쪽
8	너구리가 라온의 밧줄을 풀어 주려고 하는 장면	극단조이아이	「사자와 생쥐」, 의정부문화원, 2020.	153쪽

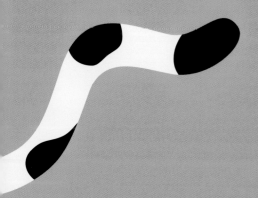

한끝

정답과 해설

초등
국어 **2·1**

한끝 정답과 해설

2·1

초등 국어

1. 만나서 반가워요!

핵심 확인 문제   6쪽

1 ×	2 읽을	3 ×
4 귀 기울여	5 (2) ○	6 내용

준비   배울 내용 살펴보기   7~8쪽

1 발표	2 ③	3 ①
4 쓰면서	5 곱슬이	6 ②
7 ④	8 ㉢	

1 발표를 하거나 듣는 상황이 나타난 그림입니다.

2 발표를 들을 때에는 발표하는 친구의 얼굴을 보며 듣습니다. 말차례를 지키고 들은 내용을 이해했다면 미소를 짓거나 끄덕이는 등 경청하는 태도를 보입니다.

> **정답 친해지기** 발표를 들을 때 주의할 점
> • 중요한 내용은 쓰면서 듣습니다.
> • 궁금한 내용이 있으면 손을 들고 기회를 얻어 질문합니다.

3 발표를 듣다가 궁금한 내용이 있으면 손을 들고 기회를 얻어 질문해야 합니다.

4 발표를 들을 때 중요한 내용은 쓰면서 듣습니다.

5 곱슬곱슬한 털이 많아 강아지 이름도 곱슬이라고 했습니다.

6 강아지의 눈은 동그라면서 크다고 하였습니다.

7 민수가 학교에 갔다 오면 강아지가 경중경중 높이 뛰어오르며 반겨 준다고 하였습니다.

8 소개하는 글에는 소개하는 대상의 이름과 특징을 쓰고, 읽을 사람이 궁금해할 내용을 넣습니다.

소단원 1   기본   말차례 알아보기   9쪽

1 꿈	2 ①
3 예 친구가 말할 때에는 끼어들면 안 돼.	4 ④

1 선생님께서 "지금부터 자신의 꿈을 말해 봅시다."라고 하셨고, 동현이가 자신의 꿈이 과학자라고 하였습니다.

2 동현이는 자기가 말하고 있는데 친구가 갑자기 끼어들어 당황했을 것입니다.

3 여자 친구는 동현이가 말하고 있는데 끼어드는 잘못을 했습니다.

> **채점 기준** 다른 사람이 말할 때에는 끼어들면 안 된다는 내용을 포함하여 쓰면 정답으로 합니다.

4 아무리 재미있는 내용이라도 대화 내용과 관계없는 말은 하지 않는 것이 좋습니다.

> **정답 친해지기** 대화할 때 주의할 점
> • 말차례를 지켜 말합니다.
> • 친구가 말할 때에는 끼어들지 않습니다.
> • 대화 내용과 관계없는 말을 하지 않습니다.
> • 상대의 말을 귀 기울여 듣습니다.
> • 상대에게 말이 끝났는지 확인하고 자신이 말해도 되는지 물어본 뒤 말합니다.

소단원 1   통합   글을 읽고 친구들과 이야기 나누기   10~13쪽

1 세 명(3명)	2 ⑤	3 속옷, 신발
4 ①	5 (2) ○	6 ①
7 ②	8 (1) 예 곰 인형 (2) 예 고모에	

게 받은 선물이기 때문이다.   9 모험

10 ⑤	11 (1) ① (2) ③ (3) ②	
12 시냇물을 따라 흘러가 버렸다. 등		
13 ①	14 (1) ① (2) ② (3) ③	
15 ②	16 ㉡	

1 라라의 오빠는 월터, 맥스, 핀으로, 총 세 명입니다.

2 라라는 오빠들이 입다가 작아진 옷을 물려받아 입습니다.

3 라라는 오빠들에게 옷을 물려받아 입지만 속옷과 신발만은 물려받지 않는다고 하였습니다.

4 신발은 물려받은 것이 아니라 늘 새것이어서 라라는 신발을 좋아합니다.

5 반짝반짝 빛나는 신발은 라라의 마음에 쏙 들었습니다. 그리고 엄마는 항상 좀 큰 신발을 사 주셨습니다.

6 엄마는 좀 더 오래 신으라고 라라에게 발보다 좀 큰 신발을 사 주셨습니다.

7 라라가 소풍을 갈 때 새 신발을 신자 엄마는 "더러워질 텐데……." 하고 걱정했습니다.

8 소중하게 생각하는 물건을 떠올려 보고 왜 소중하게 여기는지 씁니다.

> **채점 기준** 자신이 소중하게 생각하는 물건과 그 물건을 소중하게 생각하는 까닭을 알맞게 쓰면 정답으로 합니다.

9 '위험을 무릅쓰고 하는 일.'을 뜻하는 낱말은 '모험'입니다.

10 라라의 신발 한 짝이 시냇물에 빠져 라라는 허둥지둥 신발을 따라갔습니다.

11 물에 빠진 신발을 따라가다 월터는 돌에 채어 넘어졌고, 맥스는 중심을 잃고 비틀거렸고, 핀은 엉덩방아를 찧었습니다.

12 라라는 물에 빠진 신발 한 짝을 건지지 못하고 결국 잃어버렸습니다.

13 '신발 한 짝', '장갑 한 짝'과 같이 둘이 어울려 한 쌍을 이루는 것을 세는 단위는 '짝'입니다.

14 오빠들은 신발 한 짝으로 무엇을 할지 여러 가지 의견을 냈습니다.

15 한 짝만 남은 신발이라도 라라에게는 너무나 소중했으므로, 라라는 애너벨이 흉을 보아도 상관없다는 듯 신발을 계속 신고 다녔습니다.

16 말차례를 지켜 말할 때에는 다른 사람이 말할 때 끼어들지 말고, 상대에게 먼저 말해도 되는지 물어보고 말합니다.

소단원 2 | 기본 소개할 내용 정리하기 | 14~15쪽

1 자신 **2** ①, ③ **3** ②
4 (1) ㉯ (2) 예 소개하는 사람이 누구인지, 좋아하는 것, 잘하는 것이 무엇인지 자세하게 나와 있기 때문이다. **5** 하윤이(정하윤)
6 ②, ③ **7** (1) ③ (2) ④ (3) ② (4) ①
8 ④

---

1 ㉮와 ㉯는 서준이와 하윤이가 각각 자신을 소개하는 글입니다.

2 ㉮에는 글을 쓴 사람의 이름과 글을 쓴 사람이 좋아하는 것이 드러나 있습니다.

3 ㉯에서 하윤이는 '저는 머리를 묶고 다닙니다.'라고 자신의 모습을 소개했습니다.

4 ㉮에는 소개하는 사람의 모습과 특징 등이 나타나 있지 않습니다. 이에 반해 ㉯에는 소개하는 글에 들어갈 내용이 잘 드러나 있습니다.

> **채점 기준** (1) 소개하는 내용이 잘 드러난 글에는 ㉯를 쓰고, (2) 그렇게 생각한 까닭을 구체적으로 쓰면 정답으로 합니다.

5 '저는 정하윤입니다.'라고 자신의 이름을 소개하였습니다.

6 하윤이는 지금은 노란색 긴팔 옷을 입고 있고, 종이접기를 좋아해서 색종이를 항상 가지고 다닌다고 자신을 소개했습니다. 그리고 그림을 잘 그린다고 했습니다.

7 하윤이가 자신을 소개하는 글로 하윤이는 자신이 좋아하는 것은 종이접기이고, 잘하는 것은 그림 그리기라고 소개하고 있습니다.

> **정답 친해지기** **하윤이가 자신을 소개하는 내용**
> • 자신의 이름: 정하윤
> • 자신의 모습: 머리를 묶고 다님. 지금은 노란색 긴팔 옷을 입고 있음.
> • 자신이 좋아하는 것: 종이접기
> • 자신이 잘하는 것: 그림 그리기

8 자신을 소개하는 글이므로, 친구가 좋아하는 것을 소개하는 것은 알맞지 않습니다.

소단원 2 | 통합 자신을 소개하는 글 쓰기 | 16쪽

1 ㉢ **2** 치타 **3** ①
4 ③, ⑤
5 (1) 예 제 이름은 박준형입니다. (2) 예 저는 안경을 쓰고 말랐습니다. (3) 예 저는 블록 조립을 좋아합니다. (4) 예 블록으로 모양 만들기를 잘합니다. 저번에는 블록으로 만화에 나오는 캐릭터를 만들어서 친구들에게 칭찬을 받았습니다. (5) 예 저는 커서 로봇 과학자가 되고 싶습니다. **6** ①

1 친구에 대해 알고 싶은 점은 자신을 소개하는 글에 쓸 내용과 거리가 멉니다.

2 준영이는 치타를 무척 좋아한다고 하였습니다.

3 '이준영'이라고 자신의 이름을 소개했으니 이름을 다시 물어볼 필요는 없습니다.

4 친구의 발표는 집중해서 잘 들어야 하며, 발표를 들을 때 궁금한 점이 있다면 끼어들지 말고 끝까지 들은 뒤에 말할 기회를 얻어 말합니다.

5 읽을 사람이 친구들이므로 친구들이 궁금해할 만한 내용으로 항목에 맞게 자신을 소개할 내용을 떠올려 봅니다.

> **채점 기준** 친구들에게 자신을 소개하는 내용을 (1)~ (5)까지 모두 각 항목에 알맞은 내용으로 쓰면 정답으로 합니다.

6 소개하는 글에서 문장이 길다고 반드시 좋은 것은 아닙니다.

> **정답 친해지기** 소개하는 글을 고쳐 쓸 때 살펴볼 점
> • 소개하는 내용이 잘 드러나게 자세히 썼나요?
> • 자신의 모습이나 좋아하는 것을 소개했나요?
> • 읽을 사람이 궁금해할 내용을 썼나요?
> • 바르고 정확한 문장으로 썼나요?

국어 활동   17~19쪽

1 ③	**2** ⑤	**3** (2) ○
4 ①	**5** (1) ② (2) ①	
6 ①, ⑤	**7** ⑤	**8** 자신이 아니
라 동생에 관한 내용이어서 등		**9** 별
10 ①	**11** ①	**12** 반딧불이

1 대화를 할 때 듣는 사람은 상대의 말을 귀담아들어야 합니다.

2 호준이는 상대의 말을 끝까지 듣고 자신의 말차례가 되었을 때 말을 시작해야 합니다.

3 다른 사람의 말을 들을 때에는 말하는 사람을 바라보며 듣습니다.

4 친구와 대화할 때에는 말끝을 흐리지 말고 또박또박 이야기합니다.

5 ㉮는 자신이 말을 하는 방법, ㉯는 상대에게 말차례를 넘기는 방법을 설명하고 있습니다.

> **정답 친해지기** 말차례의 뜻
> 말차례란 말을 주고받을 때 말하는 사람과 듣는 사람이 지키는 순서를 말합니다.

6 말차례를 가져올 때에는 손짓을 하거나 가슴에 손을 올리거나 상대를 바라보고 고개를 끄덕이며 자신이 말할 차례임을 표현할 수 있습니다.

7 자신의 이름, 나이, 모습, 좋아하는 것, 잘하는 것 따위가 들어가야 합니다.

8 자신을 소개하는 글이므로 동생이 아닌 자신과 관련된 내용을 써야 합니다.

9 별빛 캠프는 장갑산에서 별을 관찰하는 행사입니다.

10 비닐장갑은 바람에 날려 가거나 산에 불이 날까 봐 걱정이 되었습니다.

11 선생님은 비닐장갑에게 어른들을 불러와야 할 것 같다고 하였습니다.

12 반딧불이가 비닐장갑 안에서 빛을 냈기 때문입니다.

실천   배운 내용 마무리하기   20쪽

1 ④	**2** (1) ①, ④ (2) ②, ③
3 ③	**4** 불, 뿔
5 ③	**6** 자르다
7 (1) [좀] (2) [거꾸로]	

1 옆 친구가 '내 말이 아직 끝나지 않았는데……'라고 생각한 것을 통해 알 수 있습니다.

2 상대의 말을 듣는 방법, 자신의 말차례에 말하는 방법을 알아 둡니다.

3 자신을 소개하는 글이므로 자신의 특징이 다양하게 드러나게 쓰는 것이 좋습니다. 꼭 한 가지만 쓸 필요는 없습니다.

> **정답 친해지기** 자신을 소개하는 글을 쓰는 방법
> • 자신의 이름과 모습, 특징이 들어가야 합니다.
> • 자신이 좋아하는 것과 좋아하는 까닭을 함께 말하면 좋습니다.
> • 읽을 사람이 궁금해할 내용을 골라서 소개해야 합니다.
> • 자신이 잘하는 것과 더 노력할 점을 써도 좋습니다.

4 '불'과 '뿔'을 헷갈리지 않도록 주의합니다.

5 '화살'은 [화살], '좁쌀'은 [좁쌀], '바나나'는 [바나나], '동그라미'는 [동그라미]로 발음해야 합니다.

6 '자르다[자르다]'는 [짜르다]로 발음하지 않도록 주의해야 합니다.

7 '좀'은 [좀], '거꾸로'는 [거꾸로]가 맞는 발음입니다.

---

1 ⑤	**2** 강아지(곱슬이)	
3 ④	**4** 과학자	**5** ⑤
6 ⑤	**7** ②	**8** (1) ○

9 (1) 새 신발　(2) **예** 햇빛에 반짝반짝 빛난다. / 발에 좀 큰 신발이다.

10 너무나 소중했기 때문이다.

11 흉	**12** ③	**13** 말차례
14 (1) ○	**15** ①, ⑤	

16 **예** 소개하는 사람에 대해 자세하게 쓰지 않았기 때문이다.　**17** (1) ①　(2) ③　(3) ②

18 ⑤　　　　**19** (1) ○　　　**20** ①, ②

---

1 말을 하고 싶다는 것을 알리기 위해 손을 들어 기회를 얻은 후 질문할 수 있습니다.

2 글쓴이가 키우는 강아지 곱슬이를 소개하는 글입니다.

3 이 글에서 글쓴이는 강아지와 처음 만났을 때에 관한 내용은 소개하고 있지 않습니다.

4 동현이가 '제 꿈은 과학자입니다.'라고 하였습니다.

5 동현이는 자기 말이 다 끝나기도 전에 옆 친구가 끼어들어 말하자 당황한 것입니다.

6 대화할 때 갑자기 자신이 하고 싶은 말이 생각나더라도 다른 사람이 말하고 있는 도중에 끼어들어서는 안 됩니다.

7 라라의 신발은 오래되어 더럽고 낡은 신발이 아니라 햇빛에 반짝반짝 빛나는 새 신발입니다.

8 라라는 어디를 가든 새 신발을 신고 다녔고, 가족이 소풍을 갈 때에도 새 신발을 신었습니다.

9 라라가 소중히 여기는 신발의 특징을 생각해 소개해 봅니다.

> **채점 기준** (1) 라라가 소개할 물건에 '새 신발'을 쓰고 (2) 라라의 새 신발을 소개하는 내용으로 신발의 특징을 알맞게 쓰면 정답으로 합니다.

10 라라는 신발을 소중하게 여겼기 때문에 짝짝이라도 계속 신고 다녔습니다.

11 '남에게 비웃음을 살 만한 거리.'를 뜻하는 낱말은 '흉'입니다.

12 라라는 애너벨이 흉을 보아도 상관없다는 듯 괜찮다고 했습니다.

13 대화를 할 때에는 말을 주고받는 순서인 말차례를 지켜 대화해야 합니다.

> **정답 친해지기** **말차례를 지켜 대화하는 방법**
> • 말차례는 먼저 말한 사람에게 있다는 점을 생각하고, 친구가 말할 때에는 끼어들지 말고 귀 기울여 듣습니다.
> • 말차례를 가져오려면 손짓을 하거나 자신이 말해도 되는지 물어보아야 합니다.

14 대화할 때에 궁금한 점이 생기면 말차례를 얻은 뒤 말합니다.

15 글을 쓴 사람의 이름과 태권도를 좋아한다는 내용을 확인할 수 있습니다.

16 소개하는 사람의 모습과 특징, 잘하는 것 등의 내용이 전혀 나와 있지 않습니다.

> **채점 기준** 소개하는 사람의 특징이 들어 있지 않다는 내용을 쓰면 정답으로 합니다.

17 하윤이는 자신의 이름, 자신의 모습, 자신이 좋아하는 것, 자신이 잘하는 것을 소개하고 있습니다.

18 자신을 소개하는 글이므로, 친구가 좋아하는 물건과 그 까닭을 쓰는 것은 알맞지 않습니다.

19 소개하는 내용을 자세하게 써야 하고, 읽을 사람이 궁금해할 내용으로 씁니다.

20 ①은 자신의 학년, ②는 자신이 좋아하는 색깔로, 자신을 소개하는 내용으로 적절합니다. ③은 민희의 친구가 지난 주말에 한 일이며, ④와 ⑤는 동생과 관련한 내용이므로 자신을 소개하는 글에 들어가기에 알맞지 않습니다.

2. 말의 재미가 솔솔

핵심 확인 문제   26쪽

1 주고받는   2 ○   3 놀이터, 오이
4 ×   5 책 제목

준비   배울 내용 살펴보기   27쪽

1 (1) ① (2) ②   2 (1) ⓒ (2) ㉠ (3) ㉣ (4) ⓛ
3 해설 참조   4 (1) 예 비밀 (2) 예 비빔밥

1 가랑비는 국숫발같이 가늘어서, 이슬비는 풀잎에 겨우 이슬이 맺힐 만큼 내려서 붙은 이름입니다.

2 (1) 차갑게 느껴져서 '찬비'입니다. (2) 꼭 필요할 때 알맞게 내려서 '단비'입니다. (3) 굵고 거센 모양이 장대 같아서 '장대비'입니다. (4) 낮잠을 잘 수 있게 해 주는 비라서 '잠비'입니다.

3 비가 내리는 모습을 떠올리거나 관찰해서 그려 보고, 특징에 어울리는 이름을 붙입니다.

예 샤워비

4 첫소리가 '비'인 다양한 낱말을 떠올려서 씁니다.

소단원 1   기본 재미있는 말놀이 하기   28~29쪽

1 ②   2 ①, ③   3 예 자랑스러워.   4 예 재미있고 다양한 말로 내 생각을 표현할 수 있다.   5 현빈
6 (1) ③ (2) ② (3) ①
7 바나나도 있고   8 ②

1 몬덕이와 친구들은 다섯 글자로만 대화하고 있습니다.

2 말놀이를 할 때 말을 억지로 늘이거나 끊어서 말이 안 되게 말하면 안 됩니다.

3 친구를 칭찬하는 말, 위로하는 말, 용기를 주는 말 등을 생각하여 다섯 글자로 표현해 봅니다.

> 정답 친해지기   친구에게 해 주고 싶은 말 다섯 글자로 쓰기 예
> 정말 고마워. / 넌 빨리 달려. / 장난쳐 미안. / 멋진 친구야. / 걱정하지 마. / 너를 응원해. / 내 짝이 최고!

4 이외에 친구들과 함께 말놀이를 하면 재미있고, 여러 가지 낱말을 자연스럽게 익힐 수 있습니다.

> 채점 기준   친구들과 말놀이를 하면 재미있고, 여러 가지 낱말을 자연스럽게 익힐 수 있으며 다양한 말로 내 생각을 표현할 수 있다는 내용을 넣어 쓰면 정답으로 합니다.

5 지나가 '빨가면 고추장.'이라고 했으므로, 현빈이는 '고추장'을 이어 말해 '고추장은 매워.'라고 해야 합니다.

6 세 개, 네 개, 다섯 개로 이루어진 것이 무엇인지 떠올린 후 각각의 질문에 알맞은 답을 선으로 이어 봅니다.

7 말 덧붙이기 놀이는 앞 친구가 한 말을 반복한 뒤에 다른 말을 덧붙이는 말놀이입니다.

8 자기가 할 말에만 집중해서는 안 되고 다른 사람이 하는 말을 귀 기울여 들으면서 놀이를 해야 합니다.

> 정답 친해지기   말놀이 할 때의 주의할 점
> • 규칙을 잘 알고 지킵니다.
> • 다른 사람이 하는 말을 귀 기울여 들어야 합니다.
> • 다른 사람에게 말할 때에는 정확하게 표현합니다.
> • 말을 억지로 늘이거나 끊어 말이 안 되게 하지 않습니다.

소단원 1   통합 주변에서 여러 낱말을 찾아 이야기 만들기   30쪽

1 ②   2 (1) 예 도서관 (2) 예 약국
(3) 예 시장   3 예 학교, 예 빵집, 예 바다
4 예 채소 가게, 예 오이, 예 고추, 예 당근, 예 배추, 예 무
5 (1) 예 빵집, 당근 (2) 예 빵집에서 사 온 당근 케이크의 맛을 잊을 수 없다.

1 '동네 앞', '개울가', '대문 앞'처럼 장소를 알려 주고 있습니다.

2 장소를 나타내는 말을 여러 개 생각해 본 다음, 노랫말에 어울리게 넣어서 바꾸어 써 봅니다.

3 우리 주변에 있는 장소로는 슈퍼마켓, 학교, 놀이터, 빵집 등이 있고, 가고 싶은 장소로는 놀이공원, 편의점, 분식점 등을 떠올릴 수 있습니다.

4 자신이 쓴 장소에서 무엇을 볼 수 있는지 떠올리며 빈칸에 써 봅니다.

5 어떤 낱말을 고를지 정하고, 고른 낱말을 연결해 알맞은 문장을 만들어 써 봅니다.

> **채점 기준** 문제 3번과 4번에서 쓴 낱말 가운데 두 개를 골라 맞춤법에 맞게 자연스러운 내용으로 쓰면 정답으로 합니다.

소단원 2 **통합** **글을 읽고 자신의 생각이나 느낌 표현하기** **31~32쪽**

1 **예** 차가운 음료나 아이스크림을 먹을 때 시원하다고 느꼈다. / 여름날 에어컨이나 선풍기 바람을 쐴 때 시원했다. **2** ③ **3** (1) ② (2) ①
4 가 **5** (1) ② (2) ① **6** ④
7 ④ **8** 현준

1 '시원하다'라고 느끼는 상황은 사람마다 다를 수 있으므로 내가 언제 시원하다고 느꼈는지 자유롭게 생각해서 써 봅니다.

> **채점 기준** 자신이 시원하다고 느꼈던 경험을 자연스러운 문장으로 맞춤법에 맞게 쓰면 정답으로 합니다.

2 그림 속 인물의 표정이나 배경 등을 통해 어떤 상황에서 시원하다고 말하는 것인지, 시원하다는 말의 의미가 무엇인지 더 정확하게 알 수 있습니다.

3 '더위를 식힐 정도로 시원할 때'는 그림 ②와 어울리고, '속이 후련할 만큼 음식이 뜨겁고 얼큰할 때'는 그림 ①과 어울립니다.

4 나는 '시원하다'라고 했지만 '뜨겁다'라는 말과 어울립니다.

5 다는 폭포 근처에서 큰 소리로 노래하는 모습을, 라는 여자아이가 양치질하는 모습을 표현하고 있습니다.

6 다는 '막힌 데가 없이 활짝 트여 마음이 후련할 때'와 관련이 있고, 라는 '지저분하던 것이 깨끗하고 말끔해져 기분이 좋아질 때'와 관련이 있습니다.

7 빈칸에 공통으로 들어갈 수 있는 말은 '시원하다'입니다.

8 라에서는 양치질을 해서 입안이 깨끗하고 말끔해진 것을 시원하다고 표현하였습니다.

소단원 2 **기본** **책에서 좋아하는 문장을 찾아 소개하기** **33쪽**

1 (1) **예** 호랑이 형님 (2) **예** 온달 장군
2 **예** 산에 살고 있지만, 틀림없이 제 형님이십니다. **3** ③ **4** 하나

1 도서관에서 제목이 재미있는 책과 친구에게 소개하고 싶은 책을 찾아보고, 책 제목을 써 봅니다.

2 자신이 읽은 책에서 재미있는 말, 감동을 주는 문장이나 대사를 찾아 써 봅니다.

> **채점 기준** 문제 1번에서 답한 책 가운데 좋아하는 문장을 알맞게 골라 쓰면 정답으로 합니다.

3 좋아하는 문장을 소개하기 위한 책갈피이므로 어려운 낱말이 아닌 좋아하는 문장을 써서 꾸며야 합니다.

> **정답 친해지기** **책에서 좋아하는 문장 찾는 방법**
> • 인물이 주고 받는 말에서 재미있는 말을 찾습니다.
> • 감동을 주는 문장을 찾습니다.
> • 말의 재미를 느낄 수 있는 문장을 찾습니다.

4 내가 좋아하는 문장으로 책갈피를 만들어야 합니다. 서로가 찾은 재미있는 문장을 소개하며 말의 재미를 느끼고 재미를 느끼는 부분이 서로 다름을 확인할 수 있습니다.

국어 활동 **34~35쪽**

1 (1) ② (2) ① **2** ④ **3** **예** 농담
4 ④ **5** ④ **6** **예** 우주여행
가는 것을 상상해. **7** ③
8 ③

1 ㉠에는 '바나나', ㉡에는 '개나리'가 들어가야 꼬리따기 말놀이가 알맞게 이어집니다.

2 '칠판'은 '교실'에서 떠올릴 수 있는 낱말입니다.

3 이외에도 'ㄴㄷ'으로 시작하는 낱말에는 '누다, 남다, 낭독, 놓다' 등이 있습니다.

4 첫소리가 'ㄱㅇ'인 낱말은 '가위, 구이, 길이' 등이 있고, 첫소리가 'ㅎㄱ'인 낱말은 '학교, 한글, 한강' 등이 있습니다.

5 첫소리가 'ㅅㅅㅎ'으로 된 말이 들어가야 합니다.

6 '상상해'는 '실제로 경험하지 않은 현상이나 사물에 대하여 마음속으로 그려 보다.'라는 뜻입니다. 낱말의 뜻을 생각하며 문장을 만들어 봅니다.

7 '소중해'는 첫소리가 'ㅅㅈㅎ'입니다.

8 'ㄱㄱㅎ'과 'ㅈㄱㅇ'을 첫소리로 하여 만들 수 있는 낱말을 떠올려 보고, 그 낱말이 느낌을 표현하는지도 생각해 봅니다.

> **정답 친해지기**
> • 'ㄱㄱㅎ'을 첫소리로 하여 만들 수 있는 낱말
>   예 궁금해, 건강해, 고고해
> • 'ㅈㄱㅇ'을 첫소리로 하여 만들 수 있는 낱말
>   예 정겨워, 즐거워, 지겨워

실천 배운 내용 마무리하기   36쪽

> **1** 해설 참조   **2** 다섯 글자 말놀이
> **3** ④   **4** ㉡   **5** 아름다운 한
> 글을 아끼고 바르게 사용하는 마음을 지녀요.

1 제시된 말놀이 가운데 해 본 경험이 있거나 규칙을 잘 알고 있어서 잘할 수 있는 것을 찾아 색칠해 봅니다.

2 다섯 글자로만 말하는 말놀이는 '다섯 글자 말놀이'입니다.

> **정답 친해지기**   **여러 가지 말놀이**
> • 말 덧붙이기 놀이: 앞 친구가 한 말을 반복한 뒤에 다른 말을 덧붙이는 놀이입니다.
> • 꼬리따기 말놀이: 비슷한 것을 떠올려서 말을 이어 가는 놀이입니다.
> • 주고받는 말놀이: 묻고 답하면서 말을 주고받는 말놀이입니다.

---

3 말놀이는 친구와 경쟁해서 이기는 데 목적이 있는 활동이 아니므로 말놀이 규칙을 지키고 친구들과 즐겁게 활동하는 것이 중요합니다.

4 책 목록을 만들 때에는 책 제목과 좋아하는 문장을 정리하여 좋아하는 순서대로 만드는 것이 좋습니다.

5 '출발'에서 시작해 '아'에서 글자 아래의 화살표 방향을 따라 '름'으로 갑니다. 이와 같은 방식으로 화살표를 계속 따라가면 문장이 완성됩니다.

단원 평가   37~39쪽

> **1** ④   **2** (1) ①   (2) ②   **3** 예 비둘기
> **4** (2) ×   **5** ㉠ 빨가면, ㉡ 고추장
> **6** ⑤   **7** ⑤   **8** ②
> **9** 예 진아가 칠판에 당근을 그렸다.
> **10** ②, ①, ③   **11** 예 한글   **12** ⑤
> **13** (1) ①   (2) ②   **14** 예 더울 때
> 시원한 물을 마신 뒤 좋아하는 표정이 재미있었다.
> **15** ④   **16** ①, ⑤   **17** ④
> **18** 예 이 퍼즐은 이제 시시해.   **19** (2) ○
> **20** ⑤

1 이슬비는 풀잎에 겨우 이슬이 맺힐 만큼 내려서 붙은 이름입니다.

2 가랑비는 국숫발같이 가늘다고 했으므로 국숫발 그림과 어울리고, 이슬비는 풀잎에 겨우 이슬이 맺힐 만큼 내린다고 했으므로 풀잎에 이슬이 맺힌 그림과 어울립니다.

3 '비'가 첫소리인 낱말을 자유롭게 떠올려 봅니다.

4 말놀이를 하면 여러 가지 낱말을 자연스럽게 익힐 수 있고, 재미있고 다양한 말로 내 생각을 표현할 수 있습니다.

5 꼬리따기 말놀이는 비슷한 것을 떠올려서 말을 이어 가는 놀이입니다. '사과는 빨개'의 꼬리를 따서 ㉠에는 '빨가면'이 들어가야 하고, 앞말이 '고추장'으로 끝나므로 ㉡에는 '고추장'이 들어가야 합니다.

6 동그란 모양이 아닌 것을 찾습니다. '옷걸이'는 세모 모양입니다.

7 말놀이 규칙이나 방법을 따르면서 말해야 합니다.

8 '어디까지 왔니'라고 묻는 말에 답하는 내용이므로 빈 칸에는 장소를 나타내는 말이 들어가야 합니다.

9 '당근'과 '칠판'을 넣어 문장을 만들어 써 봅니다.

> **채점 기준** '당근'과 '칠판'이라는 낱말을 사용하여 자연스러운 내용의 문장을 맞춤법에 맞게 쓰면 정답으로 합니다.

10 줄줄이 이야기 만들기 놀이 방법을 생각하며 내용이 이어지도록 순서대로 번호를 써 봅니다.

11 첫소리가 'ㅎㄱ'으로 시작하는 낱말에는 '한글, 학교, 향기, 합격, 한강, 학급, 화가, 하교' 등이 있습니다.

12 얼음물을 들고 있는 모습과 배경의 얼음 조각 등을 통해 '시원하다'가 가장 잘 어울리는 상황임을 알 수 있습니다.

13 ①은 큰 소리로 노래하는 모습이고, ②는 양치질을 하는 모습입니다.

14 글에서 가장 재미있었던 부분을 찾아 써 봅니다.

> **채점 기준** 「시원한 책」의 글과 그림에서 재미있게 느낀 부분을 떠올려 어떤 점이 재미있었는지 정리하여 쓰면 정답으로 합니다.

15 시원하다고 느꼈던 자신의 경험을 말한 친구는 조은입니다. 지민이는 자신의 경험이 아니라 아빠의 경험을 말하였습니다.

16 사진은 한쪽 면에는 좋아하는 문장, 다른 쪽 면에는 책 제목을 쓴 책갈피입니다.

17 '소중해'는 첫소리가 'ㅅㅈㅎ'입니다.

18 '시시해'는 신통한 데가 없고 하찮게 느껴질 때 쓰는 낱말입니다.

> **채점 기준** '시시하다'라는 낱말의 뜻에 맞게 문장을 만들어 맞춤법에 맞게 쓰면 정답으로 합니다.

19 (1) 친구들보다 좋은 점수를 받는 것은 중요하지 않고, 친구들과 함께 즐겁게 말놀이를 했는지 확인해야 합니다. (3) 말놀이를 할 때는 여러 가지 낱말을 사용해야 합니다.

20 친구들이 많이 보는 책을 골라 넣는 것이 아니라 자신이 좋아하는 책을 골라 좋아하는 순서대로 목록을 만들었습니다.

3. 겪은 일을 나타내요

핵심 확인 문제 42쪽

1 꾸며 주는 말 **2** × **3** 글감
4 (2) ○ (3) ○ **5** ×

준비 배울 내용 살펴보기 43쪽

1 ②, ⑤ **2** 윤지 **3** (2) ○ (3) ○

1 ㉡에 꾸며 주는 말이 있고, ㉡이 ㉠보다 문장이 더 깁니다.

2 글 **나**는 '넓은', '활짝'과 같은 꾸며 주는 말이 있어 글 **가**보다 좀 더 생생하고 실감 나게 느껴집니다.

3 일기에는 그날 겪은 일 가운데에서 기억하고 싶은 일을 쓰고, 그 일에 대한 생각이나 느낌을 씁니다.

소단원 1 (기본) 꾸며 주는 말을 넣어 문장 쓰기 44~45쪽

1 튼튼한 / 멋진 **2** 예 거북선의 모양이, 튼튼해 / 멋져 보이기 때문이다. **3** ③, ④
4 (1) 예 빨간 / 싱싱한 (2) 예 신나게 / 빠르게
5 ④ **6** 예 멋진 / 예 우아하게
7 ⑤ **8** (1) 커다란 / 시커먼 등, 커다란 / 시커먼 등 (2) 빠르게, 빠르게

1 괄호 안의 꾸며 주는 말은 둘 다 그림을 자세하게 설명하는 말이므로 어느 것이나 골라도 됩니다.

2 꾸며 주는 말로 '튼튼한' 또는 '멋진'을 고른 까닭이 잘 드러나도록 써 봅니다.

> **채점 기준** 거북선이 튼튼해 보인다거나 멋져 보인다는 까닭을 알맞게 쓰면 정답으로 합니다.

3 '예쁜'과 '활짝'이 꾸며 주는 말입니다. '예쁜'은 '꽃'을, '활짝'은 '피었다'를 꾸며 주고 있습니다.

4 딸기의 색깔이나 모양, 강아지가 달리는 모습 등을 자세히 설명할 수 있는 꾸며 주는 말을 생각해 봅니다.

5 '멋있는', '힘차게' 같은 꾸며 주는 말을 사용하여 말이 달리는 모습을 생생하고 실감 나게 표현하였습니다. 이러한 표현은 읽는 사람의 상상력을 자극합니다.

> **정답 친해지기** 꾸며 주는 말을 사용하면 좋은 점
> • 글의 내용을 더 실감 나게 표현할 수 있습니다.
> • 글의 내용을 더 자세하게 나타낼 수 있습니다.
> • 읽는 사람이 재미를 느낄 수 있습니다.

6 '황새'와 '날갯짓'을 자세하게 설명하거나 생생하게 표현할 수 있는 꾸며 주는 말을 생각해 봅니다.

7 ㉡에는 비행기를 날리는 모습을 꾸며 주는 말이 들어가야 하므로 '우수수'는 어울리지 않습니다.

8 누리호가 내뿜는 연기는 '커다란 / 시커먼' 등을 넣어 표현할 수 있고, 누리호가 하늘로 날아가는 모습은 '빠르게'를 사용하여 표현할 수 있습니다.

소단원 1 **통합** 꾸며 주는 말이 들어간 문장 읽기   46~47쪽

1 ②   **2** ③   **3** (1) ① (2) ②
4 예 새콤달콤 / 예 엄마가 까 주신 귤이 새콤달콤 맛있다.   **5** (3) ○   **6** ④
7 ②   **8** 동동

1 글 ❶에서 노랑 꽃을 활짝 피웠다고 했습니다.

2 글 ❷에서 덩굴손을 따라가니 탐스러운 포도가 열렸다고 했습니다.

3 '활짝'은 '꽃잎 따위가 한껏 핀 모양.'을, '조롱조롱'은 '작은 열매 따위가 많이 매달려 있는 모양.'을 뜻합니다.

4 먼저 꾸며 주는 말을 찾고, 자신이 찾은 꾸며 주는 말을 넣어 문장을 만들어 봅니다.

> **채점 기준** 글 ❷에서 '돌돌', '빙글빙글', '탐스러운', '보랏빛', '새콤달콤' 등의 꾸며 주는 말을 찾아 쓰고, 그 말을 넣어 문장을 자연스럽게 만들면 정답으로 합니다.

5 개구리가 물속에서 나올 때 입가에 밥풀처럼 붙는다고 하여 개구리밥이라고 부른다고 하였습니다.

6 '바람에 나뭇잎 따위가 많이 떨어지는 소리나 모양.'을 뜻하는 낱말은 '우수수'입니다.

7 '동글동글'은 뒤에 오는 '잎'을 꾸며 주는 말입니다.

---

8 '동동'은 '작은 물체가 떠서 움직이는 모양.'을 뜻하는 말로 빈칸에 들어갈 꾸며 주는 말로 알맞습니다.

소단원 2 **기본** 겪은 일에서 일기 글감 정하기   48~49쪽

1 ③   **2** (1) 즐거움 / 반가움 (2) 긴장됨 / 즐거움 (3) 즐거움 / 궁금함
3 ④   **4** ①, ③   **5** (1) 예 두근두근 달리기 시합 (2) 예 달리기 시합을 위해 출발선에 서 있을 때 많이 긴장되고 떨렸던 마음을 나타내는 제목이기 때문이다.   **6** 예 그림 그리기 대회에 나간 일 / 강아지와 공원에서 산책한 일 등   **7** 본, 들은 / 인상 깊은 일

1 소율이의 하루 생활을 정리한 그림 ❹를 보면 소율이가 운동장에서 달리기를 했음을 알 수 있습니다.

2 소율이가 겪은 일을 살펴보고, 그때의 생각이나 느낌이 어땠을지 짐작해 봅니다.

3 소율이는 수업 시간에 운동장에서 있었던 일을 일기로 썼습니다.

4 소율이는 선생님께 출발하는 방법과 빠르게 달리는 방법을 배우고 연습한 다음 세 명씩 달리기를 했습니다.

5 제목은 일기의 내용을 잘 드러내는 것으로 정합니다.

> **채점 기준** 소율이가 겪은 일이 잘 드러나는 제목을 알맞게 쓰고, 그렇게 생각한 까닭을 구체적으로 적으면 정답으로 합니다.

6 어제 하루 동안 자신이 겪은 일을 떠올려 일기로 쓸 글감을 자유롭게 정해 봅니다.

7 하루에 겪은 일들을 생각해 보고 가장 인상 깊은 일을 글감으로 정해 일기로 씁니다.

소단원 2 **통합** 겪은 일이 잘 드러나게 일기 쓰기   50쪽

1 (1) 예 학교 수업이 끝난 후 (2) 예 학교 운동장 (3) 예 친구들 (4) 예 친구들과 축구 시합을 했는데 골을 넣었다. (5) 예 골을 넣자 친구들이 환호하며 달려와 잘했다고 칭찬해 주어 기분이 정말 좋았다.   **2** 지민   **3** ⑤

1 자신이 하루 동안 겪은 일 가운데에서 인상 깊은 일을 골라 내용을 정리해 봅니다.

> **채점 기준** 자신이 겪은 일 가운데 인상 깊은 일을 하나 골라 글감을 정하고, 일이 일어난 시간과 장소, 연관된 인물, 사건, 생각이나 느낌 등을 항목에 맞게 자세하고 솔직하게 쓰면 정답으로 합니다.

2 일기의 제목은 내용을 다 쓰고 나중에 붙여도 됩니다.

> **정답 친해지기** 겪은 일에 알맞은 제목 정하기
> • 일기의 내용을 대표할 만한 제목으로 정합니다.
> • 중요한 일이나 인물을 제목으로 합니다.
> • 생각이나 느낌을 넣어 제목을 붙입니다.
> • 제목은 일기 내용을 다 쓰고 나중에 붙여도 괜찮습니다.

3 일기에는 겪은 일에 대한 자신의 생각이나 느낌이 들어가야 합니다.

국어 활동　　　　　51~53쪽

1 고구마 농장　**2** ③, ④　　**3** 새콤한
4 ③
5 예 아름다운 새가 하늘을 훨훨 날아간다.
6 예 괭이갈매기가 새끼를 돌보는 모습
7 예 어미 괭이갈매기는 먹이를 물고 뒤뚱뒤뚱 아기 괭이갈매기에게 갑니다.　　**8** ②
9 (1) 예 아빠와 함께 볶음밥을 만든 일　(2) 예 볶음밥에 아빠와 함께 만든 추억이 들어가 더 맛있게 느껴졌기 때문이다.　　**10** ④
11 ①　　　　**12** ③　　　　**13** ④

1 '나'는 지난주에 친구들과 고구마 농장에 가서 고구마를 캤습니다.

2 '캤습니다'를 꾸며 주는 말로, '나'와 친구들이 고구마를 캔 행동을 자세히 나타내는 말이 들어가야 합니다.

3 '김치'를 꾸며 주는 말로, 조금 신 맛이 나서 맛깔스러운 맛을 표현하는 '새콤한'이 들어가야 알맞습니다.

4 ⓒ에는 '김'을 꾸며 주는 말이 들어가야 하고, ⓔ에는 '난다'를 꾸며 주는 말이 들어가야 합니다.

5 '아름다운'과 '훨훨'을 넣어 알맞은 문장을 만들어 봅니다.

---

6 괭이갈매기가 새끼를 돌보는 모습, 괭이갈매기가 살고 있는 독도의 모습 등 소개하고 싶은 내용을 자유롭게 떠올려 봅니다.

7 괭이갈매기의 모습을 자세히 나타낼 수 있는 꾸며 주는 말을 생각해 봅니다.

8 실수로 그림을 잘못 그린 일이 슬펐던 일에 해당합니다.

9 어떤 일을 일기로 남기고 싶은지, 그 까닭은 무엇인지 생각해 봅니다.

> **정답 친해지기** 일기를 쓰면 좋은 점
> 꾸며 주는 말을 사용해 자신의 생각을 구체적이고 자세하게 쓰면서 자신의 경험을 되돌아보고 반성과 점검을 할 수 있습니다.

10 ㉠은 '민들레 꽃씨'를 두고 한 말입니다.

11 나무에 매달려 있는 녹색의 호두나무 열매는 맛이 아주 쓰기 때문에 먹지 않는 것이 좋다고 하였습니다.

12 가을이 되면 밤나무는 열매를 땅에 떨어뜨려 새로운 나무를 싹 트게 할 수도 있다고 하였습니다.

13 '싹'은 '씨, 줄기, 뿌리 따위에서 처음 돋아나는 어린잎이나 줄기.'를 뜻하는 말로 꾸며 주는 말이 아닙니다.

실천　배운 내용 마무리하기　　　54쪽

1 (1) ②　(2) ④　(3) ①　(4) ③　**2** ②
3 (1) ㉠　(2) ㉡　　　　　**4** (3) ○

1 빈칸에 알맞은 꾸며 주는 말을 넣어 그림에 어울리는 문장을 완성해 봅니다.

2 날짜와 요일, 날씨를 모두 씁니다.

3 '보드레하다'와 '잘바닥잘바닥하다'는 느낌을 나타내는 순 우리말입니다.

4 누나가 동생의 얼굴을 닦아 주는 모습과 문장을 보고 '만질만질하다'의 뜻을 생각해 봅니다.

> **정답 친해지기** 느낌을 나타내는 낱말의 뜻 알기
> • 찐득찐득하다: 자꾸 끈적끈적하게 달라붙다.
> • 까슬까슬하다: 거죽이 매끄럽지 않고 까칠하다.
> • 만질만질하다: 만지거나 주무르기 좋게 연하고 보드랍다.

단원 평가 55~57쪽

1 꾸며 주는 말 **2** ①, ③ **3** ⑤

4 (1) 예 귀여운 (2) 예 신나게 / 빠르게

5 (2) ○ **6** 예 누리호가 넓은 하늘로 힘차
게 날아간다. / 누리호가 시커먼 연기를 내뿜으며 멋
지게 날아오른다. **7** ③ **8** ③, ④

9 땅속 **10** ①, ⑤ **11** 조롱조롱

12 예 아버지께서 사 주신 고소한 군밤을 먹었다.

13 동글동글 **14** ③ **15** ②

16 예 즐거운 달리기 수업 **17** ㉢, ㉤

18 (2) ✕ **19** ① **20** 빙글빙글

---

1 뒤에 오는 말을 꾸며 그 뜻을 자세하게 해 주는 말은
꾸며 주는 말입니다.

2 그림 속 우산의 색깔이나 모양을 자세하게 나타내는
꾸며 주는 말을 고르면 '노란'과 '예쁜'입니다.

3 꾸며 주는 말은 뒤에 오는 말의 뜻을 자세하게 드러내
줍니다.

4 강아지의 모습이 어떤지, 강아지가 어떻게 달리는지
등을 자세하게 설명할 수 있는 말을 떠올려 봅니다.

5 문장 (2)가 '거센', '끝없이'와 같은 꾸며 주는 말을 사
용하여 더 자세하고 생생하게 느껴집니다.

6 누리호가 발사되는 모습을 실감 나게 표현할 수 있도
록 여러 가지 꾸며 주는 말을 생각해 보고 문장을 만
들어 봅니다.

> **채점 기준** 꾸며 주는 말을 두 개 이상 사용하여 누리호
> 가 날아가는 모습을 실감 나고 자연스러운 문장으로 표
> 현하면 정답으로 합니다.

7 '물체의 겉면이 고르지 않게 높고 낮은 모양.'을 뜻하
는 말은 '올록볼록'으로, 뒤에 오는 '껍데기'를 꾸며 주
고 있습니다.

8 '동글동글', '우수수'가 꾸며 주는 말입니다.

9 '몰래 땅속에서 조롱조롱 열매를 맺었구나.'라고 하였
습니다.

10 개구리밥은 물 위에 떠서 자라고 개구리가 물속에서
나올 때 입가에 밥풀처럼 붙는다고 하여 개구리밥이
라고 부른다고 하였습니다.

11 '작은 열매 따위가 많이 매달려 있는 모양.'을 뜻하는
'조롱조롱'이 뒤에 오는 말인 '열매'를 꾸며 주고 있습니
다.

12 '고소한'은 '볶은 깨, 참기름 따위에서 나는 맛이나 냄
새와 같은.'이라는 뜻입니다. '고소한'을 넣어 생생하
게 표현할 수 있는 문장을 만들어 봅니다.

> **채점 기준** '고소한'의 뒤에 와 꾸밈을 받는 낱말이 뜻에
> 어울리고, 문장을 자연스럽게 쓰면 정답으로 합니다.

13 포도 알을 꾸며 줄 말을 생각해 봅니다. 빈칸에는 '여
럿이 다 매우 둥근 모양.'을 뜻하는 '동글동글'이 들어
가야 어울립니다.

14 오리가 걷는 모습을 '오리들은 뒤뚱뒤뚱 걸으며'라고
표현하였습니다.

15 '울퉁불퉁한'은 물체의 거죽이나 면이 고르지 않게 여
기저기 몹시 나오고 들어간 데가 있는 것을 표현하는
말입니다. ②는 '아기가 큰 소리로 울었다.' 정도로 고
치는 것이 자연스럽습니다.

16 제목은 일기의 내용을 잘 드러내는 것으로 정해야 합
니다.

17 ㉠, ㉡, ㉢은 '나'가 수업 시간에 있었던 일을 쓴 부분
입니다.

18 일기의 글감을 정할 때에는 기뻤던 일, 슬펐던 일, 화
났던 일 등을 생각해 보고, 그 가운데에서 가장 인상
깊은 일을 골라 일기로 씁니다.

19 제목은 겪은 일을 잘 나타내는 것으로 정합니다. 꼭
재미있는 제목일 필요는 없습니다.

> **정답 친해지기** 일기를 쓸 때 주의할 점
> • 날짜와 요일을 정확하게 씁니다.
> • 날씨를 생생하게 나타냅니다.
> • 누구와 무슨 일이 있었는지 자세히 씁니다.
> • 겪은 일에 대한 자신의 생각이나 느낌을 솔직하게 씁
>   니다.
> • 꾸며 주는 말을 넣어 실감 나게 씁니다.
> • 따옴표를 이용해 다른 사람과 나눈 대화를 쓸 수도
>   있습니다.

20 바람개비가 돌아가는 모습을 꾸며 주는 말로는 '큰 것
이 잇따라 미끄럽게 도는 모양.'을 뜻하는 '빙글빙글'
이 어울립니다. '톡톡'은 '작은 것이 자꾸 튀거나 터지
는 소리 또는 그 모양.'을 가리키는 말입니다.

4. 분위기를 살려 읽어요

핵심 확인 문제
60쪽

1 ×	**2** 겹받침	**3** 마는
4 몸짓	**5** ○	

준비 배울 내용 살펴보기
61~62쪽

1 ④ **2** (1) ③ (2) ① (3) ②
3 ⑤ **4** 예 포근하고 따뜻하다. / 고요하고 평화롭다. **5** ④ **6** ③
7 예 엄마가 아기를 품에 안고 흔드는 몸짓으로 표현한다. **8** ①

1 밤하늘에서는 아기별이, 숲속에서는 산새와 들새가, 엄마 품에서는 우리 아기가 잠잔다고 했습니다.

2 아기별은 '깜박깜박', 산새와 들새는 '꼬박꼬박', 우리 아기는 '새근새근' 잠잔다고 했습니다.

3 이 시의 3연에서 아기가 엄마 품에서 곤히 잠이 든 모습을 떠올릴 수 있습니다.

4 아기가 밤에 엄마 품에서 포근하게 자는 모습에서 느껴지는 분위기를 씁니다.

5 손뼉을 치거나 발을 구르며 시를 읽는 모습을 나타낸 것은 ④입니다.

6 친구와 시를 주고받으며 읽는 방법으로 겹받침 발음에 주의하며 소리를 내어 읽습니다.

> **정답 친해지기 발음에 주의하며 시를 읽으면 좋은 점**
> • 시의 내용을 정확하게 전달할 수 있습니다.
> • 시의 느낌과 분위기를 더 잘 파악할 수 있습니다.

7 시에서 일어나는 일이나 인물의 행동에 어울리는 몸짓으로 표현할 수 있습니다.

> **채점 기준** 보드랍고 따뜻한 엄마 품에서 아기가 잠드는 모습이나 엄마가 아기를 품에서 재우는 몸짓을 표현하면 정답으로 합니다.

8 시를 읽고 떠오르는 생각이나 느낌은 읽는 사람에 따라 다를 수 있지만 시가 잘못된 내용이라고 이야기하는 것은 알맞지 않습니다.

소단원 1 기본 겹받침이 있는 낱말 읽고 쓰기
63~64쪽

1 ① **2** (3) ○ **3** (1) ② (2) ①
4 ④ **5** 많다, 없다
6 (1) 값 (2) 끊다 **7** ③
8 끈타 **9** (1) 얹다 (2) 맑다
10 예 닭다 / 붉다
11 예 나는 사이 나쁜 친구가 없다.
12 (1) 여덜 (2) 읻따 (3) 가엽따 **13** ②

1 받침이 없는 낱말은 '가위'입니다.

2 자음자 한 개를 받침으로 사용한 낱말과 자음자 두 개를 받침으로 사용한 낱말을 나눈 것입니다.

3 '있다'에서 'ㅆ'은 쌍받침, '여덟'에서 'ㄼ'은 겹받침입니다.

4 'ㄱ, ㅇ, ㄹ'은 쌍받침이나 겹받침이 아닙니다.

5 '많다'에 쓰인 'ㄶ'과 '없다'에 쓰인 'ㅄ'이 겹받침입니다.

6 겹받침이 있는 낱말을 바르게 씁니다.

7 몫[목], 값[갑], 밟다[밥따], 맑다[막따]로 읽습니다.

8 '끊다'는 [끈타]로 소리 납니다.

9 위에 올려놓는 것을 '얹다'라고 하고, 구름이나 안개가 끼지 아니하여 햇빛이 밝은 것을 '맑다'라고 합니다.

10 받침에 'ㄳ, ㄵ, ㄶ, ㅄ' 따위가 들어간 낱말을 생각해서 써 봅니다.

11 받침에 'ㄳ, ㄵ, ㄶ, ㅄ' 따위의 겹받침이 있는 낱말을 넣어 문장을 만들어 봅니다.

> **채점 기준** 'ㄳ, ㄵ, ㄶ, ㅄ' 따위의 겹받침이 있는 낱말을 사용하여 자연스러운 문장을 쓰면 정답으로 합니다.

12 '여덟'은 [여덜]로, '있다'는 [읻따]로, '가엾다'는 [가엽따]로 읽습니다.

13 겹받침은 받침 가운데 한 받침만 소리가 납니다. 예외적으로 '읽는[잉는]'처럼 앞 받침과 다르게 발음하는 때도 있습니다.

> **정답 친해지기 겹받침 발음 규칙**
> • 대부분 앞 받침인 'ㄱ', 'ㄴ', 'ㅂ'을 발음합니다.
> • 겹받침은 한 받침만 소리가 납니다.
> • '다'로 끝나는 낱말은 '타' 또는 '따'로 발음합니다.

소단원 1 (통합) 겹받침이 있는 낱말에 주의하며 글 읽기 65~67쪽

1 (1) ○ **2** ④ **3** ⑤
4 플라스틱 뚜껑 **5** ② **6** ④, ⑤
7 플라스틱 쓰레기 **8** (2) ○ (3) ○
9 (1) ② (2) ③ (3) ① **10** (1) 마는
(2) 업쎄기도 (3) 목쓸 **11** ②
12 예 페트병과 물휴지를 적게 사용한다. / 일회
용 플라스틱을 덜 사용하고 재활용한다.

1 바다가 쓰레기로 오염되는 상황을 통해 환경을 보호
하자는 말을 할 수 있습니다.

2 쓰레기가 쌓인 바다에 관한 이야기를 나눌 수 있습니다.

3 사진 **가** 에는 바다를 마치 쓰레기통처럼 여기는 사람
들의 모습이 나타나 있습니다.

4 사람들이 플라스틱 쓰레기를 함부로 버려서 소라게가
소라 껍데기 대신 플라스틱을 뒤집어쓴 모습입니다.

5 쓰레기 더미가 점점 더 커지고 있다고 하였습니다.

> **정답 친해지기 플라스틱 쓰레기 더미**
> 인간이 만들어 낸 플라스틱이 바다로 흘러간 뒤 해류
> 의 영향으로 2022년 기준 우리나라 면적의 16배의 플라
> 스틱 인공 섬이 만들어졌다고 합니다.

6 플라스틱 쓰레기 더미는 그물, 부표, 페트병, 물휴지,
과자 봉지 따위가 흘러들어 가서 만들어졌습니다.

7 플라스틱 쓰레기가 바다에 모이는 것을 막으려고 많
은 사람이 노력하고 있다고 하였습니다.

8 환경 단체들은 쓰레기가 모이지 않도록 막기도 하고
힘을 합쳐 쌓여 있는 쓰레기를 없애기도 합니다.

9 어려운 낱말은 앞뒤의 내용을 통해 그 뜻을 짐작할 수
있습니다.

10 [마는], [업쎄기도], [목쓸]로 읽습니다.

11 겹받침과 쌍받침을 바르게 소리 내어 읽고, 띄어 읽기
에 주의합니다.

12 바다에 쓰레기 더미가 모이는 것을 막기 위해 실천할
수 있는 일을 떠올려 씁니다.

> **채점 기준** 학생들이 실천할 수 있고, 바다에 플라스틱
> 쓰레기 더미가 모이는 것을 막을 수 있는 구체적인 방
> 법을 제시하면 정답으로 합니다.

소단원 2 (기본) 시의 분위기 살펴보기 68~69쪽

1 골목 **2** ④ **3** ②, ⑤
4 (2) ○ **5** 신문지 **6** 예 구석진 응
달에 홀로 피어 있는 모습에서 안쓰러운 마음이 들
었다. **7** ③ **8** ④

1 슬그머니 골목으로 나간다고 하였습니다.

2 바람은 신문지로 목도리를 만들어서 민들레꽃에게 해
주었습니다.

3 '힘내렴!'이라는 말에서 민들레꽃을 아껴 주는 바람의
따뜻한 마음이 느껴집니다.

4 걸어가는 그림이므로 (2)의 장면을 몸짓으로 표현한
것입니다.

5 신문지에 대한 생각이나 느낌이 나타나 있습니다.

6 시에 나오는 인물에 대해 자유롭게 자신의 생각이나
느낌을 씁니다.

> **채점 기준** 구석진 응달에서 달달달 떠는 민들레의 상
> 황을 쓰고 그에 대한 생각이나 느낌이 알맞으면 정답으
> 로 합니다.

7 바람이 뚜벅뚜벅 걸어 나가는 장면에서는 당당한 분
위기를 느낄 수 있습니다.

8 시는 여러 가지 방법으로 읽을 수 있지만, 잘못된 부
분을 찾으며 읽는 것은 적절하지 않습니다.

> **정답 친해지기 여러 가지 시 읽기 방법** 예
> • 친구와 역할을 나누어 읽기
> • 시의 내용을 나타내는 몸짓과 함께 읽기
> • 손, 발, 악기 등으로 박자 맞추어 가며 읽기
> • 시에 어울리는 그림을 보여 주며 읽기
> • 시에 나오는 인물의 마음을 생각하며 읽기

소단원 2 (통합) 시의 분위기를 생각하며 소리 내어 읽기 70~71쪽

1 오늘 **2** ①, ④ **3** (1) ○
4 ① **5** 예 밝게 웃는 표정 **6** ①
7 ⑤ **8** (1) 예 친구들 앞에서 (2) 예
노래할

1 '나는 오늘이 좋아.'라고 하였습니다.

2 아침 일찍 새들이 깨워 주었고, 해가 함빡 웃어서 좋은 일이 많을 거라고 하였습니다.

3 즐겁게 만날 친구도 많고, 신나게 할 일도 많다고 하였으므로 밝고 힘찬 목소리가 어울립니다.

4 즐겁고 신나는 기분일 것입니다.

5 신나고 즐거운 기분에 어울리는 표정을 떠올려 봅니다.

6 '나'는 기분 좋은 하루를 시작하고 있으므로 왜 화가 났는지 물어보는 것은 어울리지 않습니다.

7 기분 좋은 하루와 관련된 경험을 떠올릴 수 있습니다.

> **정답 친해지기** **시의 분위기를 생각하며 소리 내어 읽기**
> • 시 속 인물의 마음 떠올리며 읽기
> • 시 속 인물에게 하고 싶은 말 생각하며 읽기
> • 자신의 경험과 관련지어 시를 바꾸어 써 보고 읽기

8 시 속 인물의 마음과 시의 분위기를 떠올려 시의 한 부분을 바꾸어 써 봅니다.

국어 활동 　　　　　　　　72~75쪽

1 몫	**2** ②	**3** ③
4 ⓐ	**5** ⑩ 도서관 의자에 앉아 책을 읽으면 정말 행복하다.	**6** 당나귀
7 ③	**8** ③	**9** ⑩ 지기 싫은 목소리
10 세수	**11** ①	
12 무지개	**13** ④	**14** ①
15 한라산	**16** ①	**17** 옷감

1 '몫'은 '여럿으로 나누어 가지는 각 부분.'을 뜻하므로 ㉠에 들어가기에 알맞습니다.

2 책장에 책이 많이 꽂혀 있는 그림에 어울리는 문장이어야 하므로 '많다'가 들어가야 알맞습니다.

3 '없다'는 '사람, 동물, 물체 따위가 실제로 존재하지 않는 상태이다.'라는 뜻으로 ❹에서처럼 '오늘은 왜 이렇게 힘이 없어?'라고 쓸 수 있습니다.

4 '몫이'는 [목씨]로 읽어야 합니다.

5 낱말을 다양하게 활용하여 짧은 문장을 만들어 봅니다.

6 '나'는 당나귀를 좋아해서 여러 모습의 당나귀를 그렸습니다.

7 선생님은 이 세상에 노란 당나귀는 없다면서 당나귀를 그리지 말라고 했습니다.

8 '나'는 나만의 당나귀를 그릴 거라고 하였습니다.

9 당나귀를 그리지 말라고 했지만 계속 그리겠다는 내용이므로 지기 싫은 목소리 등이 어울립니다.

10 때때옷 입을 땐 산도 세수를 먼저 한다고 하였습니다.

11 산에 소나기가 내린 것을 산이 세수를 한다고 표현하였습니다.

12 산에 무지개가 걸린 것을 때때옷을 입었다고 표현하였습니다.

13 산에 무지개가 아름답게 뜬 모습을 노래하는 시이므로 감탄하는 목소리로 읽는 것이 어울립니다.

14 설문대 할망은 키가 매우 커서 바다 깊은 물도 겨우 무릎에 닿았다고 하였습니다.

> **정답 친해지기** **설문대 할망**
> 설문대 할망이 가장 일반적으로 불리는 명칭이지만 선문대 할망, 설만두 할망, 세명뒤 할망 등으로 불리기도 합니다.

15 설문대 할망이 앉아서 쉴 만한 산을 하나 만든 것이 지금의 한라산입니다.

16 설문대 할망은 사람들에게 자신의 옷을 지어 주면 육지까지 쭉쭉 다리를 놓아 주겠다고 하였습니다.

17 설문대 할망의 옷이 너무 커서 옷감이 부족하였습니다.

실천 배운 내용 마무리하기 　　　　76쪽

1 품싹	**2** ④	**3** (2) ○
4 ①	**5** 귀찮타	**6** ⑤
7 ②	**8** (3) ○	
9 (1) ② (2) ①		

1 겹받침 'ㄳ'은 일반적으로 'ㄱ'으로 소리 납니다.

2 몫[목], 앉다[안따], 많다[만타], 가엾다[가엽따]로 발음합니다.

3 '없다'는 [업따]로 발음합니다.

4 앉고[안꼬], 몫을[목쓸], 귀찮아[귀차나], 많은[마는]으로 발음합니다.

5 '귀찮다'에서 '찮'은 [찬]으로 소리 나고, '다'는 [타]로 소리 납니다.

6 토박이말에 대한 설명입니다.

> **정답 친해지기**
> • 방언: 어느 한 지방에서만 쓰는, 표준어가 아닌 말.
> • 한자어: 한자로 된 낱말.
> • 표준어: 교육적·문화적으로 한 나라의 표준이 되는 말. 우리나라에서는 교양 있는 사람들이 두루 쓰는 현대 서울말로 정함.
> • 외국어: 다른 나라의 말.

7 토박이말인 '볼가심'의 뜻풀이입니다.

8 구름이 산의 꼭대기에 걸려 있는 모습과 제시된 문장을 통해 '마루'의 뜻을 짐작할 수 있습니다.

9 '해거름'은 '해가 서쪽으로 넘어가는 때.'를 뜻하는 토박이말이며, '나들목'은 '도로나 철도 따위에서, 사고가 일어나거나 교통이 지체되는 것을 막기 위하여 교차 지점에 입체적으로 만들어서 신호 없이 다닐 수 있도록 한 시설.'을 뜻하는 토박이말입니다.

단원 평가 77~79쪽

1 (1) ② (2) ① (3) ③　　**2** ⑤
3 예 손뼉을 치거나 발을 구르며 읽고 싶다. / 시에서 떠오르는 장면을 몸짓으로 표현하며 읽고 싶다.
4 ③　　　　**5** (1) 목　(2) 밥따
6 ③　　　　**7** 예 우리는 수업 시간이 되면 자리에 앉는다.　**8** ②　　**9** 쓰레기통
10 ④　　**11** (3) ×　　**12** ④
13 ③　　**14** 업쌔기도　　**15** 목도리
16 데굴데굴 길거리에 굴려서는　**17** ①
18 ⑤　　　　**19** 예 밝고 힘찬 목소리
20 (1) 실망한　(2) 감탄한

1 아기별은 밤하늘, 산새와 들새는 숲속, 우리 아기는 엄마 품에서 잠잔다고 하였습니다.

2 자장가를 듣고 잠들었던 경험을 떠올릴 수 있습니다.

3 주고받으며 읽거나 떠오르는 장면을 몸짓으로 표현하며 읽는 등 다양한 방법으로 이 시를 읽을 수 있습니다.

> **채점 기준** 시를 읽는 정해진 방법은 없으며 다양한 읽기 방법 중 하나를 알맞게 쓰면 정답으로 합니다.

4 낱말에 사용하는 받침 가운데 'ㄲ, ㅆ'은 쌍받침, 'ㄶ, ㄽ, ㄳ, ㄵ, ㅄ, ㄺ' 따위는 겹받침이라고 합니다.

5 '몫'은 [목], '밟다'는 [밥따]로 읽습니다.

6 '값'은 [갑], '끊다'는 [끈타], '얹다'는 [언따], '괜찮다'는 [괜찬타]로 읽어야 합니다.

7 겹받침이 있는 낱말 '앉는다'를 넣어 문장을 만들어 봅니다.

> **채점 기준** 겹받침 'ㄵ'이 들어 있는 '앉는다'를 넣어 자연스러운 문장을 만들면 정답으로 합니다.

8 '넓다'가 문장에 어울립니다.

9 사람들이 바다에 쓰레기를 함부로 버리는 것을 두고 바다가 쓰레기통이냐고 물었습니다.

10 사람들이 바다에 쓰레기를 너무 많이 버려서 소라게가 소라 껍데기 대신 플라스틱 뚜껑을 쓰게 된 것입니다.

11 플라스틱 쓰레기가 왜 바다에 많은지를 생각하며 환경 보호와 관련 있는 이야기를 나누는 것이 어울립니다.

12 사람들이 쓰레기 더미에서 살기 위해 노력한다는 내용은 없습니다.

13 제시된 뜻은 '함부로'의 뜻입니다. '더미'는 '많은 물건이 한데 모여 쌓인 큰 덩어리.'를, '부표'는 '물 위에 띄워 위치를 알려 주는 물건.'을, '분류'는 '종류에 따라서 나눔.'을, '몫'은 '여럿으로 나누어 가지는 각 부분.'을 뜻하는 말입니다.

14 '없애기도'는 [업쌔기도]로 소리 납니다.

15 바람은 추위에 떨고 있는 민들레꽃에게 해 줄 목도리를 만들었습니다.

16 무언가를 바닥에 굴리는 모습을 몸짓으로 표현하고 있습니다.

17 ㉠은 민들레꽃을 생각하는 바람의 따뜻한 마음이 느껴지므로 따뜻한 분위기가, ㉡은 바람이 골목을 뚜벅뚜벅 걸어 나가는 것에서 당당한 분위기가 느껴집니다.

18 '나'는 오늘이 좋다고 했으니 빨리 지나가기를 바라지는 않을 것입니다.

19 '안녕!', '야호!'는 밝고 힘찬 목소리가 어울립니다.

20 (1) 선생님이 당나귀를 그리지 말라고 했을 때 '나'는 실망스럽고 속상했을 것입니다. (2) 무지개를 보며 감탄하고 있습니다.

5. 마음을 짐작해요

1 ○   **2** 행동   **3** (1) 늘이고, 느립니다 (2) 반듯이, 반드시 (3) 붙여, 부치십니다
4 (1) ∨, ∨∨   (2) ∨∨

준비 배울 내용 살펴보기   83쪽

1 ⑤   **2** ①, ④   **3** (3) ○
4 예 오랜만에 만나니까 좋아. / 보고 싶었어.
5 ⑤   **6** ㉯

1 오소리와 너구리는 오솔길에서 오랜만에 만나 시끌벅적하게 인사를 하며 서로 반가워하고 있습니다.

2 오소리와 너구리는 오랜만에 만나 반갑고 행복한 마음이 들 것입니다.

3 행복 요정은 오소리와 너구리가 서로 반가워하며 행복해하는 모습을 보면서 덩달아 기분 좋은 표정을 짓고 있습니다.

> **정답 친해지기** 인물의 마음 짐작하기
> 인물의 마음이 직접적으로 드러나지 않을 때도 있습니다. 그럴 때에는 인물의 말이나 행동을 통해 그 마음을 짐작해 봅니다.

4 반가운 마음을 어떤 말로 표현할 수 있을지 생각해 봅니다.

5 ㉯와 같이 뜻이 연결되는 낱말들을 이어서 읽으면 문장의 내용을 더 쉽게 이해할 수 있습니다. ㉮는 띄어 읽는 부분이 많아서 어색하게 느껴질 수 있습니다.

6 ㉯처럼 띄어 읽었을 때 더 자연스럽게 느껴집니다.

소단원 1 **기본** 인물의 마음 짐작하기   84~85쪽

1 자전거   **2** ②, ④   **3** (1) ○
4 ④   **5** ④   **6** ①, ②
7 (1) 예 "그럼, 아까부터 그랬단다." (2) 예 기쁘고 흐뭇한 마음   **8** 재민

1 소영이는 아빠와 놀이터로 나가 자전거 타는 연습을 했습니다.

2 아빠는 소영이가 탄 자전거가 쓰러지지 않게 자전거 뒤를 잡아 주시며 소영이가 포기하지 않도록 격려해 주셨습니다.

3 소영이는 너무 힘들었지만 자전거 타는 방법을 빨리 배우고 싶은 마음에 계속 열심히 연습했습니다.

4 ㉠에는 너무 힘들었지만 자전거 타는 방법을 빨리 배우고 싶어서 포기하지 않고 노력하는 소영이의 마음이 드러납니다.

> **정답 친해지기** 소영이의 마음을 짐작하는 방법
> • 소영이에게 있었던 일을 떠올려 보고, 정리해 봅니다.
> • 소영이의 마음을 짐작할 수 있는 말이나 행동을 찾아 보고, 그 안에 담긴 마음을 짐작해 봅니다.
> • 짐작한 소영이의 마음을 다양한 말로 표현해 봅니다.

5 소영이는 자전거를 혼자 탈 수 있게 되어 참 뿌듯한 하루였다고 하였습니다.

6 ㉠에는 자전거를 혼자 타고 있는 것을 신기해하고 기뻐하는 마음이 드러나 있습니다.

7 아빠의 말이나 행동을 살펴보면 그 마음을 짐작할 수 있습니다.

> **채점 기준** (1) 아빠의 마음이 드러나는 말이나 행동을 찾아 쓰고 (2) 아빠의 마음을 알맞게 짐작하여 쓰면 정답으로 합니다.

8 재민이는 글에서 인물의 마음을 짐작하는 방법을 이야기하고 있습니다.

소단원 1 **통합** 인물의 마음을 짐작하며 글 읽기   86~87쪽

1 콩이   **2** ④   **3** 설레는
4 (1) ① (2) ② **5** ④   **6** ②
7 예 고마운 마음   **8** 민준

1 할머니께서 키우시는 강아지의 이름은 '콩이'입니다.

2 할머니께서 일주일 동안 여행을 가시게 되어 그동안 주영이네 집에서 콩이를 돌보기로 했습니다.

3 '마음이 가라앉지 않고 들떠서 두근거리는.'을 뜻하는 낱말은 '설레는'입니다.

4 ㉠에는 콩이와 같이 지내게 되어 설레는 마음이, ㉡에는 콩이가 적응을 한 것이 기쁘고 안심되는 마음이 드러납니다.

5 주영이는 콩이와 공놀이를 하고, 다음 날에는 집 근처 공원으로 산책을 가 함께 걷고 사진도 찍었습니다.

6 ㉠에는 콩이와 더 같이 지내고 싶고, 헤어지기 아쉬운 주영이의 마음이 드러납니다.

7 ㉡에는 그동안 콩이를 잘 돌봐 준 주영이에게 고마워하는 할머니의 마음이 드러납니다.

8 세나는 헤어지기 아쉬운 마음이 아니라 보고 싶은 마음을 느꼈던 경험을 이야기하고 있습니다.

소단원 2	**기본** 헷갈리기 쉬운 낱말에 주의하며 읽기	88~89쪽

1 ⑤ **2** ③ **3** ①, ④
4 (2) ○ **5** 마치고, 걸음, 다친
6 (1) 맡습니다 (2) 받칩니다
7 (1) 떼 (2) 때 **8** (2) ○

1 예린이는 삼촌이 오시기로 한 날이라 마음이 들떠서 자꾸만 걸음이 빨라졌다고 하였습니다.

2 예린이는 윤아에게 고마운 마음을 전하기 위해 편지를 썼습니다.

3 윤아는 "괜찮니?" 하며 예린이를 일으켜 주었습니다.

4 파란색으로 쓴 낱말은 소리는 같지만 모양과 뜻이 다른 낱말과 헷갈리기 쉽습니다. 낱말의 뜻을 헷갈리면 친구가 전달하고자 하는 마음을 파악하기 어렵습니다.

5 ㉠에는 '어떤 일이나 과정 따위가 끝나고.'를 뜻하는 '마치고'가 들어가야 합니다. ㉡에는 '두 발을 번갈아 옮겨 놓는 동작.'을 뜻하는 '걸음'이 들어가야 합니다. ㉢에는 '부딪치거나 맞거나 하여 몸에 상처가 생긴.'을 뜻하는 '다친'이 들어가야 합니다.

6 (1) 코로 냄새를 느끼는 것은 '맡습니다'를 써야 합니다. (2) 물건의 밑에 다른 물체를 대는 것은 '받칩니다'를 써야 합니다.

7 (1) 새 무리를 뜻하므로 '떼'를 씁니다. (2) 냄비에 묻은 얼룩을 뜻하므로 '때'를 씁니다.

8 '붙이다'는 서로 떨어지지 않게 하는 것이고, '부치다'는 빈대떡이나 달걀 등을 프라이팬에 기름을 둘러 익혀 만드는 것입니다.

소단원 2	**통합** 자연스럽게 띄어 읽기	90~92쪽

1 ⑤ **2** ③, ⑤ **3** (1) ○
4 (1) ① (2) ② **5** 삶은 밤 (다섯 개)
6 ④ **7** (1) ○ **8** ⑤
9 ②, ④ **10** (1) ③ (2) ① (3) ②
11 ①, ③ **12** **예** 또야가 먹어야 할 밤을 우리가 다 먹어 버린 것 같아서 미안하고 속상한 마음이 들었어.

1 여우는 '무엇이'에 해당하는 '또야 것이' 뒤에서 띄어 읽었습니다.

2 문장이 너무 길면 문장의 뜻을 생각하며 한 번 더 쉬어 읽습니다.

3 코끼리는 다른 문장이 이어질 때 문장과 문장 사이에서 조금 더 쉬어 읽었습니다.

4 '∨(쐐기표)'는 조금 쉬어 읽는 것을 나타내는 표시이고, '∨∨(겹쐐기표)'는 문장과 문장 사이에서 조금 더 쉬어 읽는 것을 나타내는 표시입니다.

5 또야네 엄마는 또야에게 삶은 밤 다섯 개를 주면서 동무들과 나눠 먹으라고 하였습니다.

6 삶은 밤 다섯 개를 다섯 친구들에게 하나씩 나눠 주고 나니 또야가 먹을 것이 남지 않았습니다.

7 또야는 친구들이 삶은 밤을 맛있게 먹는 모습을 보자 자기만 못 먹는 것이 속상해서 울음이 터졌습니다.

8 ㉠에서는 삶은 밤을 친구들에게 나눠 줄 수 있어서 설레고 기뻐하는 또야의 마음을 짐작할 수 있습니다.

9 또야 친구들은 갑자기 어쩔 줄 모르다가 그만 울상을 지었고, 결국 소리 내어 따라 울었습니다.

10 울상을 짓는 표정, 입을 비쭉비쭉하는 표정, 눈이 휘둥그레진 표정을 찾아 선으로 이어 봅니다.

11 ㉠에서는 아이들이 울자 놀라고 걱정되는 엄마의 마음을 짐작할 수 있습니다.

> **정답 친해지기** 인물의 마음을 나타내는 말 **예**
> 속상하다. 기대되다. 슬프다. 고맙다. 화나다. 행복하다. 섭섭하다. 설레다. 걱정되다. 궁금하다. 두렵다. 여유롭다. 자신 있다. 안타깝다. 감동받다. 창피하다. 뿌듯하다. 억울하다. 당황하다. 미안하다. 재밌다. 놀라다. 서운하다 등

12 또야 친구들이 되었다고 상상하며 질문에 대답합니다.

> **채점 기준** 또야 친구들이 밤을 다 먹어 버린 상황과 이때 느낄 수 있는 미안함, 속상함 등의 마음을 쓰고, 쓴 문장이 자연스러우면 정답으로 합니다.

국어 활동   93~97쪽

1 딱지치기   **2** ②   **3** 호랑이
4 (1) ×   **5** 갯벌   **6** 민정
7 ④   **8** ③
9 (1) 시켰다   (2) 식혜서   **10** 갔다
11 두부   **12** (1) 부치고, 붙이고 (2) 맞히고, 마치고   **13** 현진, 하민, 윤호
14 **예** 내가 잘못한 일을∨사과하는 것은∨용기 있는 일이다.∨∨미안하다고 말하는 것은∨쉬우면서도∨어렵기 때문이다.∨∨나는∨용기 있는 사람이∨될 것이다.∨∨내가 잘못한 일을∨용기 있게∨사과할 줄 아는 사람이∨될 것이다.   **15** (2) ×
16 ③   **17** ⑤   **18** ③
19 **예** 힘내

1 '나'는 동생 민서와 딱지치기를 하면서 민서에게 딱지치기 방법을 가르쳐 주었습니다.

2 딱지를 뒤집어 뿌듯해하는 민서의 마음이 드러납니다.

3 '나'는 민서에게 엄지손가락을 들어 올렸습니다.

4 인물에게 일어난 일을 정리하고 인물의 말이나 행동을 보면 그 마음을 짐작할 수 있습니다.

5 우진이는 아빠와 갯벌 체험장에 갔습니다.

6 우진이는 아빠와 단둘이 갯벌 체험을 했고, 조개는 많이 캐지 못했다고 하였습니다.

7 조개를 캐다가 갑자기 발이 쑥 빠져서 깜짝 놀랐다고 하였습니다.

8 ㉠에서는 아빠와 소중한 시간을 함께 보내서 즐겁고 신나는 우진이의 마음을 짐작할 수 있습니다.

9 (1) '시켰다'를 써야 합니다. (2) '식혀서'를 써야 합니다.

10 '한곳에서 다른 곳으로 장소를 이동하다.'의 뜻이 들어가야 하므로 '갔다'를 써야 합니다. '같다'는 서로 다르지 않다는 의미입니다.

11 '나'는 엄마 심부름으로 가게에 두부를 사러 갔습니다.

12 (1) 가격표를 떨어지지 않게 하는 것이므로 '붙이고'를 씁니다. (2) 계산을 끝내는 것이므로 '마치고'를 씁니다.

13 문장을 자연스럽게 읽는 방법을 알맞게 말한 친구는 현진, 하민, 윤호입니다.

14 문장이 길면 중간에 한 번 더 쉬어 읽고, 문장과 문장 사이는 좀 더 쉬어 읽습니다. 문장의 뜻을 잘 파악하고 전달할 수 있는 띄어 읽기를 계획해 봅니다.

> **정답 친해지기** 문장을 자연스럽게 읽기
> • 띄어 읽는 방법에 따라서 강조하고 싶은 내용이 달라질 수 있음을 압니다.
> • 문장이 길면 중요한 부분마다 나누어 읽는 것이 좋습니다.
> • 띄어 읽는 방법은 읽는 사람마다 조금씩 다를 수 있습니다.

15 친구와 같은 부분에서 쉬어 읽었는지는 확인할 필요가 없습니다. 띄어 읽는 방법은 읽는 사람마다 다를 수 있기 때문입니다.

16 나눠 주는 게 기쁘고 돕는 게 즐거운 것은 '고마워'라는 말의 힘입니다.

17 실수하고 틀리고 못할 때 '괜찮아!'라는 위로의 말과 '다음에 잘할 거예요.'라는 격려의 말이 필요합니다.

18 '안녕'이라는 말에는 한번 바라보게 되고, 생긋 웃게 되고, 자꾸 생각나는 힘이 있다고 하였습니다.

19 '힘내'라는 응원의 말을 해 줄 수 있습니다.

실천 배운 내용 마무리하기 98쪽

1 선우, 진호　　**2** ④

3 예 학교를 마치고∨집에 가려고 운동화를 신고 있는데∨갑자기∨비가 내리기 시작했다.∨∨'아,∨어쩌지?∨∨오늘∨우산∨안 가져왔는데…….'∨∨나는∨어쩔 줄 몰라서∨비가 내리는 하늘만∨바라보고 있었다.∨∨그때∨뒤에서∨승훈이 목소리가∨들렸다.∨∨"우산 없구나?∨나랑∨우산 같이 쓰고 가자."∨∨휴,∨정말 다행이었다.∨∨오늘∨승훈이와∨더 가까워진 기분이다.

4 (1) ②　(2) ②　(3) ②

5 예 정말? 나도 축구 좋아해.

1 자신의 경험과 관련지어 생각하면 인물의 마음을 더 잘 짐작할 수 있습니다.

2 띄어 읽는 규칙을 반드시 지킬 필요는 없고, 문장이 자연스럽게 들리도록 띄어 읽으면 됩니다.

3 문장의 내용과 길이를 생각해 자연스럽게 읽습니다.

4 (1) 밥을 다 먹은 상황이므로 '마쳤다'와 어울립니다.
(2) 가게 문이 닫힌 상황이므로 '닫혔다'와 어울립니다. (3) 식물을 화분에 심고 있는 모습이므로 '거름'과 어울립니다.

5 '나는 축구를 좋아해.'라는 말을 기분 좋게 받아 주는 말을 생각해서 써 봅니다.

> **정답 친해지기 맞장구치는 말**
> • 맞장구치는 말은 상대의 말을 기분 좋게 받아 주는 말입니다.
> • 맞장구치는 방법에는 상대의 말에 동의를 구하는 방법, 자신의 의견을 짧게 드러내는 방법, 공감하며 호응하는 방법 등이 있습니다.

> **채점 기준** 상대의 말을 기분 좋게 받아 주는 말이면서 문장이 자연스러우면 정답으로 합니다.

단원 평가 99~101쪽

1 ④　　**2** ⑤　　**3** ㉠ / 예 ㉡은 띄어 읽는 부분이 많아서 어색하고, ㉠처럼 읽었을 때 문장의 내용을 더 쉽게 이해할 수 있다.

4 (2) ○　　**5** (1) ②　(2) ①

6 ③, ④　　**7** ④　　**8** 간식

9 (1) ②　(2) ①　**10** ②　　**11** 즐거운 / 신나는 마음　　**12** (1) ㉠　(2) ㉡　(3) ㉡

13 ④　　**14** 반드시　　**15** 삶은 밤

16 ③, ⑤　　**17** ③　　**18** 예 또야야, 친구들에게 삶은 밤을 나누어 줄 때 기분이 어땠어? / 얘들아, 또야가 우는 모습을 보고 무슨 생각이 들었어?　　**19** (1) 갔다　(2) 식혀서　(3) 붙이고　　**20** (1) 마쳤다　(2) 닫혔다

1 오소리와 너구리가 반갑게 인사하는 소리가 시끌벅적하게 들린 것입니다.

2 오소리와 너구리가 반갑게 인사하는 모습을 보면서 행복 요정도 기분이 좋아졌을 것입니다.

3 ㉠과 ㉡에서 문장을 어떻게 띄어 읽었는지 비교해 보고, 더 자연스럽게 느껴지는 것을 골라 그렇게 생각한 까닭과 함께 씁니다.

> **채점 기준** 더 자연스럽게 읽은 것으로 기호 ㉠을 쓰고, 그렇게 생각한 까닭으로 ㉡이 ㉠보다 띄어 읽는 부분이 많아 읽기에 자연스럽지 못하다는 내용을 쓰면 정답으로 합니다.

4 '나'는 아빠와 자전거 타는 연습을 하고 있습니다.

5 ㉠에는 힘들지만 포기하지 않고 노력하는 마음이 드러나고, ㉡에는 자전거 타기에 성공해서 신기하고 기쁜 마음이 드러납니다.

6 인물의 마음을 짐작하며 글을 읽으면 글의 내용을 더 잘 이해할 수 있고 인물의 마음이 더 생생하게 느껴집니다.

7 콩이를 돌보기 전 주영이는 콩이가 자기를 잘 따라 줄지 걱정하였습니다.

8 주영이는 가장 먼저 콩이가 좋아한다는 간식을 주었습니다.

9 (1) '낯설어하는'은 '전에 본 기억이 없어 익숙하지 않

은.'을 뜻합니다. (2) '눈치'는 '속으로 생각하는 것이 겉으로 드러나는 어떤 태도.'를 뜻합니다.

10 할머니 댁에서만 볼 수 있었던 콩이와 함께 지내게 되어 기뻐하고 있습니다.

11 즐겁다거나 다음에 또 오고 싶다는 말에서 우진이의 즐겁고 신나는 마음이 느껴집니다.

12 (1)에는 어떤 일을 끝내는 것을 뜻하는 '마치고'를 씁니다. (2)에는 걷는 동작을 말하는 '걸음'을 씁니다. (3)에는 부딪치거나 넘어져 몸에 상처를 입는 것을 뜻하는 '다친'을 씁니다.

> **정답 친해지기** 헷갈리기 쉬운 낱말
> ┌ 매다: 끈이나 줄 따위의 두 끝을 풀리지 않게 잡아 동여 묶다.
> │ **예** 신발 끈을 매다.
> └ 메다: 어깨에 걸치거나 올려놓다.
> 　 **예** 어깨에 배낭을 메다.
> ┌ 낮다: 아래에서 위까지의 길이가 짧다.
> │ **예** 구두 굽이 낮다.
> └ 낫다: 병이나 상처 따위가 고쳐져 몸의 이상이 없어지다.
> 　 **예** 감기가 낫다

13 김치전을 만들 때는 '부쳐'를 써서 표현합니다.

14 틀림없이 꼭 하는 것은 '반드시'입니다. '반듯이'는 물건이나 행동이 비뚤지 않고 바르게 된 것을 뜻합니다.

15 또야는 친구들에게 삶은 밤을 한 개씩 나눠 주었습니다.

16 밤을 친구들에게 다 나눠 주고 또야 것이 없자, 또야는 당황하고 속상한 마음이 들었을 것입니다.

17 또야는 친구들이 삶은 밤을 맛있게 먹는 것을 보고 자기 몫으로 남은 밤이 없는 게 속상해서 울어 버렸습니다.

18 또야나 또야 친구들에게 물어보고 싶은 말을 자유롭게 생각해서 써 봅니다.

> **채점 기준** 또야나 또야 친구들의 마음을 떠올리며 인물에게 하고 싶은 말이나 질문 등이 이야기 흐름에 적절하고 문장이 자연스러우면 정답으로 합니다.

19 (1) 집으로 이동한다는 뜻이므로 '갔다'를 씁니다. (2) 음식의 더운 기를 없앤다는 뜻이므로 '식혀서'를 씁니다. (3) 가격표를 맞닿아 떨어지지 않게 한다는 뜻이므로 '붙이고'를 씁니다.

20 (1) 밥을 다 먹은 상황이므로 '마쳤다'와 어울립니다. (2) 가게 문이 닫힌 상황이므로 '닫혔다'와 어울립니다.

6. 자신의 생각을 표현해요

> **핵심** 확인 문제　　　　　　　104쪽
>
> **1** 제목　　**2** ×　　**3** (1) ○
> **4** 행동　　**5** 까닭

> **준비** 배울 내용 살펴보기　　　　105쪽
>
> **1** ①　　　**2** ⑤　　　**3** (1) ○
> **4** **예** 친구에게 가위를 줄 때 친구가 안전하게 잡을 수 있게 가위 손잡이 쪽으로 건네줄 수 있다.

1 다른 사람을 돕고 보살펴 준다는 뜻의 '배려'라는 낱말을 반복하고 있습니다.

2 장면 ❸의 인물은 다른 사람이 버린 쓰레기를 주워 쓰레기통에 넣고 있습니다.

3 남을 배려하는 행동을 통해 행복해지는 사람들의 모습을 보여 주는 광고입니다.

4 작은 일이라도 남을 생각하여 실천할 수 있는 일에는 무엇이 있을지 생각해 씁니다.

> **채점 기준** 일상생활에서 다른 사람을 배려하는 행동을 한 가지 이상 쓰면 정답으로 합니다.

> **소단원 1** **기본** 글을 읽고 중요한 내용 찾는 방법 알기　　106~107쪽
>
> **1** 줄넘기　　**2** ④, ⑤　　**3** ①
> **4** ②　　　　**5** (1) ○　　　**6** ①, ④
> **7** ④, ⑤　　**8** **예** 줄넘기를 하면 심장이 튼튼해진다는 것을 알게 되었다.

1 줄넘기의 좋은 점을 알아보는 글입니다.

2 줄넘기는 양손으로 줄의 끝을 잡고 크게 돌리면서 뛰어넘는 운동이며 몸 전체를 움직여서 하는 운동이기 때문에 줄넘기를 열심히 하면 몸이 튼튼해질 수 있습니다.

3 '먼저 줄넘기를 하면 몸이 튼튼해집니다.'라고 했습니다.

4 글의 제목, 글에서 자주 반복되는 낱말, 글을 통해 알 수 있는 내용 등을 떠올리며 글의 중요한 내용을 찾을 수 있습니다.

> **정답 친해지기** **글에서 중요한 내용을 찾는 방법**
> • 글의 제목을 보고 글의 내용을 짐작해 봅니다.
> • 글에서 많이 나오는 낱말이 무엇인지 찾아봅니다.
> • 글쓴이가 글에서 알려 주고 싶은 것이 무엇인지 찾습니다.
> • 내용을 몇 가지로 설명하고 있는지 정리합니다.

5 줄넘기는 동작을 바꿔 가며 뛸 수 있고 친구들과 함께 모여 뛸 수도 있어서 지루하지 않다고 했습니다.

6 줄과 작은 공간만 있으면 되는 손쉬운 운동입니다.

7 줄넘기는 친구들과 재미있게 할 수 있고, 줄과 작은 공간만 있으면 손쉽게 할 수 있는 운동입니다.

8 글에서 중요한 내용을 정리하고, 새롭게 안 내용을 서로 이야기할 수 있습니다.

> **채점 기준** 이 글에서 설명한 줄넘기의 좋은 점 중에서 새롭게 안 내용을 쓰면 정답으로 합니다.

소단원 1 | 통합 중요한 내용을 생각하며 글 읽기
108~110쪽

1 나무뿌리   **2** ②   **3** ③
4 예 길을 가다가 땅 위로 나온 나무뿌리에 발이 걸려 넘어진 일이 있다.   **5** ②
6 ⑤   **7** 뿌리   **8** ④
9 물, 영양분   **10** (2) ○   **11** (1) ①
(2) ②   **12** 나무는 필요한 물과 영양분을 뿌리를 이용해 흙에서 얻습니다.

1 텔레비전에서 나무뿌리가 나오는 장면을 보고 있습니다.

2 ②는 나무뿌리와 관련이 없습니다.

3 글을 읽기 전에 관련된 경험을 미리 떠올리면 글에 흥미를 느끼고 더 효율적으로 읽을 수 있습니다.

4 나무뿌리와 관련된 자신의 경험을 떠올려 써 봅니다.

> **채점 기준** 사람마다 경험은 모두 다를 수 있습니다. 나무뿌리를 본 자신의 경험을 쓰면 정답으로 합니다.

5 '나무뿌리는 무슨 일을 할까'라는 제목을 통해 나무뿌리가 하는 일을 설명한 글임을 짐작할 수 있습니다.

6 뿌리는 나무가 흔들리지 않게 땅속에서 잡아 주는 역할을 합니다.

7 뿌리가 땅속에서 단단하게 고정해 주기 때문에 나무는 흔들리지 않고 서 있을 수 있습니다.

8 '고정'은 '한곳에 꼭 붙어 있거나 붙어 있게 함.'을 의미합니다.

9 나무뿌리가 흙에서 빨아들인 물과 영양분이 줄기를 거쳐 잎까지 전달됩니다.

10 (1) '나무뿌리는 잎에서 만들어진 영양분을 모아'에서 나무의 잎에서 영양분이 만들어지는 것임을 알 수 있습니다. (2) 나무에 필요한 영양분을 저장하기 때문에 나무뿌리는 굵고 통통한 모양으로 자랍니다.

11 글을 읽다가 어려운 낱말이 나오면 앞뒤의 내용으로 짐작해 봅니다.

12 나무뿌리가 하는 일을 세 가지로 정리할 수 있습니다.

> **채점 기준** 문단의 중요한 내용을 바르게 정리하여 쓰면 정답으로 합니다.

소단원 2 | 기본 글을 읽고 인물의 생각과 그 까닭 파악하기
111쪽

1 예 가족 여행을 어디로 갈지 정하기 위해서이다.   **2** (1) ④   (2) ①   (3) ②   (4) ③
3 ④, ⑤   **4** 놀이 기구

1 수연이네 가족은 가족 여행을 어디로 갈지 정하기 위해 회의를 하였습니다.

> **채점 기준** '여름 방학에 가족 여행을 갈 곳을 정하기 위해서'와 같은 내용으로 쓰면 정답으로 합니다.

2 아빠는 시골 친척 집, 엄마는 산, 수연이는 바다, 수진이는 놀이공원에 가고 싶다고 말했습니다.

3 엄마는 시원한 바람을 맞으면 더위를 잊을 수 있고, 다람쥐와 꽃도 많이 볼 수 있는 산에 가자고 했습니다.

4 수진이는 지난번에 못 탄 놀이 기구를 모두 타고 싶어서 놀이공원에 가자고 했습니다.

소단원 2 (통합) **글을 읽고 자신의 생각 표현하기** 112~113쪽

1 별나라 **2** ⑤ **3** (2) ○
4 ⑤ **5** ①, ⑤ **6** 보고 들은 일
7 아기 곰, 아기 곰 **8** ⓓ 거북 할아버지를 보내면 좋겠다. 거북 할아버지는 지구를 가장 많이 아니까 별나라 친구들에게 지구를 잘 알려 줄 수 있을 것이다.

1 별나라에서 지구의 친구를 초대하는 초대장입니다.

2 '우리 별이 생겨난 날을 기념하는 자리에 지구의 친구를 초대합니다.'라고 하였습니다.

3 지구를 대표할 수 있는 동물이 누구인지 알려 주시고 별나라로 보내 달라고 하였습니다.

4 거북 할아버지는 자신이 오래전부터 지구에서 살아 지구를 누구보다 잘 알고 있으므로 자신이 별나라에 가야 한다고 하였습니다.

5 아기 곰은 자신이 지구를 무척 사랑해서 지구가 얼마나 아름답고 살기 좋은 곳인지 알려 주겠으니 자신이 가야 한다고 했습니다.

6 원숭이는 자신이 별나라의 모습을 동물들에게 잘 전할 수 있다고 했습니다.

정답 친해지기 **동물들이 말한 별나라에 가야 하는 까닭**

동물	별나라에 가야 하는 까닭
거북 할아버지	지구에 대해 누구보다 잘 알고 있습니다.
아기 곰	지구를 무척 사랑합니다. / 지구가 얼마나 아름답고 살기 좋은 곳인지 알려 주겠습니다.
원숭이	별나라에서 보고 들은 일을 생생하게 전할 수 있습니다.

7 지구를 사랑하고, 지구가 아름답고 살기 좋은 곳인지 알려 주겠다고 말한 동물은 아기 곰입니다.

8 이야기에 등장하는 동물 외에 다른 동물을 떠올려, 그 동물을 보내면 좋은 까닭을 쓸 수도 있습니다.

채점 기준 별나라에 지구를 대표해 보내고 싶은 동물과 그 까닭을 알맞게 쓰면 정답으로 합니다. 책에 등장하는 동물 외에 다른 동물도 까닭을 알맞게 쓰면 정답으로 합니다.

국어 활동 114~115쪽

1 ⑤ **2** 매우 뾰족하다.
3 (1) ○ **4** 사는 곳에 따라 생김새가 달라요.
5 ⑤ **6** 호랑이
7 ① **8** ⓓ 호랑이를 다시 궤짝에 들어가게 해서 가둔 토끼가 참 영리하다고 생각한다.

1 동물의 다리는 먹이를 얻고 위험을 피하기 위해 더 빨리, 더 멀리 달릴 수 있도록 발달했습니다.

2 나무를 파서 벌레를 잡기 쉽도록 매우 뾰족합니다.

3 동물의 생김새가 달라지는 까닭을 세 가지로 설명하는 글입니다.

4 여러 동물의 생김새를 예로 들어가며 동물의 생김새가 달라지는 까닭을 설명하고 있습니다.

5 호랑이는 은혜를 잊고 나그네를 잡아먹으려고 했습니다.

6 소나무는 사람들은 은혜를 모른다며 호랑이의 편을 들었습니다.

정답 친해지기 「토끼의 재판」에 나오는 인물의 생각
• 소나무는 호랑이의 말이 옳다고 생각합니다.
• 토끼는 나그네의 말이 옳다고 생각합니다.

7 꾀를 내어 나그네를 구한 것에서 토끼가 지혜로운 성격임을 알 수 있습니다.

8 이야기에 나오는 인물들의 말과 행동을 살피고 이에 대한 자신의 생각을 써 봅니다.

실천 **배운 내용 마무리하기** 116쪽

1 ④ **2** 형님 **3** ②
4 ⓓ 형제의 마음이 따뜻한 것 같아서 나도 동생에게 따뜻하게 대해야겠다고 생각했다.
5 ④ **6** 볼우물 **7** ⓓ 전학 오기 전 매일 함께 놀았던 벗이 생각난다.

1 아우는 갑자기 금덩이를 강물 속에 휙 던져 버렸습니다.

2 "저에게는 형님이 더 소중해요."라는 아우의 말에서 형님을 더 소중하게 생각한다는 것을 알 수 있습니다.

3 형님도 부끄러워져서 금덩이를 강물 속에 던졌습니다.

4 형제의 우애와 관련한 자신의 생각을 까닭과 함께 써 봅니다.

> **채점 기준** 이 글을 읽고 드는 생각이나 느낌을 그 까닭과 함께 쓰면 정답으로 합니다.

5 동물들이 먹도록 일부러 따지 않고 남겨 두는 감을 까치밥이라고 합니다.

6 '보조개'를 뜻하는 토박이말은 '볼우물'입니다.

7 '벗'의 뜻을 보고 알맞은 문장을 만들어 봅니다.

> **채점 기준** '벗'의 뜻에 맞게 문장을 자연스럽게 만들어 쓰면 정답으로 합니다.

단원 평가
117~119쪽

1 배려　　　**2** (1) ○　　　**3** ㉢
4 예 글에서 줄넘기의 좋은 점을 몇 가지로 설명하고 있는지 찾아본다.　　　**5** ④, ⑤
6 언제 어디서나 손쉽게 할 수 있다.
7 ③, ④　　　**8** ⑤　　　**9** 예 나무뿌리에서 빨아들인 영양분이 잎까지 어떻게 이동하는지 알고 싶다.　　　**10** 바다　　　**11** ④, ⑤
12 (1) ○　　　**13** ①　　　**14** 별나라
15 ③　　　**16** 준석　　　**17** 지구의 대표
18 ⑤　　　**19** 예 원숭이가 가면 별나라에 가지 않은 동물들도 별나라의 일을 잘 알 수 있으니까 원숭이를 보내면 좋겠다.　　　**20** 나그네

1 함께 배려하면 함께 행복해진다고 하였습니다.

2 (2) 아이 엄마를 위해 승강기 단추를 대신 눌러 주었습니다. (3) 주변을 깨끗하게 하기 위해 다른 사람이 버린 쓰레기를 쓰레기통에 넣었습니다.

3 남을 배려하면 서로를 위하는 세상이 될 것입니다.

4 반복되는 낱말 찾기, 글쓴이가 알려 주고 싶은 내용 찾기 등을 통해 중요한 내용을 찾을 수 있습니다.

> **채점 기준** 글에서 자주 반복되는 낱말이 무엇인지, 줄넘기의 좋은 점을 몇 가지로 설명하고 있는지, 글쓴이가 이 글을 통해 알려 주고 싶은 것은 무엇인지 등 중요한 내용을 찾는 방법을 한 가지 쓰면 정답으로 합니다.

5 줄넘기는 동작을 바꿔 가며 뛸 수도 있고, 여러 명이 모여 뛸 수도 있어서 친구와 재미있게 할 수 있습니다.

6 글에서 세 가지로 설명한 줄넘기의 좋은 점을 정리해 봅니다.

7 나무뿌리를 통해 물과 영양분을 얻으며, 나무뿌리에 잎에서 만들어진 영양분을 모아 둔다고 설명했습니다.

8 '저장'이라는 낱말의 뜻입니다.

9 이 글을 읽고 나무뿌리에 관해 더 알아보고 싶은 내용을 정리해 봅니다.

> **채점 기준** 나무뿌리와 관련하여 더 알아보고 싶은 내용을 쓰면 정답으로 합니다.

10 수연이는 '산도 좋지만 바다에 가고 싶어요.'라고 했습니다.

11 바다에서는 수영도 할 수 있고 모래놀이도 할 수 있어서 바다에 가고 싶다고 했습니다.

12 수진이는 산이나 바다도 좋지만 지난번에 못 탄 놀이 기구를 모두 타고 싶어 놀이공원에 가자고 했습니다.

13 인물의 생각은 주로 인물의 말이나 행동, 표정 등에서 찾을 수 있습니다.

14 거북 할아버지는 자신이 별나라에 가야 한다는 말을 했습니다.

15 거북 할아버지는 지구에서 아주 오래 살았기 때문에 지구를 잘 알고 있습니다.

16 거북 할아버지가 지구를 잘 알고 있으므로 거북 할아버지를 보내야 한다고 생각하는 친구는 준석입니다.

17 원숭이는 별나라의 모습을 잘 전할 수 있는 자신이 지구의 대표가 되어야 한다고 했습니다.

18 원숭이는 별나라에서 보고 들은 일을 생생하게 전할 수 있기 때문에 자신이 가야 한다고 했습니다.

19 원숭이가 지구의 대표로 알맞은지 생각하여 그 까닭과 함께 씁니다.

> **채점 기준** 원숭이를 지구의 대표로 별나라에 보내고 싶은지 보내고 싶지 않은지 결정하여 그 까닭과 함께 알맞게 쓰면 정답으로 합니다.

20 은혜를 모르는 호랑이가 잘못했고 나그네가 옳다는 토끼의 생각이 나타납니다.

7. 마음을 담아서 말해요

핵심 확인 문제　　　　　　　122쪽

1 경험, 경험　　**2** ×　　　　**3** ○
4 상황, 마음　　**5** 마음, 고운 말

준비　배울 내용 살펴보기　　123쪽

1 ②　　　　　　**2** 예 속상하다.　**3** ④
4 창민

1 그림 ㉮에서 남자아이는 여자아이가 책상이 무거워서 힘들어하고 있는데도 도와주려고 하지 않고 있습니다.

2 책상이 무거워서 힘들어하는 상황인데 "혼자서 그것도 못 옮기니?"라는 말을 듣는다면 속상하고 화가 날 것입니다.

3 자꾸 줄넘기 줄이 걸려서 속상해하는 남자아이의 마음을 생각하며 도움을 주거나 응원하는 말을 해야 합니다.

> **정답 친해지기**　ⓒ을 고운 말로 바꾸어 보기 예
> • "잘할 수 있을 거야."
> • "힘내! 나랑 같이 연습하자."
> • "줄이 길어서 자꾸 발에 걸리는 것 같은데, 줄을 조금 짧게 해 보면 어떨까?"

4 고운 말로 말해야 서로 감정이 상하지 않고 기분 좋게 대화할 수 있습니다.

소단원 1　기본 자신의 경험을 떠올리며 이야기 듣기　124~125쪽

1 머리핀　　**2** ②　　　　**3** ④
4 ①, ②　　**5** 세화　　　**6** 예 새로 산 모자를 쓰고 나갔다가 잃어버렸는데 친구가 찾아 주었다. / 예 친구에게 정말 고마웠다.

1 지우는 승강기에서 작고 귀여운 토끼가 그려진 머리핀을 발견하였습니다.

2 지우는 머리핀을 발견한 뒤에 주인을 찾아 주려고 안내문을 만들어 승강기에 붙였습니다.

3 지우가 승강기에 안내문을 붙인 다음에 일어난 일을 찾습니다. 나머지는 모두 머리핀을 주운 후, 안내문을 붙이기 전에 일어난 일들입니다.

4 지우는 머리핀의 주인이 붙여 놓은 쪽지를 보고 다른 사람의 소중한 물건을 찾아 주게 되어 뿌듯하고 행복했습니다.

5 지우는 아끼는 우산을 잃어버렸을 때 무척 속상했다고 하였고 다른 사람의 소중한 물건을 찾아 주게 되어 뿌듯하고 행복해하였습니다. 따라서 지우가 물건의 소중함을 모른다는 세화의 말은 알맞지 않습니다.

> **정답 친해지기**　자신의 경험을 떠올리며 이야기 듣기
> • 자신의 경험을 떠올리며 이야기를 듣습니다.
> • 들은 이야기의 내용과 비슷한 자신의 경험을 말합니다.
> • 들은 이야기 속 인물의 경험과 자신의 경험을 비교해 봅니다.

6 지우와 비슷한 경험이 있었는지 생각해 보고, 무슨 일이 있었는지, 어떤 생각이나 느낌이 들었는지 써 봅니다.

> **채점 기준**　소중한 물건을 잃어버렸던 경험을 떠올려 어떤 일이 있었는지, 그때 어떤 생각이나 느낌이 들었는지 쓰면 정답으로 합니다.

소단원 1　통합 자신의 경험 발표하기　126쪽

1 경험　　　**2** ④　　　　**3** ④
4 ④

1 친구들이 모여 자신이 경험한 일을 이야기하고 있습니다. 경험이란 본 일, 한 일, 들은 일과 같은 겪은 일과 그때의 생각이나 느낌을 의미합니다.

2 자신이 직접 한 일 외에 보거나 들은 일도 경험한 일에 해당합니다.

> **정답 친해지기**　경험한 일 이야기하기
> ㉠과 ㉡은 자신이 직접 한 일, ㉢은 텔레비전에서 본 일을 말하고 있습니다. 이와 같이 자신이 경험한 일을 말할 때에는 자신이 직접 한 일 외에 보거나 들은 일을 말할 수 있습니다.

3 친구들이 모두 겪을 만한 일인지는 발표할 내용에 들어갈 필요가 없습니다.

4 친구들 앞에서 발표를 할 때에는 듣는 사람을 바라보면서 말합니다.

소단원 2 | 기본 다른 사람의 마음을 생각하며 고운 말로 대화하기 | 127~128쪽

1 ④ **2** (2) ○ **3** ⑤
4 유주 **5** (1) 나 (2) 다 (3) 가
6 (1) ② (2) ① (3) ③ **7** (4)
8 (2) ○ (4) ○

1 가에서는 여자아이가 지나가다가 넘어지면서 남자아이의 그림을 망친 상황에서 남자아이가 화를 내고 있습니다.

2 여자아이는 미안하기도 하지만 일부러 그림을 망친 것이 아닌데 남자아이가 너무 화를 내니까 당황스럽고 억울한 마음이 들 것입니다.

3 나에서 여자아이에게 사과를 받아야겠다는 마음은 드러나지 않습니다.

4 진우가 이야기한 것은 여자아이가 할 말에 해당합니다.

정답 친해지기 남자아이와 여자아이가 할 수 있는 고운 말 예	
남자아이	• "넘어진 데는 괜찮니?" • "일부러 내 그림을 망친 것도 아닌데 화내서 미안해." • "사과했는데 소리 질러서 미안해."
여자아이	• "정성껏 그린 그림을 망쳐서 다시 한번 사과할게." • "먼저 사과해 줘서 고마워." • "내 마음을 이해해 줘서 다행이야."

5 가에서는 여자아이가 무거운 책을 들고 나르고 있고, 그 모습을 남자아이가 보고 있습니다. 나에서는 여자아이가 넘어진 남자아이를 걱정하고 있습니다. 다에서는 수돗가에서 남자아이가 여자아이에게 물을 튀기고 있습니다.

6 무거운 책을 들고 있는 친구, 다친 친구, 물을 튀기는 친구에게 듣는 사람의 마음을 생각하며 해 줄 수 있는 말을 찾아봅니다.

7 역할놀이를 할 때에는 자신의 역할이 돋보이도록 하기보다 맡은 역할에 어울리도록 고운 말과 행동을 연습해야 합니다.

8 가장 재미있게 대화한 친구보다는 듣는 사람의 마음을 생각하며 대화를 잘한 친구를 칭찬하고, 자신의 고운 말 사용 습관을 점검해 보는 기회가 되도록 합니다.

소단원 2 | 통합 고운 말로 생각과 마음 나누기 | 129~131쪽

1 (작은) 연못 **2** ③ **3** (1) ○ (2) ○
4 반짝반짝 **5** ④ **6** 예 험상궂은
메기의 모습에 겁을 먹고 슬금슬금 피하기 시작했다.
7 예 며칠 동안 비가 계속 내려 메기가 살던 강이
넘쳤기 때문이다. **8** 우성
9 (1) 물장군 (2) 물살 (3) 고맙다
10 예 물살을 일으켜 물장군들을 모두 쫓아냈기
때문이다. **11** ⑤ **12** (1) ○

1 물고기들은 작은 연못에서 사이좋게 살고 있었습니다.

2 낯선 물고기가 헤엄쳐 오고 있었다는 것으로 보아 낯선 물고기가 오래 전 헤어졌던 친구라고 보기 어렵습니다.

3 잉어가 다행이라고 말한 것은 연못에 많은 비가 내렸음에도 모두가 무사한 것을 두고 한 말입니다.

4 '반짝반짝'은 '작은 빛이 잠깐 잇따라 나타났다가 사라지는 모양.'을 뜻합니다.

5 메기는 쉰 목소리에 생김새는 험상궂지만 다정한 성격입니다.

6 물고기들은 메기의 험상궂은 모습만을 보고 겁을 먹고는 슬금슬금 피하기 시작했습니다.

> 채점 기준 메기를 슬금슬금 피했다는 글의 내용을 알맞게 쓰면 정답으로 합니다.

7 메기가 연못으로 온 까닭은 "이번 비로 내가 살던 강이 넘쳐 이 연못에 들어오게 되었지."에서 알 수 있습니다.

> 채점 기준 메기가 살던 강이 이번에 내린 비로 넘쳐서 연못으로 오게 되었다는 메기의 말에 맞게 쓰면 정답으로 합니다.

8 다른 사람의 마음을 생각하며 대화를 나누어야 합니다. 겁쟁이라고 낮잡아 부르는 말은 상대에게 상처가 될 수 있는 말로, 고운 말이라고 볼 수 없습니다.

9 붕어와 잉어의 도와달라는 외침에도 다른 물고기들은 도망치기 바빴지만, 메기만은 물고기들 곁으로 다가와 도와주었습니다. 그러자 물고기들이 메기에게 고마운 마음을 전하였습니다.

10 물장군들이 붕어와 잉어의 몸에 달라붙어 떨어지지 않을 때 메기가 나타나 물장군을 쫓아내 주자 물고기들이 고맙다고 인사를 한 것입니다.

> **채점 기준** '메기가 붕어와 잉어를 도와주었기 때문이다.' 또는 '메기가 물장군들을 모두 쫓아냈기 때문이다.' 와 같은 내용을 알맞게 쓰면 정답으로 합니다.

11 메기가 웃는 모습이 정답게 느껴졌다고 했으므로 '빙그레 웃으며'가 가장 알맞습니다.

> **정답 친해지기** 흉내 내는 낱말의 뜻 알기
> '빙그레'는 '입을 약간 벌려 소리 없이 부드럽게 웃는 모양.'을 가리키는 말입니다.

12 메기처럼 누군가를 도와준 경험을 이야기한 친구를 찾습니다. (2)는 다른 친구에게 미안했던 경험을 말하고 있습니다.

국어 활동 132~133쪽

1 열대어 **2** 예 열대어를 기르기 전에 열대어 기르기와 관련한 책을 찾아 읽기 위해서이다.
3 (1) ○ (2) ○ **4** 승현 **5** ②
6 기분이 참 좋아진다. **7** ㉰
8 예 우산을 안 가져왔구나. 같이 쓰고 가자.

1 석현이는 열대어를 길러 보기로 하고 열대어 기르는 데 필요한 준비를 하였습니다.

2 석현이는 열대어 기르기와 관련된 책을 찾아보기 위해 아빠와 도서관에 방문하였습니다.

3 석현이는 열대어가 살 수 있는 물속 환경이 만들어지면 열대어를 집으로 데려올 예정이라고 했습니다. 아직 겪은 일이 아닙니다.

4 수정이는 경험이 아니라 아는 내용을 설명하고 있습니다.

5 "네 탓이야."는 상대방을 탓하는 말이므로 듣는 사람의 기분이 좋아지는 고운 말에 해당하지 않습니다.

6 "기분이 참 좋아져요."라고 하였습니다.

7 ㉰에서는 "다칠 수 있으니까 걸어 다니면 좋겠어." 정도로 말할 수 있습니다.

8 친구가 우산을 가지고 오지 않아 비를 맞는 상황에서 할 수 있는 고운 말을 생각해 봅니다.

실천 배운 내용 마무리하기 134쪽

1 ② **2** "금메달 딴 거 축하해."
3 ①, ② **4** ⑤ **5** 같아요
6 (1) 잘 다녀왔어요. (2) 별일 없었어요.

1 '나'는 지난 토요일에 열린 초등학교 태권도 대회에 참가하여 금메달을 따서 은지의 축하를 받았습니다.

2 경기가 끝난 후 은지가 건넨 축하하는 말이 고운 말에 해당합니다.

3 은지의 축하를 받으니 은지의 마음이 느껴져 정말 고마웠고 기분이 좋았다고 하였습니다.

4 자신의 경험을 발표하기 위해서는 자신이 겪은 일, 보거나 들은 일, 자신의 생각이나 느낌 등을 떠올려야 합니다. 선생님의 생각이나 느낌은 자신의 경험과 관계 없습니다.

5 수지는 말끝에 '같아요'를 붙여 말하고 있습니다.

6 '같아요'를 빼고 말하도록 고쳐 씁니다.

> **정답 친해지기**
> 예쁘다고 생각하면 '예쁜 것 같아요.'가 아니라 '예뻐요.'라고 하면 됩니다. '같아요'를 말끝마다 습관적으로 붙이지 않도록 주의해야 합니다.

단원 평가 135~137쪽

1 ② **2** 예 내가 도와줄게. / 책상이 많이 무겁지? 나랑 같이 옮기자. **3** 머리핀 주인을 찾아 주고 싶어서 **4** ①, ⑤
5 종민 **6** (3) × **7** ③

정답과 해설 **27**

정답과 해설

---

8 (1) ○   9 예 미안해, 물을 튀기지 않도록 조심할게.   10 ⑤   11 승현
12 (3) ×   13 예 물장군이 나타나 붕어와 잉어의 몸에 붙어 떨어지지 않은 일이다.
14 예 고마워   15 (1) ② (2) ①
16 ②   17 예 엄마, 예 "넌 할 수 있어."
18 ①, ③   19 ⑤   20 예 선생님. 재미 있는 이야기도 해 주시고 모르는 것들도 잘 알려 주셔서 감사합니다.

---

1 여자아이는 책상이 무거워서 옮기기 힘들어하고 있습니다.

2 듣는 사람의 마음을 생각하는 고운 말로 바꾸어 써 봅니다.

> **채점 기준** 친구가 무거운 책상을 힘들게 옮기고 있는 상황에서 듣는 사람의 마음을 생각한 고운 말을 자연스럽게 쓰면 정답으로 합니다.

3 지우는 '머리핀 주인을 찾습니다.'라고 크게 쓴 안내문을 만들어서 승강기에 붙였습니다.

4 자신이 제일 아끼는 물건을 찾게 되어 무척 기쁘고 글쓴이에게 매우 고맙다고 하였습니다.

5 해나는 글쓴이의 경험에 대한 자신의 생각이나 느낌을 말한 것이 아니라 글쓴이의 경험과 비슷한 자신의 경험을 말하였습니다.

6 친구의 생각은 정리할 필요가 없습니다. 자신이 경험한 일과 관련하여 어떤 생각이나 느낌이 들었는지 정리해야 합니다.

7 듣는 사람을 많이 웃게 한다고 발표를 잘한 것은 아닙니다.

> **정답 친해지기** 경험을 발표하는 바른 자세
> • 자신이 한 일, 생각이나 느낌을 말합니다.
> • 바른 자세로 서서 말합니다.
> • 알맞은 표정을 짓습니다.
> • 알맞은 목소리로 말합니다.
> • 말끝을 흐리지 않고 분명하게 말합니다.
> • 듣는 사람의 눈을 보며 말합니다.

8 넘어져서 아파하는 친구에게 걱정하는 말을 해 줍니다.

9 친구에게 물이 튀게 한 것을 미안해하는 마음을 담아 이야기합니다.

> **채점 기준** 듣는 사람을 생각하여 상황에 알맞은 고운 말을 쓰면 정답으로 합니다.

10 남자아이는 여자아이에게 심하게 화를 낸 것을 사과하고 여자아이가 다치지 않았는지 걱정하는 말을 해 주어야 합니다.

11 민선이는 자신의 짝을 소개하였고, 수정이는 은행에서 하는 일을 설명하였습니다.

12 낯선 물고기의 험상궂은 모습을 본 물고기들이 슬금슬금 피하였다고 하였습니다.

13 연못에 갑자기 일어난 큰일은 물장군들이 나타나 붕어와 잉어의 몸에 달라붙어서 떨어지지 않은 일을 말합니다.

> **채점 기준** 연못에 물장군이 나타나 붕어와 잉어의 몸에 달라붙은 일을 쓰면 정답으로 합니다.

14 메기의 도움을 받은 물고기들이 진심으로 고맙다는 인사를 하였습니다.

15 '슬금슬금'은 남이 알아차리지 못하도록 눈치를 살펴 가면서 슬며시 행동하는 모양을 뜻하는 말이며, '빙그레'는 입을 약간 벌려 소리 없이 부드럽게 웃는 모양을 가리키는 말입니다.

16 친구의 연필을 잃어버린 상황에서 미안한 마음을 전해야 합니다.

17 주변 사람들에게 들은 고운 말을 떠올려 써 봅니다.

18 자신의 경험을 발표하기 위해서는 자신이 겪은 일과 그때의 생각이나 느낌을 떠올려야 합니다.

> **정답 친해지기** 자신의 경험 발표하기
> 자신의 경험을 발표할 때는 자신이 보고 듣고 한 일, 그리고 그때의 생각이나 느낌을 말해야 합니다. 친구나 선생님과 같은 다른 사람의 경험을 이야기하지 않습니다.

19 듣는 사람의 기분을 좋게 해 주는 말이어서 고운 말이라고 할 수 있습니다.

20 학교에 오는 것이 즐겁도록 학교 생활을 도와주시는 선생님께 감사하는 마음이 담긴 고운 말을 전해 봅니다.

> **채점 기준** 담임 선생님께 감사한 마음을 담아 전하고 싶은 말을 자연스럽게 쓰면 정답으로 합니다.

8. 다양한 작품을 감상해요

1 경험   **2** ×   **3** 마음
4 (3) ○   (4) ○   **5** ○

준비 배울 내용 살펴보기   141~142쪽

1 ⑤   **2** ④   **3** (3) ○
4 예 친구인 수진이와 우산을 함께 쓰고 싶다.
5 (1) ③   (2) ②   (3) ④   (4) ①
6 기쁘다. 등   **7** ⑤   **8** 예 자라를 따라 용궁으로 가게 되어 신기한 마음이 들었을 것이다.

1 두 친구가 팔짱을 끼거나 어깨동무를 한 채 우산 하나를 함께 쓰고 가는 모습이 떠오릅니다.

2 두 친구가 정답게 우산 하나를 쓰고 가는 모습에서 따뜻하고 정다운 분위기가 느껴집니다.

3 작은 우산 하나를 같이 쓰고 가는 두 사람이 더 따뜻하고 정답다고 하였습니다.

4 가족, 친구 등 우산을 함께 쓰고 싶은 사람을 떠올려 봅니다.

> **채점 기준** 함께 우산을 쓰고 싶은 주변 사람을 떠올려 서 쓰면 정답으로 합니다.

5 그림을 잘 보고, 어떤 이야기인지 떠올려 봅니다.

6 박 속에서 보물이 나온 장면입니다. 흥부는 기쁜 마음이 들었을 것입니다.

> **정답 친해지기** 그림 **가**~**라**에서 인물의 마음 짐작하기
>
> | 그림 **가** | 기쁜 마음 | 그림 **나** | 고마운 마음 |
> |---|---|---|---|
> | 그림 **다** | 깜짝 놀란 마음 | 그림 **라** | 신기한 마음 |

7 호랑이가 나타나 할머니는 깜짝 놀랐을 것입니다.

8 자라의 등에 타고 용궁으로 향하는 토끼의 마음을 상상해 봅니다.

> **채점 기준** 바닷속 용궁으로 가는 토끼의 마음을 알맞게 상상하여 쓰면 정답으로 합니다.

소단원 1 (통합) 시를 낭송하고 생각이나 느낌 나누기   143~145쪽

1 ④   **2** 예 우스운 느낌, 재미있는 느낌 등   **3** (3) ○   **4** 예 똑같이 웃으며 손을 흔들어 주고 싶다.   **5** 건널목
6 (1) ③   (2) ①   (3) ②
7 ①   **8** ④   **9** ⑤
10 ②   **11** (1) ○
12 (1) 예 동생   (2) 예 제자리에서 한 바퀴 돌기   (3) 예 학교 갈 때 같이 가자.

1 그림 속 친구들은 두 손을 올리고 환하게 웃는 모습을 따라 해 보고 있습니다.

2 어떤 느낌이라고 반드시 정해져 있는 것은 아니지만, 친구의 몸짓을 따라 해 보면 재미있을 것입니다.

3 다른 사람과 표정이나 몸짓을 주고받은 경험은 다양할 수 있습니다.

4 친구가 웃으며 손을 흔들고 있으므로 기분 좋게 답해 주는 것이 좋습니다.

> **채점 기준** 친구의 행동에 어울리는 표정이나 몸짓을 쓰면 정답으로 합니다.

5 '나'와 '너'는 건널목에서 마주쳤습니다.

6 '빙긋'은 '입을 슬쩍 벌릴 듯하면서도 소리 없이 가볍게 한 번 웃는 모양.'을, '까닥'은 '고개 따위를 아래위로 가볍게 한 번 움직이는 모양.'을, '휘휘'는 '이리저리 휘두르거나 휘젓는 모양.'을 흉내 내는 말입니다.

7 내가 웃거나 고개를 까딱하는 행동을 똑같이 따라 했습니다.

8 친구를 좋아하고 빨리 만나고 싶어 하는 마음이 느껴집니다.

9 그림 ❶에서는 시를 친구와 주고받으며 낭송하고 있습니다.

> **정답 친해지기** 여러 가지 방법으로 시 낭송하기
> - 주고받으며 낭송하기
> - 장면을 몸짓으로 표현하며 낭송하기
> - 랩처럼 낭송하기
> - 분위기와 어울리는 음악을 틀어 놓고 낭송하기
> - 손뼉 치고 발 구르며 낭송하기

10 팔을 휘휘 흔드는 장면을 몸짓으로 표현하며 시를 낭송하고 있습니다.

11 시는 다양한 방법으로 낭송할 수 있고, 시를 여러 가지 방법으로 낭송하면 더 재미있게 이해할 수 있습니다.

12 친구, 가족 등과 주고받고 싶은 신호를 만들어 봅니다.

> **채점 기준** 신호를 주고받고 싶은 사람을 떠올려 어떤 신호를 주고받고 싶은지, 어떤 뜻을 담고 싶은지 자연스럽게 쓰면 정답으로 합니다.

소단원 1 (통합) 이야기를 읽고 생각이나 느낌 표현하기   146~148쪽

1 ④	**2** ②	**3** (1) ② (2) ①
4 두꺼비	**5** ③	**6** 지나
7 ⑤	**8** 예 조금만 기다리면 편지가 올 텐데 편지 기다리기를 포기한 두꺼비가 안타까웠을 것이다.	
	9 ①	**10** ①, ⑤

11 친구   **12** (1) 예 개구리가 두꺼비를 위해 편지를 쓰는 장면 (2) 예 개구리는 편지를 한 번도 받지 못해 슬프다는 두꺼비의 이야기를 듣고 두꺼비를 위해 편지를 썼기 때문이다. (3) 예 서둘러 집에 돌아와 편지를 쓰는 개구리의 모습에서 두꺼비를 기쁘게 해 주고 싶어 하는 마음이 느껴졌다. 나도 개구리 같은 친구가 있으면 좋겠다.

1 두꺼비는 편지 오기를 기다리는 때가 가장 슬프다고 하였습니다.

2 개구리는 서둘러 집으로 가서 두꺼비에게 편지를 썼습니다.

3 ㉠에서 개구리는 슬퍼 보이는 두꺼비를 걱정하고 있으며, ㉡에서 두꺼비는 한 번도 편지를 받아 보지 못해 속상해하고 있습니다.

4 편지 봉투에 '두꺼비에게'라고 쓴 것에서 알 수 있습니다.

5 개구리는 달팽이에게 편지를 주면서 두꺼비에게 전해 달라고 부탁했습니다.

6 두꺼비는 개구리가 달팽이에게 편지를 전해 줄 것을 부탁한 줄 모르고 편지 기다리는 것을 포기했습니다.

7 개구리는 달팽이가 편지를 가지고 올 것이라 생각해서 계속 창밖을 보며 달팽이를 기다린 것입니다.

8 자신이 보낸 편지가 올 것이라는 것을 아는 개구리는 두꺼비가 편지 받기를 포기한 것이 안타까울 것입니다.

> **채점 기준** 편지 받기를 포기한 두꺼비를 보는 개구리의 마음을 알맞게 짐작해서 쓰면 정답으로 합니다.

9 달팽이는 열심히 왔지만 너무 느려서 나흘이나 걸린 것입니다.

10 두꺼비는 개구리가 쓴 편지 내용을 듣고 기뻐하며 멋지다고 감탄하였습니다.

> **정답 친해지기** 이 글에 나타난 두꺼비의 마음

처음 편지를 기다릴 때	편지를 받아 본 적이 없어 속상한 마음
개구리가 보낸 편지를 기다릴 때	편지가 도착할 것을 알고 있어 행복한 마음

11 개구리는 두꺼비가 자신의 가장 친한 친구인 게 기쁘다는 내용의 편지를 썼습니다.

12 이 글을 읽으며 인상 깊은 장면을 떠올리고 그 까닭을 적으며 이야기에 대한 자신의 생각이나 느낀 점을 써 봅니다.

> **채점 기준** 글을 읽고 기억에 남는 장면을 고른 뒤 그 장면이 기억에 남는 까닭은 무엇인지, 그 장면에 대한 자신의 생각은 어떠한지 쓰면 정답으로 합니다.

소단원 2 (통합) 인형극을 감상하고 인물의 마음 짐작하기   149쪽

1 ④, ⑤   **2** ③
3 (1) 오누이 (2) 동아줄 (3) 나그네
4 (1) ○ (3) ○

1 엄마는 갑자기 호랑이가 나타나 깜짝 놀라고 무서웠을 것입니다.

2 호랑이는 오누이를 속여 잡아먹으려 하고 있습니다.

3 각각 '오누이', '동아줄', '나그네'를 뜻하는 말입니다.

4 인형극에서는 인물의 말과 행동으로 마음을 짐작할 수 있습니다.

소단원 2 **(통합)** 인형극을 감상하고 자신의 생각이나 느낌 표현하기 **150~151쪽**

1 원영 **2** ② **3** 밧줄을 잡아당겼다. **4** ③ **5** ②

6 도망가다가 머리를 부딪혀 쓰러졌다.

7 **(예)** 나는 네가 작고 힘 없는 제리를 친구로 생각하고 도와주는 장면을 보고 감동받았어. 앞으로도 제리랑 사이좋게 지내길 바라. **8** (1) ○ (2) ○

1 원영은 여우의 행동에서 느낀 점을 알맞게 말했습니다.

2 라온은 밧줄에 묶여서 곤란한 상황입니다.

3 라온이 밧줄을 풀어 달라고 했는데 너구리는 도리어 잡아당겨서 라온을 더 난처하게 만들었습니다.

4 라온은 도움을 요청하는 제리의 외침을 듣고는 바로 여우를 혼내 주고 제리를 구했습니다.

5 친구가 위험에 처하자 바로 나타나 구하는 것에서 라온이 의리 있는 성격임을 알 수 있습니다.

6 여우는 라온을 당해 내지 못하고 도망가다가 머리를 부딪혀 쓰러졌습니다.

7 라온에게 해 주고 싶은 말과 그 까닭을 생각해 보고 자유롭게 적어 봅니다.

> **채점 기준** 라온의 말과 행동을 보고 라온에게 어떤 말을 하고 싶은지 생각하여 쓰면 정답으로 합니다.

8 인물의 말과 행동을 자세히 보고 따라 해 보며 인물의 마음을 짐작해 봅니다. 또한 자신이라면 어떻게 했을지 써 보거나 인물에게 편지를 써 볼 수도 있습니다.

> **정답 친해지기** 인형극을 보고 자신의 생각이나 느낌 표현하기
> • 인형극에 대한 자신의 생각이나 느낌을 친구와 이야기해 봅니다.
> • 인형극 속 인물에게 하고 싶은 말을 편지로 써 봅니다.

국어 활동 **152~153쪽**

1 시, 생각이나 느낌 **2** (3)
3 **(예)** 냄비에 흰밥이 가득한 장면 **4** ④
5 ① **6** 답답함 등 **7** **(가)**
8 ⑤

1 시를 낭송하고 생각이나 느낌을 나누는 방법에 관한 질문입니다.

2 시 속 인물과 비슷한 자신의 경험을 떠올리며 그 마음을 짐작해 봅니다.

3 인상 깊은 장면은 사람마다 다릅니다. 재미있다고 생각한 장면, 기억에 남는 장면을 씁니다.

4 할아버지는 올챙이를 딱히 여겨 구해 준 것입니다. 개구리 울음소리를 좋아하는지는 알 수 없습니다.

5 호랑이를 피하기 위해 동아줄을 내려달라고 했는데 정말로 하늘에서 동아줄이 내려와서 기뻐하고 있습니다.

6 너구리가 밧줄을 풀지 않고 도리어 잡아당겨서 답답할 것입니다.

7 글 **(가)**는 호랑이가 엉덩방아 찧는 장면이 우스웠고, 위험한 순간에 꾀를 써야겠다는 생각을 썼습니다.

> **정답 친해지기** 글 **(가)**가 생각이나 느낌이 잘 드러나게 쓴 글인 까닭
> 글 **(가)**는 인형극의 내용을 정확히 썼고, 기억에 남는 장면을 잘 찾아 썼습니다. 그리고 쓴 사람의 생각이나 느낌이 잘 드러나 있습니다.

8 인형극의 내용을 마음대로 바꿔서 쓰는 것은 알맞지 않습니다.

실천 배운 내용 마무리하기 **154쪽**

1 ④, ⑤ **2** ⓒ **3** ①, ②
4 (1) × **5** 정빈 **6** 구르미
7 ②

1 이야기에 나오는 인물과 비슷한 경험을 떠올리거나, 기억에 남는 장면을 생각해 말합니다.

2 단순히 재미있다고 말하는 것보다 어떤 부분이 왜 재미있었는지 말하는 것이 좋습니다. 그리고 어려운 말보다 쉬운 말로 발표합니다.

3 인물의 말과 행동을 살펴보면 인물의 마음을 짐작할 수 있습니다.

4 인물의 이름만 봐서는 인물의 마음을 짐작하기 어렵습니다. 인물의 말과 행동 그리고 목소리의 크기와 빠르기 등을 통해 짐작할 수 있습니다.

5 웃기는 말로 재미있게 하기보다는 인물의 말이나 행동을 통해 인물의 마음이 잘 드러나도록 인물의 말을 전달합니다.

6 '구름이'는 [구르미]로 읽어야 합니다.

7 '구름에'는 [구르메]로, '구름을'은 [구르믈]로 읽어야 합니다.

> **정답 친해지기** **바르게 발음하기**
> 구름이[구르미] / 구름에[구르메] / 구름을[구르믈]

단원 평가 155~157쪽

1 ②, ③ **2** 우산 **3** 예 다정한 목소리 / 따뜻한 목소리 **4** ②
5 ③ **6** ③ **7** ①
8 두꺼비에게 편지를 쓰려고 **9** ④
10 두꺼비 **11** ⑤ **12** 행복하다
13 예 할머니께 생일 축하 카드를 받은 적이 있다. 기분이 정말 좋았다. **14** 인물
15 그림자 인형극
16 (1) 행동 (2) 말 (3) 크기, 빠르기
17 ⑤ **18** ①
19 예 라온이 나타나 여우를 혼내 주는 장면이 통쾌하다. **20** ⑤

1 우산 속에서 다정하게 팔짱을 끼고 어깨동무를 하였습니다.

2 ㉠은 두 사람이 쓰고 가는 작은 우산 한 개를 표현한 것입니다.

3 다정하고 따뜻한 분위기에 어울리는 목소리로 낭송합니다.

4 제시된 장면은 독이 깨져 울고 있는 콩쥐 앞에 두꺼비가 나타난 상황입니다. 콩쥐는 자신을 도와 준 두꺼비가 고마울 것입니다.

5 건널목에서 친구와 마주쳐 반가워하는 모습을 표현하고 있습니다.

6 '나'가 '휘휘' 신호를 보냈으니 똑같이 '휘휘' 팔을 흔들 것입니다.

7 친구와 시를 주고받으며 낭송하고 있습니다.

8 개구리는 두꺼비에게 편지를 쓰기 위해 서둘러 집으로 돌아간 것입니다.

9 편지를 받아 본 적이 없어 속상해하는 두꺼비의 마음이 드러납니다.

10 두꺼비를 생각하는 개구리의 마음이 드러납니다.

11 개구리는 두꺼비가 자신의 가장 친한 친구인 게 기쁘다는 내용으로 편지를 썼습니다.

12 개구리와 두꺼비는 행복해하면서 편지를 기다렸습니다.

13 편지를 받거나 기다리면서 즐거웠던 경험을 떠올려 봅니다.

> **채점 기준** 편지를 기다리거나 받은 경험을 떠올려 쓰고 문장이 자연스러우면 정답으로 합니다.

14 시 속 인물의 행동을 보고 인물의 마음을 짐작해 보거나 인물과 비슷한 경험을 떠올려 볼 수 있습니다.

15 그림자로 만든 인형극을 그림자 인형극이라고 합니다.

16 인형극에서 인물의 말과 행동을 통해 인물의 마음을 짐작할 수 있습니다.

17 위험에 처한 똘이와 순이가 하늘에 살려 달라고 하는 장면이니 다급하고 간절할 것입니다.

> **정답 친해지기** **각 장면에서 인물의 마음**
>
> | 호랑이가 갑자기 나타났을 때 엄마의 마음 | 깜짝 놀라고 무서운 마음 |
> | --- | --- |
> | 오누이에게 엄마의 목소리를 흉내 내어 말할 때 호랑이의 마음 | 오누이를 속이려는 마음 |
> | 하늘을 향해 살려 달라고 말할 때 오누이의 마음 | 다급하고 간절한 마음 |

18 제리를 혼내 주려던 여우가 라온이 나타나자 깜짝 놀라 도망가는 장면입니다. 여우는 무척 당황한 채 도망가다 머리를 부딪혔습니다.

19 인상적이거나 재미있게 느껴지는 라온의 말이나 행동을 쓰고 그에 대한 자신의 생각이나 느낌을 적어 봅니다.

> **채점 기준** 라온이 제리를 도와준 행동을 보고 자신의 생각이나 느낌을 알맞게 쓰면 정답으로 합니다.

20 어떤 인형극을 봤는지, 누가 나오는지는 이 글에도 나타나 있습니다. 인형극 줄거리뿐만 아니라 자신의 생각이나 느낌이 잘 드러나게 써야 합니다.

공부로 이끄는 힘

"책상 앞에 있는 모습을 보게 될 거예요!
완자 공부력은 계속 풀고 싶게 만드니깐!"

공부로 이끄는 힘!

- 초등 교과서 발행사 비상교육이 만든 **초등 필수 역량서**
- 매일 정해진 분량을 풀면서 기르는 **자기 주도 공부 습관**
- 학년별, 수준별, 역량별 세분화된 **초등 맞춤 커리큘럼**

예비 초등, 초등 1~6학년 / 쓰기력, 어휘력, 독해력, 계산력, 교과서 문해력, 창의·사고력

한·끝·시·리·즈 교과서 학습부터 평가 대비까지 한 권으로 끝! 국어 공부의 진리입니다.

대표전화 1544-0554
주소 경기도 과천시 과천대로2길 54
협의 없는 무단 복제는 법으로 금지되어 있습니다.